다문화 공간 한국,
세계시민과 글로벌 소통

Multicultural Spaces in Korea:
Global Citizenship and Intercultural Communication

다문화 공간 한국, 세계시민과 글로벌 소통

김정은 지음

한국문화사

서문

이 저서는 필자가 그동안 한국어교육과 문화 간 의사소통에 대한 강의와 연구를 해오면서 관심을 갖게 된 3가지 키워드인 다문화 공간 한국, 세계시민, 글로벌 소통에 대해 초점을 두면서 집필이 시작되었다.

21세기는 전 세계적으로 인구 이동이 활발해지고 문화 간 교류가 급증하는 시대다. 이에 따라 다문화 공간이 형성되고 있으며 세계시민으로서의 역량과 글로벌 소통의 중요성이 더욱 커지고 있다. 이 책은 한국 사회에서 다문화 공간이 어떻게 형성되었는지 알아보고 세계시민으로서 필요한 역량과 글로벌 소통의 특징을 살펴보며 한국이 다문화 사회로 나아가는 방향을 고민하는 데 목적이 있다.

I장에서는 한국의 다문화 공간이 어떻게 생겨났는지 알아본다. 세계화와 인구 이동이 가져온 변화 속에서 외국인 밀집 지역이 형성된 역사적 배경과 특징을 살펴보고 이들이 한국 사회와 경제에 미친 영향을 분석한다. 또한 서울, 안산, 부산, 대구, 인천 등 대표적인 다문화 공간을 소개하며 지역별 차이와 정책적 대응을 알아본다. II장에서는 세계시민 개념과 글로벌 소통의 중요성을 살펴본다. 세계시민이란 무엇인지 세계시민이 갖추어야 할 핵심 역량은 무엇인지 알아보고 다문화 사회에서 세계시민이 하

는 역할을 분석한다. 또한 문화 간 커뮤니케이션이 왜 중요한지 언어와 문화적 맥락이 어떻게 상호작용하는지를 알아보며 다문화 공간이 글로벌 소통에 미치는 영향을 제시한다. 더불어 한국 문화와 세계시민 의식이 어떻게 조화를 이루는지 한류를 통해 글로벌 소통이 어떻게 이루어지는지를 다룬다. III장에서는 글로벌 소통의 특징과 어려움을 분석한다. 문화를 이해하는 다양한 방법으로 이분법적 관점과 비교문화 관점 그리고 메타포 활용을 소개하고 타문화를 편견 없이 수용하는 태도를 제시한다. 또한 언어적 차이, 비언어적 표현 해석, 문화적 가치관 차이 등 글로벌 소통의 장애물을 살펴보고 이를 극복하는 방법을 모색한다. IV장에서는 세계시민이 갖추어야 할 역량을 구체적으로 다룬다. 언어적 감수성과 다양한 의사소통 스타일을 이해하는 것이 왜 중요한지 논의하며 다국적 협업을 성공적으로 수행하는 방법을 소개한다. 또한 디지털 시대의 글로벌 소통 기술을 강조하며 소셜 미디어와 디지털 플랫폼을 활용한 국제적 상호작용의 중요성을 설명한다. V장에서는 한국인의 글로벌 소통 능력을 높이는 방안을 제시한다. 문화 간 이해 교육을 강화하고 실용적인 외국어 능력을 키우는 방법을 설명하며 국제 교류 프로그램을 통해 경험을 쌓는 것이 왜 중요한지 강조한다. 또한 세계시민 의식을 함양하는 구체적인 실천 방안을 제시하며 지속 가능한 발전 목표(SDGs)와 연계된 다문화 수용성을 높이는 방법을 탐색한다.

이 책은 다문화와 세계시민이라는 두 개념을 상호보완적인 관계로 바라보며 한국 사회의 현실과 미래를 함께 고민하려는 시도로 이 책이 완성되기까지 여러 도움이 있었다. 다문화 공간에서 살아가는 경험을 나눠준 외국인들, 세계시민 의식과 글로벌 소통의 중요성을 함께 고민해준 다양한 문화권의 대학원생들에게 감사드린다. 또한 필자의 집필 과정에 많은 격려를 해주신 여러 선생님들께도 감사드린다. 마지막으로 이 책의 출판을 위해 애써주신 한국문화사 조정흠 부장님과 편집부 유동근 대리님께도 감사의 마음을 전한다. 이 책을 통해 '다문화 공간'과 '세계시민성'의 의미를 새롭게 이해하고 일상 속에서 글로벌 소통 실천에 작은 도움이 되길 바란다.

2025년 여름
김정은

목차

서문 5

I. 한국의 다문화 공간 13
1. 외국인 마을의 형성과 배경 14
1.1 세계화와 인구 이동이 가져온 변화 15
1.2 한국 내 외국인 밀집 지역의 특징 20
1.3 외국인 마을이 사회와 경제에 미친 영향 28
2. 주요 외국인 마을 사례 34
2.1 서울의 다문화 마을 34
2.2 경기도 안산 다문화 마을 48
2.3 부산, 대구, 인천 등 주요 도시의 다문화 공간 51
생각해볼 과제 60

II. 세계시민과 글로벌 소통 67
1. 세계시민이란 무엇인가? 68
1.1 세계시민의 핵심 역량 69
1.2 세계시민 의식의 필요성과 교육 방법 72
1.3 다문화 사회에서 세계시민의 역할 75
2. 글로벌 소통의 중요성 78
2.1 문화 간 커뮤니케이션의 필요성 79
2.2 언어와 문화적 맥락의 상호작용 80

  2.3 글로벌 소통을 위해 필요한 인식   83

  2.4 글로벌 소통이 가져오는 긍정적 변화   86

 3. 다문화 공간과 세계시민   87

  3.1 다문화 공간에서 실천되는 세계시민 사례   88

  3.2 다문화 공간이 글로벌 소통에 미치는 긍정적 영향   91

  3.3 상호 존중과 소통으로 이루는 다문화 사회   93

 4. 한국 문화와 세계시민 의식   95

  4.1 전통문화와 세계시민 의식의 조화   96

  4.2 한국인의 정체성과 세계시민 의식   98

  4.3 한류를 통한 글로벌 소통 가능성   105

  4.4 한국사회의 다문화적 변화와 수용   108

  생각해볼 과제   111

III. 글로벌 소통의 특징   119

 1. 글로벌 소통을 위한 문화 이해 방법   120

  1.1 이분법적 관점과 비교문화 관점   121

  1.2 문화 메타포(cultural metaphor)의 활용   127

  1.3 타문화를 편견 없이 관찰하는 방법   136

 2. 글로벌 소통의 장애물   142

2.1 언어 표현 차이로 인한 오해	144
2.2 비언어적 표현 해석의 어려움	146
2.3 문화적 가치와 관습 차이로 인한 갈등	153
2.4 다른 의사소통 스타일 이해 부족	156
2.5 편견과 고정관념	161
생각해볼 과제	166

IV. 세계시민이 갖추어야 할 역량 173

1. 언어와 문화적 뉘앙스 이해	174
1.1 언어 차이를 넘어선 효과적인 소통 기술	175
1.2 다문화 상황에서 필요한 언어적 민감성	181
2. 다양한 의사소통 스타일 이해	185
2.1 직접적 vs 간접적 의사소통 방식	186
2.2 문화권별 의사소통 스타일 비교	188
3. 다국적 협업 능력	191
3.1 다국적 협업의 중요성	192
3.2 다국적 협업 시 고려할 문화 요소	193
3.3 다국적 협업의 효과적 실행을 위한 전략	204
4. 디지털 시대의 글로벌 소통 기술	209
4.1 디지털 플랫폼 활용법	210

    4.2 소셜 미디어를 통한 국제적 상호작용   217
    생각해볼 과제   225

V. 한국인의 글로벌 소통을 위한 준비   235
  1. 한국인의 글로벌 소통 능력 배양   236
    1.1 문화 간 이해 교육 강화   236
    1.2 실질적인 외국어 활용 능력 신장   245
    1.3 국제 교류 프로그램 참여   253
  2. 한국인의 세계시민 의식 함양   260
    2.1 국가 간 상호 의존성과 연대 의식 배양   262
    2.2 지속가능발전목표(SDGs)의 실천   264
    2.3 다문화에 대한 포용과 이해   273
    생각해볼 과제   283

I

한국의 다문화 공간

　한국 사회는 오랫동안 '단일민족'이라는 인식이 강했지만 지난 수십 년 간 세계화와 인구 이동이 급격히 진행되면서 빠르게 다문화 사회로 전환 되고 있다. 경제성장과 노동력 수요, 국제 결혼의 증가, 외국인 유학생의 유입 등 다양한 요인으로 외국인이 꾸준히 한국에 정착하면서 일부 지역 에는 자연스럽게 외국인들이 모여 사는 마을이 형성되었다. 이러한 외국 인 마을은 단순한 이주자의 거주지를 넘어 문화와 언어, 생활양식이 뒤섞 인 독특한 사회 공간으로 자리잡고 있다. 동시에 이들은 지역 경제에 영 향을 미치고 한국 사회의 문화적 다양성을 넓히는 데 중요한 역할을 하고 있다.

　본 장에서는 한국의 대표적인 다문화 공간 즉 외국인 마을의 형성과 그 배경을 먼저 살펴본 뒤 서울, 안산, 부산, 대구, 인천 등 주요 도시에서 나 타난 사례들을 통해 다문화 공간의 현황과 특징을 구체적으로 분석하고 자 한다. 이를 통해 한국 사회가 다문화 현실에 어떻게 대응하고 있는지 앞으로 어떤 방향으로 나아가야 할지에 대한 이해를 돕고자 한다.

1. 외국인 마을의 형성과 배경

세계화가 본격화되면서 외국인의 유입이 급격히 증가하였고 이에 따라 한국은 점차 다문화 사회로 전환되기 시작했다. 산업화 과정에서 노동력 부족 문제가 심화되면서 외국인 노동자들이 대거 유입되었으며 여기에 결혼 이주민, 유학생, 난민 등 다양한 배경을 가진 외국인들이 한국에 정착하게 되었다(김민수 2019). 외국인의 정착이 본격화되면서 특정 지역을 중심으로 외국인 마을이 자연스럽게 형성되기 시작했는데 초기에는 외국인 노동자들이 공단이나 산업단지 인근에 거주지를 마련하며 자발적인 공동체를 이루었다. 서울 구로구 가리봉동은 1960-70년대 수출산업공단 노동자들의 집단 주거지로 형성되었고 1990년대 중반 이후에는 중국동포들이 빈 주택을 채우며 밀집 지역을 형성하였다(구로구청 2021). 이후 결혼 이주 여성과 유학생들의 증가로 다문화 가정과 외국인 커뮤니티가 더욱 활성화되었다.

이처럼 형성된 외국인 마을은 단순한 거주 공간을 넘어 다양한 국가의 문화가 공존하고 교류하는 다문화 공간으로 발전해 나가고 있다(한국이주사회연구소 2021). 서울의 이태원 지역은 다양한 국적의 외국인들이 모여 상업과 문화 활동이 활발하게 이루어지는 대표적인 다문화 공간으로 자리잡았으며 이 지역은 미군기지와 외국 대사관, 국제학교 등이 위치해 있어 외국인 거주 비율이 높으며 다양한 음식점, 종교시설, 문화 이벤트가 공존하는 특징을 지닌다(박정수 2021). 이러한 변화는 특정 지역의 모습만을 바꾼 것이 아니라 한국 사회 전반에 걸쳐 경제, 문화, 정책 등 다양한 측면에 영향을 미치고 있으며 이러한 흐름 속에서 세계화와 인구 이동이 한국의 다문화 공간 형성에 어떤 영향을 미쳤는지를 보다 구체적으로 살펴볼 필요가 있다.

1.1 세계화와 인구 이동이 가져온 변화

세계화는 단순히 경제적 교류뿐만 아니라 문화, 교육, 생활방식 전반에 걸쳐 국가 간 이동을 촉진하는 중요한 요인으로 작용하고 있다. 한국 역시 이러한 세계화의 흐름 속에서 과거와는 다른 인구 이동 양상을 경험하게 되었다. 경제성장과 산업 구조 변화로 인해 외국인 유입이 가속화되었으며 이는 한국 사회의 다문화 공간 형성을 촉진하는 결정적 계기가 되었으며 구체적인 요인을 제시하면 다음과 같다.

1.1.1 노동시장과 인구 이동

1990년대 이후 한국은 경제 발전과 산업 구조 변화에 따라 노동집약적 산업이 증가하였고 그에 따라 국내 노동력만으로는 수요를 충족하기 어려운 상황이 발생하였다(이주연 2020). 이러한 노동력 부족 문제를 해결하기 위해 정부는 외국인 노동자 유입을 위한 제도를 마련하였으며 2004년에는 고용허가제를 도입해 외국인 노동자의 합법적인 취업과 체류가 가능해졌다(고용노동부 2023). 이 제도는 내국인 노동자를 구하지 못한 중소기업에 외국인 고용을 허용해주는 방식으로 중소 제조업체와 농어촌 지역 산업의 인력난 해소에 기여하고 있다(한국은행 2021). 외국인 노동자들은 주로 제조업, 건설업, 농업 및 어업 등 인력 부족이 심각한 산업에 종사하며 일부 도심 지역에서는 서비스업 분야에서도 중요한 역할을 담당하고 있다(김성환 2023). 특히 이들은 대체로 열악한 작업환경과 낮은 임금을 감수하고 근무하는 경우가 많으며 언어와 문화의 장벽으로 인해 산업재해나 고용 불안정에 노출되기 쉽다(국가정책정보포털 2022). 외국인 노동자의 유입과 함께 이들의 정착 과정에서 자연스럽게 거주 지역이 형성되었으며 서울의 대림동, 안산의 원곡동, 의정부의 다문화 거리 등이 대표적인 사례다(이주사회연구소 2022). 이러한 지역들은 단순한 주거 공간을 넘어 외국인 커뮤니티의 중심지로 발전하면서 다양한 국가의 문화와 전통이 공존하는 다문화 공간으로 자리 잡고 있다(박경호 2021). 이들 공간에서는 외국 음식점, 종교시설, 모국어 간판 등을 쉽게 볼 수 있으며 특정 국적 집단이 밀집해 생활하는 경향도 나타난다.

한편 외국인 노동자의 증가와 이들의 지역 집중은 문화적 갈등, 사회 통합, 노동 조건 문제 등 다양한 사회적 이슈를 동반하고 있다. 이에 따라 정부와 지자체는 외국인 노동자의 권익 보호와 안정적 정착을 위한 다방면의 지원 정책을 추진 중이다. 고용노동부는 외국인 노동자들을 위한 산업재해 예방 교육, 한국어 교육, 문화 교류 프로그램 등이 운영하고 있으며 이를 통해 이들의 한국 사회 적응을 돕고 있다(고용노동부 2023).

1.1.2 결혼 이주민과 다문화 가정

한국 농촌 지역을 중심으로 1990년대 후반부터 국제결혼이 빠르게 증가하면서 결혼 이주민과 다문화 가정의 수가 눈에 띄게 늘어났다. 이는 농촌 지역의 인구 감소와 성비 불균형, 청년층의 도시 유출 등으로 인해 결혼 적령기의 한국인 남성들이 배우자를 찾기 어려워진 구조적 요인과 밀접하게 관련되어 있다(정미경 2019:45). 농업 중심의 생활환경, 낮은 소득 수준, 열악한 교육 및 문화 인프라는 한국인 여성들의 농촌 기피 현상을 심화시켰고 이로 인해 농촌 남성들이 외국인 여성과의 결혼을 대안으로 선택하게 된 것이다. 이러한 현상은 단기간에 그치지 않고 지속적으로 확산되었으며 특정 지역에서는 국제결혼이 전체 혼인의 절반 이상을 차지하기도 했다. 이는 세계화와 국제 인구 이동이라는 더 넓은 맥락 속에서 이해될 수 있다. 세계화는 국가 간 경계의 의미를 약화시키고 사람·자본·정보의 흐름을 확대하면서 노동력의 국제적 이동을 촉진시켰다. 이에 따라 동남아시아, 중국, 중앙아시아 등 개발도상국 출신 여성들의 국제결혼은 단지 가족 형성을 위한 선택을 넘어 생계 확보 및 경제적 기회의 확장이라는 전략적 결정으로도 작용하고 있다. 특히 한국은 빠르게 고령화되는 인구 구조와 저출산 문제를 겪고 있는 가운데 국제결혼과 이주민 유입은 인구 보완의 한 방식으로 작동하고 있다. 이러한 과정에서 중국, 베트남, 필리핀, 캄보디아, 태국 등 다양한 국가에서 온 결혼 이주 여성들이 한국 사회에 유입되었으며 이들은 주로 중개 결혼을 통해 한국에 정착하여 가정을 이루고 자녀를 양육하며 지역사회 일원으로 살아가고 있다(다문화정책연구소 2023:101). 일부 지역에서는 이주 여성들이 공동체 내에서 서로 언어와 문화 적응을 도우며 살아가고 있으며 이로 인해 다문화 커뮤니티가 자연스럽게 형성되기도 한다. 이처럼 결혼 이주민의 증가로 형성된 다문화가정은 이제 농촌뿐만 아니라 도시 지역에서도 중요한 사회 집단으로 자리 잡고 있으며 전체 혼인 건수에서 국제결혼이 차지하는 비중도 일정 수준을 유지하고 있다. 2023년 통계청 자료에 따르면 다문화 혼인은 전년 대비 17.2% 증가한 20,431건으로 집계되었으며(통계청 2024) 이는 다문화 가정에 대한 관심과 정책적 대응의 중요성을 부각시키는 계기가 되고 있다.

1.1.3 유학생과 전문가 유입 증가

노동자와 결혼 이주민뿐만 아니라 세계화의 진전과 함께 한국의 교육 및 연구 환경이 지속적으로 발전함에 따라 외국인 유학생과 고급 전문 인력의 유입도 꾸준히 증가하고 있다. 정부는 2000년대 이후 '외국인 유학생 유치 확대 정책'을 적극적으로 추진해왔으며 이는 국가 간 인적 자원의 이동이 활발해진 세계적 추세와 맞물려 있다. 이러한 변화는 단순히 인구 구성의 다변화뿐 아니라 한국 사회의 문화적, 학문적, 경제적 역동성을 높이는 데 기여하고 있다. 실제로 한국의 고등교육 기관들이 세계적 수준의 연구 인프라와 장학 제도를 갖추면서 외국인 유학생 유치 경쟁력을 크게 향상시켰다고 분석하며 외국인 유학생 유입 증가를 한국 사회의 중요한 변화로 언급한다(최현석2022). 한국교육개발원이 발표한 통계에 따르면 2023년 기준으로 국내에 체류 중인 외국인 유학생 수는 20만 명을 돌파했으며 이는 전년 대비 약 10% 증가한 수치다(한국교육개발원 2023). 이러한 증가는 교육의 국제화라는 글로벌 흐름과도 맞닿아 있으며 유학생들은 단순한 학생의 범주를 넘어 향후 한국 사회와 경제에 기여할 잠재적인 고급 인력으로 주목받고 있다. 다양한 문화적 배경을 지닌 유학생들의 증가는 한국 대학 사회에 문화적 다양성과 글로벌 감수성을 확산시키는 데 중요한 역할을 하며 이는 국가 경쟁력 강화와 사회 통합 측면에서도 긍정적인 함의를 지닌다.

또한 글로벌 기업의 한국 시장 진출 확대와 함께 해외 전문 인력의 국내 유입도 뚜렷하게 증가하고 있다. 이는 노동시장의 글로벌화라는 전 세계적인 추세 속에서 나타나는 현상으로 IT, 바이오, 금융 등 첨단 산업 분야를 중심으로 외국인 고급 인재의 국내 채용이 활발히 이루어지고 있다. 산업연구원(2024)은 "IT, 바이오, 금융 등 첨단 산업 분야에서 외국인 고급 인재의 국내 채용이 활발히 이뤄지면서 한국의 노동 시장 구조가 점점 다문화·다국적화되고 있다"고 지적한다.

1.1.4 문화적 교류와 사회적 변화

이러한 인구 이동은 단순히 경제적인 변화에 국한되지 않고 한국 사회의 문화적 다양성을 더욱 확산시키는 계기가 되고 있다. 외국인의 유입은 한국 사회의 문화적 지형을 다변화시키며 다양한 문화적 표현과 생활양식이 공존하는 환경을 조성하는데 실제로 외국인 거주 지역을 중심으로 다양한 국가의 음식, 전통, 축제가 한국 사회에 자연스럽게 스며들고 있다. 서울 이태원의 '글로벌 빌리지'는 각국의 음식점과 상점이 밀집하여 국제적인 분위기를 자아내며 안산의 다문화 거리는 동남아시아를 비롯한 여러 국가의 음식점과 문화 공간이 조성되어 있다. 부산의 초량동에 위치한 '러시아 타운'은 러시아 및 중앙아시아 출신 이주민들의 문화와 전통을 경험할 수 있는 장소로 알려져 있다(부산광역시 2022). 이러한 문화적 교류는 세계화와 맞물려 더욱 가속화되고 있으며 문화의 상호작용이 특정 지역에 국한되지 않고 국가 간 네트워크를 통해 확산되고 있다는 점에서 과거의 인구 이동과는 질적으로 다른 양상을 보인다. 다양한 문화 요소의 공존과 상호 수용은 단순한 외래문화의 수입을 넘어 한국문화 자체의 재구성과 확장으로 이어지고 있다. 이는 글로벌 도시로서의 한국 주요 도시들의 정체성을 강화시키는 한편 새로운 형태의 다문화적 공공 공간과 공동체 문화를 형성하는 토대가 되고 있다.

또한 K-POP과 한류의 세계적인 확산으로 인해 한국을 찾는 외국인 관광객과 장기 거주자들도 꾸준히 증가하고 있다. 문화체육관광부(2024)에 따르면 2023년 한 해 동안 한국을 방문한 외국인 관광객 수는 전년 대비 15% 증가하였으며 이 중 상당수가 한류 콘텐츠에 대한 관심으로 방문하였다. 이러한 흐름은 한국 사회를 과거와 달리 개방적이고 다채로운 문화적 정체성으로 변화시키는 데 기여하고 있다. 한류 팬덤의 국제적 네트워크는 한국문화에 대한 이해를 높이는 동시에 외국인들이 한국사회에 보다 쉽게 적응하고 참여할 수 있는 기반을 마련하고 있다. 이처럼 세계화와 인구 이동은 한국 사회를 단일민족 중심에서 다문화 사회로 변화시키는 중요한 요인이 되었다.

1.2 한국 내 외국인 밀집 지역의 특징

외국인 밀집 지역은 주로 대도시와 산업단지 주변에서 형성되며 이는 외국인들이 일자리를 찾아 이동하는 과정에서 자연스럽게 나타난 현상이다. 이러한 지역들은 산업 구조와 경제적 환경에 따라 각기 다른 특징을 가지며 특정 국적이나 문화권의 외국인들이 집중적으로 거주하는 경우도 많다. 또한 외국인을 위한 상점, 음식점, 종교시설 등이 자리 잡으며 자연스럽게 이국적인 분위기를 형성하고 지역사회와의 교류 방식도 지역별도 다양하게 나타난다.

서울과 경기도, 기타 외국인 밀집 지역 특징을 소개하면 다음과 같다.

1.2.1 서울의 외국인 밀집 지역

• 구로구 및 영등포구

중국인 시장 　　　　　　　　　대림 중국문화 축제

이 지역은 과거 산업단지가 형성되며 외국인 노동자들이 대거 유입된 곳으로 특히 조선족(한국계 중국인) 커뮤니티가 크게 자리 잡고 있다. 중국 음식점과 상점이 밀집해 있으며 거리 풍경에서도 중국문화를 쉽게 체감할 수 있다. 구로구 대림동과 영등포구 신길동 일대는 대표적인 조선족 밀집 지역이다. 거리 곳곳에 중국어 간판이 즐비하고 중국식 상업시설이 활발히 운영되고 있다. 대림동에는 조선족 이주민이 운영하는 전통 중국 음식점이 많아 양꼬치, 마라탕, 훠궈 등 현지 스타일의 요리를 쉽게 접할 수 있다. '랴오닝 반점', '하얼빈 덤플링(Harbin Dumpling)'은 한국 내 중국동포 사회를 중심으로 성행하는 만두 전문점 이름으로 하얼빈식 만두 스타일을 표방한다. 이 브랜드는 서울 구로구, 안산 등지의 중국동포 밀집 지역에서 흔히 볼 수 있다. 이곳은 조선족 사회뿐 아니라 한국인들 사이에서도 인기 있는 식당으로 본고장의 맛을 충실히 재현하고 있다. 매년 이 지역에서는 '대림 중국 문화 축제'가 열려 조선족을 포함한 다양한 국적의 사람들이 모여 중국 전통 공연, 공예 체험, 길거리 음식 마켓 등 다채로운 행사를 즐긴다. 구로구와 영등포구에서는 조선족 이주민을 위한 중국어 신문과 방송이 운영되고 있으며 구로구청과 지역사회 단체들은 한국어 교육, 취업 지원, 법률 상담 등의 서비스를 제공하고 있다. 이러한 요소들이 모여 구로구와 영등포구는 단순한 외국인 노동자 밀집 지역을 넘어 중국과 한국 문화가 공존하고 융합되는 다문화 공간으로 점차 자리잡혀 가고 있다.

- 이태원

이태원 세계음식 거리

이태원 지구촌 축제: 퍼레이드

　이태원은 외국인 관광객뿐만 아니라 다양한 국적의 거주민이 모여 사는 국제적인 공간으로 발전해 왔다. 미국, 유럽, 중동 출신 외국인이 많이 거주하며 이들의 영향으로 다국적 음식점과 문화 공간이 자연스럽게 자리 잡았다. 이태원은 미국 군부대가 있던 시절부터 국제적인 색채가 뚜렷했던 지역으로 오늘날 한국에서 가장 다양한 문화가 공존하는 곳 중 하나로 꼽힌다. 해밀턴 호텔 주변에는 아랍권 음식점과 할랄 푸드 매장이 밀집해 있으며 인도, 터키, 태국 등 다양한 국가의 정통 요리를 선보이는 레스토랑이 길을 따라 이어져 있다. 이들 음식점은 단순한 식사 공간을 넘어 해당 문화의 분위기와 전통을 경험할 수 있는 공간으로 이태원의 국제적인 정체성을 더욱 뚜렷하게 만들어준다. 또한 매년 10월 서울 용산구 이태원에서는 '이태원 글로벌 페스티벌' 또는 '이태원 지구촌 축제'가 열린다. 이 축제는 2002년부터 시작된 국제 문화행사로 약 40여 개국이 참여해 글로벌 거리 퍼레이드, 세계 문화대상, 세계 풍물존, DJ 파티 등 다양한 프로그램을 통해 문화 교류가 이뤄진다. 한국과 세계 각국의 음식을 맛보고 전통 공예를 체험할 수 있는 부스도 운영되어 관광객과 시민 모두에게 다채로운 경험을 제공한다(https://culture.seoul.go.kr/). 이태원은 이제 단순한 외국인 밀집 거주지를 넘어 활발한 문화 교류의 중심지로서 독자적인 정체성과 역할을 갖춘 지역으로 변화하고 있다.

• 동대문 일대

동대문 러시아 거리 　　　　　　2024 동대문 중앙아시아 문화축제

동대문 일대는 중앙아시아 출신 이주민들이 모여 '러시아타운'을 형성하였으며 러시아어 간판이 많고 관련 상점이 활성화되어 있다. 우즈베키스탄, 카자흐스탄, 키르기스스탄 출신 이주민들이 다수를 차지하며 러시아어를 공용어로 사용하는 문화가 자리 잡고 있다. 동대문역 인근에는 중앙아시아 식당들이 밀집해 있어 샤슬릭(러시아식 꼬치 요리), 플로프(우즈베키스탄식 볶음밥) 등 전통 음식을 맛볼 수 있다. 또한 현지 주민들을 위한 러시아어 서점과 국제 송금 서비스 제공 업체가 운영되고 있으며 러시아어를 사용하는 이주민들이 정보를 교환하고 네트워크를 형성하는 공간으로 활용되고 있다. 상점들은 러시아어 서적, 식료품, 생활용품 등을 판매하며 이주민들의 생활에 필요한 다양한 서비스를 제공한다. 매년 '중앙아시아 문화축제'가 열려 전통 음악 공연과 전통 의상 체험 등 다양한 문화 행사가 개최되며 지역사회와의 교류를 활성화하고 있다(https://mediahub.seoul.go.kr). 이러한 축제는 중앙아시아의 다양한 문화를 소개하고 지역

주민들과의 상호 이해를 높이는 데 기여하고 있다. 이처럼 동대문 일대는 중앙아시아 이주민들의 문화와 생활을 직접 경험할 수 있는 독특한 공간으로 자리 잡고 있다.

1.2.2 경기도 및 기타 주요 도시

• 안산 원곡동

안산 원곡동 다문화 거리   안산 다문화 축제

한국의 대표적인 다문화 공간으로 약 50개 이상의 국가 출신 외국인이 거주하고 있으며 이들에는 필리핀, 베트남, 중국, 네팔, 우즈베키스탄, 파키스탄, 방글라데시, 인도네시아, 러시아, 스리랑카, 태국, 캄보디아 등 다양한 아시아 및 중동·유럽 국적의 주민들이 포함된다. 이 지역에는 다문화 음식점과 상점이 활발히 운영되고 있어 다양한 국가의 전통 음식을 맛볼 수 있으며 연중 다문화 축제가 열려 다양한 문화를 직접 경험할 수 있는 기회를 제공한다(한국이주민연구소 2021). 원곡동 다문화거리에는 필리핀, 베트남, 인도네시아 등 동남아시아 국가의 음식점이 밀집해 있으며 한국 내에서는 쉽게 접하기 어려운 전통 요리를 맛볼 수 있다. 매주 일요일에는 '필리핀 마켓'이 열려 필리핀 현지 식재료, 간식, 공예품 등이 판매

되며 필리핀 공동체 간의 교류 공간으로도 활용되고 있다(연합뉴스 2020). 매년 열리는 '안산 다문화 축제'에서는 다양한 국가의 전통 공연, 패션쇼, 음식 체험 부스 등이 마련되어 시민들이 다채로운 문화를 직접 체험할 수 있는 기회를 제공한다. 원곡동에는 외국인 근로자를 위한 법률 상담소와 다문화가족지원센터가 운영되고 있는데 체류 외국인의 권익 보호와 생활 안정, 정착 지원을 목적으로 활동하고 있으며 무료 법률 상담, 통·번역 서비스, 가족 상담 등을 제공한다. 또한 한국 사회에 적응하기 위한 한국어 수업, 자녀 교육 지원, 직업 훈련 프로그램 등도 활발히 운영되고 있다. 이러한 종합적인 지원은 외국인 주민들이 지역사회 구성원으로 안정적으로 자리 잡을 수 있도록 돕고 지역사회와의 상호 이해와 통합을 촉진하는 대표적 사례로 평가받고 있다.

• 부산

부산 초량동 러시아 거리

부산 차이나타운 텍사스 거리

러시아와 중앙아시아 출신 이주민들이 주로 거주하는 '러시아타운'은 부산 중구 초량동 일대에 형성된 지역으로 1990년대 이후 러시아 및 중앙아시아 출신 선원, 무역업 종사자, 상인들이 모여들면서 자연스럽게 조성되었다. 현재 이 지역에는 러시아어 간판이 흔히 보이며 러시아 식료품점, 식당, 미용실 등 다양한 상점들이 밀집해 있다. 이곳은 러시아, 우즈베키스탄, 카자흐스탄 등 다양한 국가의 문화를 접할 수 있는 대표적인 다문화 공간으로 자리잡았다(부산광역시 2023). 부산역 인근 초량동은 이러한 이주민 커뮤니티의 중심지로 지역 주민과 방문객들 사이에서는 '부산 러시아타운'이라는 이름으로 널리 알려져 있다. 초량동의 러시아 마트에서는 전통 러시아 빵인 카라바이(Karavai), 보르시(Borscht) 수프, 사워크라우트(Sauerkraut) 등 다양한 현지 식재료를 구매할 수 있으며 인근 러시아 식당에서는 샤슬릭(러시아식 꼬치구이)과 펠메니(러시아식 만두) 같은 전통 음식을 맛볼 수 있다(부산다문화센터 2020). 이 지역에는 러시아어를 사용하는 이주민들을 위한 정교회 교회, 문화센터 등이 운영되고 있으며 매년 러시아 전통 축제가 열려 전통춤과 음악을 직접 감상할 수 있는 기회를 제공한다. 부산시는 초량동 일대를 '글로벌 문화 거리'로 육성하기 위한 다양한 지원책을 추진 중이며 러시아 및 중앙아시아 국가들과의 문화교류 확대를 위한 행사도 정기적으로 개최하고 있다(부산광역시 국제교류과 2022). 부산에는 러시아타운 외에도 외국인 커뮤니티가 형성된 지역이 여럿 있다. 부산 사하구 하단동 일대는 동남아시아 출신 이주민들이 많이 거주하는 곳으로 특히 베트남과 필리핀 출신 이주민들의 음식점, 마트, 미용실 등이 모여 있다. 매년 지역축제나 커뮤니티 행사를 통해 다양한 동남아 문화를 접할 수 있으며 현지 음식 문화도 활발하게 공유되고 있다. 금정구 장전동과 동래구 일대에는 조선족(중국동포) 중심 커뮤니티가 있으며 이곳에는 중국 음식점과 중국식 재래시장 분위기의 상점들이 형성되어 있다.

• 인천

　　　인천 다문화 거리　　　　　　　　인천 다문화 축제

　인천은 항구 도시로서 다양한 국적의 사람들이 유입된 지역이며 동남아시아 출신의 노동자와 이주민들이 많다. 이들은 주로 물류업과 수산업 등에서 중요한 역할을 수행하고 있다(국제이주연구센터 2023). 인천 남동공단 지역에는 베트남, 태국, 캄보디아 출신의 노동자들이 다수 거주하며 이들은 공단 내 제조업 현장에서 생산직 노동자로 일하고 있다. 또한 연안부두와 중구 신포동 일대에는 필리핀, 인도네시아 출신의 수산업 종사자들이 밀집해 있으며 이들이 운영하는 필리핀 마켓과 동남아 식품점도 자리 잡고 있다. 이 지역에서는 매년 '인천 다문화 축제'가 열려 다양한 국적의 이주민들이 자국의 전통 의상을 입고 행진하거나 전통 공연과 요리를 선보인다. 필리핀 공동체는 매주 일요일 '필리핀 바자'를 개최하여 자국의 음식과 생활용품을 판매하고 방문객들에게 필리핀 문화를 체험할 수 있는 기회를 제공한다(인천광역시 다문화지원과 2023). 또한 인천이주민센터는 이주노동자들을 위해 한국어 교육, 법률 상담, 건강 검진 등의 프로그램을 운영하며 이들의 안정적인 정착과 사회 통합을 위한 다양한 활동을 지원하고 있다(https://www.icff.or.k). 이러한 사례들은 인천이 단순한 다문화 거주지를 넘어 다양한 문화가 공존하고 상호 교류하는 공간으로 발전하고 있음을 보여준다.

1.3 외국인 마을이 사회와 경제에 미친 영향

외국인 마을은 한국 사회에 긍정적이면서도 부정적인 영향을 미쳤으며 이에 대한 논의는 지금도 계속되고 있다. 이들 마을은 한국 사회와 경제에 다양한 방식으로 영향을 끼쳤다. 먼저 다양한 문화가 유입되면서 지역사회가 활기를 띠고 외국인 노동자와 사업가들의 활동은 지역 경제 활성화와 일부 산업의 성장에 기여했다. 이로 인해 새로운 소비 시장이 형성되고 다문화 이해와 교류의 기회도 확대되었다. 반면 문화적 차이에서 비롯된 갈등, 불법 체류 문제, 치안에 대한 우려 같은 부정적인 요소들도 나타났다. 외국인 노동자의 증가로 인해 일부 계층에서는 일자리 경쟁이 심화된다는 목소리도 제기되고 있다. 이처럼 외국인 마을은 긍정적 영향과 부정적 영향을 동시에 지니고 있으며 이에 대한 내용을 정리해 보면 다음과 같다.

1.3.1 긍정적인 영향

• 경제 활성화

외국인 노동자들의 소비 활동은 지역 경제에 활력을 불어넣고 있으며 이로 인해 특정 지역이 다문화 상권으로 성장하는 사례도 나타나고 있다. 안산시 단원구 원곡동은 대표적인 다문화 지역으로 외국인 주민 비율이 40%에 육박하며(경기연구원 2022), 외국인을 주요 대상으로 한 상점, 음식점, 서비스 업종이 밀집해 있다. 원곡동 다문화거리는 필리핀, 베트남, 네팔, 우즈베키스탄 등 다양한 국가 출신의 상인들이 운영하는 음식점과 잡화점이 몰려 있어 매주 수천 명의 외국인과 내국인이 방문하는 명소로 자리 잡았다(안산시 2023). 이러한 다문화 상권은 내국인에게도 이국적인 경험과 선택의 폭을 제공하며 관광 및 상업 활동을 유도해 지역 상권에 긍정적인 영향을 미치고 있다는 평가를 받고 있다(조선일보 2023.8.1). 또한 서울 구로구 구로디지털단지 역시 외국인 노동자들의 경제 활동이 활발한 지역 중 하나이다. 2022년 기준으로 구로구의 외국인 주민 수는 약 38,000명으로 전체 인구의 약 13%를 차지하며 서울시 자치구 중 가장 높은 수준에 해당한다(서울특별시 2023). 이 지역에서는 IT 및 제조업에 종사하는 외국인 근로자들이 꾸준히 증가하고 있으며 이에 따라 글로벌 기업 및 중소기업들이 외국인을 주요 소비층으로 인식하고 맞춤형 상품과 서비스를 제공하고 있다. 음식, 통신, 주거, 금융 등 다양한 분야에서 외국인을 위한 전문 서비스와 상권이 형성되도록 유도하고 있다. 실제로 외국인 소비자는 일반 소비자보다 체류 지역 내 소상공인 제품과 서비스를 활용하므로 외국인 밀집 지역 상권은 평균보다 10-15% 높은 매출 증가율을 보이고 있다(한국소비자원 2022).

• 문화적 다양성 확대

외국인의 유입은 한국 사회에 새로운 문화를 소개하며 음식, 언어, 축제 등 다양한 분야에서 문화적 풍요를 가져왔다. 서울 이태원과 안산 원곡동에서는 각국의 전통 축제가 열려 다양한 문화를 경험할 수 있는 기회를 제공한다(이은희 외 2021). 이태원에서는 매년 '이태원 글로벌 페스티벌'이 열리며 세계 각국의 전통춤과 음악 공연, 음식 체험 행사가 진행된다. 이 축제는 한국인과 외국인 방문객이 적극적으로 참여하는 행사로 다양한 문화권이 한자리에 모이는 상징적 공간이자 문화적 다양성을 실질적으로 체감할 수 있는 장이 되고 있다. 또한 이태원에는 '할랄 푸드 거리'가 조성되어 있다. 이 거리는 이태원에 위치한 외국인 밀집 지역으로 다양한 할랄 음식점과 중동·남아시아 식료품점이 밀집해 있다. 무슬림 관광객과 외국인 거주자를 위한 할랄 인증 식당들이 즐비해 한국에서 쉽게 접하기 어려운 할랄 문화를 일상 속에서 체험할 수 있는 대표적인 장소로 기능한다. 이러한 외국인 마을은 다양한 문화가 공존하고 일상적으로 교류하는 장소로서 한국 사회 내 문화적 다양성이 구체적이고 가시적으로 확장되고 있음을 보여준다. 따라서 다문화 공간들은 단순한 음식 문화의 교류를 넘어 다양한 국가 출신의 주민들이 공동체를 형성하고 상호문화를 존중하며 소통할 수 있는 플랫폼의 역할을 하고 있다.

- **국제적 인식 개선**

다문화 사회로 변화하면서 한국인의 국제적 감각이 향상되고 외국인에 대한 이해와 포용력이 높아지는 긍정적인 효과가 나타나고 있다. 서울글로벌센터는 한국인과 외국인이 함께 참여할 수 있는 언어교환, 전통문화 체험, 취업 지원 프로그램 등을 운영하며 상호문화 이해를 촉진하고 있다. 서울글로벌센터의 공식 홈페이지에 따르면 글로벌 시민으로서의 상호 존중과 문화 다양성의 이해를 촉진하기 위한 다양한 프로그램을 정기적으로 운영하고 있다(서울글로벌센터 2024). 또한 많은 국내 대학에서는 외국인 유학생과 한국 학생들이 함께 참여하는 글로벌 캡스톤 프로젝트, 국제 세미나 등의 프로그램을 운영하고 있으며 이를 통해 학생들은 다양한 문화적 배경을 이해하고 글로벌 역량을 키울 수 있는 기회를 얻고 있다(한국교육개발원 2023). 이 외에 이태원, 안산 원곡동, 대림동과 같은 외국인 밀집 지역은 각국 문화를 체험할 수 있는 공간으로 주목받고 있으며 지역 축제나 다문화 거리 조성 사업 등을 통해 한국인과 외국인 간의 일상적인 교류가 이루어지고 있다. 이러한 외국인 마을의 형성은 상호문화 접촉의 기회를 확대하고 한국 사회가 개방적이고 국제적인 시각을 갖추는 데 긍정적인 영향을 주고 있다.

1.3.2 부정적인 영향

• 내·외국인 간 갈등

외국인 마을 일부 지역에서는 문화와 생활방식의 차이로 내·외국인 간 갈등이 발생하고 있다. 이태원 무슬림 거리에서는 종교·문화 갈등으로 이슬람 문화와 한국인 주민들의 정서가 충돌하는 사례가 보고되었다. 무슬림 외국인들은 하루 5번의 기도, 금요일 예배, 여성의 복장 규정, 돼지고기 회피 등 종교적 실천을 일상에서 수행하며 이로 인해 음식점, 주택, 공공장소 이용에 대한 갈등이 생겨났다. 인근 한국인 주민들은 종교적 관습을 존중하되 생활 소음이나 집회, 거리 기도 등에서 불편함을 호소했다(Kim, K. H. 2011). 또한 안산 원곡동에서는 소음 문제와 쓰레기 처리 문제 등으로 일부 주민들의 불만이 제기되었다(정병호 외 2011). 야간에 늦게까지 이어지는 외국인 근로자들의 모임과 축제, 길거리 음식 판매 등이 일부 주민들에게 생활 불편을 초래하는 요인으로 작용하고 있다. 이러한 문제를 해결하기 위해 지역 자치단체는 주민들과 외국인 공동체가 함께하는 소통의 장을 마련하고 있으며 공공장소 이용 시간과 위생 관련 규정을 안내하는 캠페인을 진행하고 있다. 안산이주민센터와 같은 지역 단체들은 이주민과 지역 주민 간의 갈등을 완화하기 위해 다양한 프로그램을 운영하고 있다 (경기도외국인인권지원센터 2020). 이러한 노력에도 불구하고 일부 원주민들은 이주민센터의 존재가 외국인 노동자들의 집중을 가속화한다고 우려하고 있다. 그러므로 지역사회는 문화적 차이를 이해하고 상호 존중하는 분위기를 조성하기 위한 지속적인 노력이 필요하다.

• 차별과 편견 문제

여전히 일부 한국 사회에서는 외국인에 대한 차별과 편견이 존재하며 이는 외국인 근로자의 노동 환경을 악화시키고 사회적 통합을 저해하는 주요 요인으로 작용하고 있다(동아시아연구원 2024:175). 2021년 한 조사에 따르면 한국에서 일하는 방글라데시 출신 노동자 중 63.8%가 임금 차별을 경험했고 일부는 한국인 동료로부터 언어적 모욕이나 따돌림을 겪었다는 보고도 있었다(경기도외국인인권지원센터 2021). 중국 동포 여성노동자 A씨 사례처럼 동일한 업무를 수행하고도 한국인 여성보다 30% 낮은 임금을 지급받은 사실이 언론을 통해 알려지기도 했다(한겨레 2022). 이러한 문제를 해결하기 위해 정부는 외국인 노동자의 권리를 보장하는 정책을 점차 강화하고 있다. 대한민국은 국제노동기구(ILO) 핵심 협약 중 일부를 비준하며 외국인 노동자의 기본권 보호를 위한 국제 기준에 발맞추고 있으며(고용노동부 2021) 기업 내 다문화 감수성 교육을 의무화하는 방안도 단계적으로 확대하고 있다. 이는 직장 내 차별을 완화하고 다양한 문화적 배경을 포용하는 조직 문화를 조성하기 위한 노력의 일환이다.

• 사회 통합 문제

외국인이 언어 및 문화적 차이로 인해 한국 사회에 완전히 통합되지 못하는 경우도 많다. 외국인 자녀의 교육 문제가 중요한 사회적 이슈로 부각되고 있으며 다문화 가정을 위한 맞춤형 교육 지원의 필요성이 강조되고 있다(다문화교육연구소 2022:189). 실제로 한국어가 서툰 외국인 자녀들이 공교육 과정에서 겪는 학습 격차는 점차 심화되고 있으며 이는 학업성취도 저하뿐만 아니라 또래 집단과의 사회적 단절로 이어질 수 있다(교육부 2023). 외국인 마을에서 살아가는 외국인들의 사회 통합 문제 역시 구체적인 사례로 드러나고 있다. 서울 구로구 가리봉동은 오랜 기간 동안 중국 동포(조선족)를 중심으로 한 외국인 밀집 지역으로 형성되었으며 이 지역에서도 언어 장벽과 주거환경 문제, 지역주민과의 갈등이 사회통합의 걸림돌로 작용하고 있다. 일부 외국인 주민은 행정 서비스나 의료 서비스 접근에 어려움을 겪고 있으며 주민 간 문화적 차이로 인한 갈등 사례도 지속적으로 보고되고 있다(서울시 도시연구원 2021).

특히 언어 장벽 문제에 대응하기 위해 일부 지방자치단체에서는 '다문화 아동을 위한 한국어 집중 교육 프로그램'을 운영하고 있다. 이 프로그램은 다문화가정 아동의 언어 격차 해소와 학습 능력 향상을 목적으로 운영되는 맞춤형 교육 과정이다. 교육부와 시도교육청이 협력하여 방과 후 또는 방학 기간에 집중적으로 실시하며 한국어 능력 진단을 바탕으로 수준별 수업을 제공하고 있다(교육부 2023). 이 외에 서울특별시는 2021년부터 외국인 주민의 한국어 능력 향상과 안정적인 지역사회 정착을 지원하기 위해 '다누리 한국어 교실'을 운영하고 있다. 이 프로그램은 기초·초급 중심의 회화 교육 외에도 학습자 수준에 맞는 소그룹 수업, 한국 사회 이해 교육, 말하기 능력 향상 프로그램 등을 포함하고 있다(서울특별시 2022). 경기도교육청은 '이중언어 말하기 대회' 및 다문화학생 전담 교사 배치를 통해 다문화 학생의 언어 역량과 정체성 함양을 동시에 도모하고 있다(경기도교육청 2023). 아울러 다문화 배경을 가진 학생들을 위한 멘토링 프로그램, 진로교육, 장학금 제도 등도 점차 확대되고 있으며 이는 다문화 청소년의 사회적 통합과 자존감 증진에 긍정적인 역할을 하고 있다(한국청소년정책연구원 2023).

2. 주요 외국인 마을 사례

1장에서 살펴본 바와 같이 한국의 대도시들은 역사적·사회적 배경 속에서 다양한 외국인 거주지를 형성해왔다. 이러한 다문화 공간은 단순한 이주민들의 정착지를 넘어 한국 사회가 외국 문화를 수용하고 적응해 온 과정을 보여주는 중요한 사례라 할 수 있다. 본 장에서는 서울, 안산, 부산, 대구, 인천 등 주요 도시의 외국인 마을을 중심으로 각 지역의 형성 배경과 공존 양상을 보다 구체적으로 살펴보고자 한다. 아울러 이러한 공간들이 한국 사회 전반에 걸쳐 경제적·문화적으로 미친 영향도 함께 분석한다.

2.1 서울의 다문화 마을

서울은 오랜 역사 속에서 외국인들이 정착하며 다양한 문화적 특징을 지닌 마을을 형성해 왔다. 20세기 초중반에는 일본인과 화교가 서울에서 대표적인 외국인 집단으로 자리 잡았으며 이들의 정착 과정은 서울의 도시 구조와 경제적, 문화적 발전에 적지 않은 영향을 미쳤다. 일본인과 화교의 정착은 단순한 이주 현상을 넘어 한국 사회가 외국인과의 공존을 어떻게 경험해 왔는지를 보여주는 중요한 사례라 할 수 있다. 21세기에 들어서면서 서울의 외국인 거주지는 더욱 다변화되었다. 글로벌화의 진전에 따라 서울은 국제적인 도시로 성장했고 이와 함께 외국인 노동자, 유학생, 주재원, 다문화가정 등 다양한 국적과 배경을 지닌 외국인의 유입이 급증했다.

서울의 이태원과 한남동은 다양한 국적의 외국인이 밀집한 지역으로 대표적인 다문화 상권이 형성되어 있다. 서래마을은 프랑스인들이 많이 거주하며 프랑스 학교와 상점들이 자리하고 있고 동부이촌동과 남산·용산 일대는 일본인의 정착이 뚜렷하다. 대림동과 가리봉동은 중국인, 조선족, 화교[1] 등 중국계 이주민들이 집중된 지역이며 이들은 각기 다른 배경을 지녔음에도 중국문화와 연결된 공통의 생활권을 형성하고 있다. 이 외에도 연희동과 연남동에는 중국계 외국인이 영등포구와 금천구에는 베트남 출신 이주민이 동대문과 신당동 일대에는 몽골계 이주민이 밀집해 있으며 이들 지역은 각국 문화를 바탕으로 한 음식점, 상점, 문화 공간이 형성되어 있다. 이러한 공간은 단순한 주거지를 넘어 한국과 이주민의 문화가 공존하고 소통하는 장으로 기능하며 서울의 다문화 도시로서의 위상을 보여주는 대표적인 사례로 꼽힌다.

---

[1] 화교, 조선족, 중국인은 각각 다른 개념이지만 중국과 관련이 있다는 점에서 공통점이 있고 다음의 차이점을 지닌다. 화교는 중국계지만 해외 정착하여 다양한 국적을 지니며 동남아(싱가포르, 인도네시아, 말레이시아, 태국 등), 미국, 유럽 등에 화교 공동체를 이루며 살아가고 있고 조선족은 중국 국적의 한국계로 중국 연변 조선족 자치주에 거주하는 조선족, 한국 내 거주하는 조선족 동포를 뜻한다. 중국인은 중국 국적을 가진 사람으로 베이징, 상하이, 광저우 등 중국 본토에서 거주하는 사람들이다.

2.1.1 이태원·한남동: 국제적인 문화 교류의 중심지

이태원 이슬람 사원   한남동 이집트 대사관

이태원과 한남동은 모두 서울에서 외국인 거주 비율이 높은 지역이지만 거주 외국인의 특성과 생활방식에는 차이를 보인다. 이태원은 과거 용산 미군기지와 인접해 있었던 영향으로 미국인을 비롯한 다양한 국적의 외국인이 거주하는 다문화 지역으로 발전해왔다. 현재도 미군 및 그 가족, 무슬림 공동체, 외국계 창업자, 유학생 등이 주요 거주자로 구성되어 있다. 이태원에는 서울중앙성원(이슬람 사원)이 위치해 있어 터키, 파키스탄, 인도네시아, 말레이시아 등 무슬림 거주자들이 밀집해 있으며 외국인 대상의 레스토랑, 바, 클럽, 식료품점 등이 발달하여 다국적 문화를 경험할 수 있는 공간으로 자리 잡았다. 반면 한남동은 대사관이 밀집한 지역으로 외교관 및 외국계 기업의 고위 임원들이 주로 거주하는 고급 주거 지역이다. 유럽과 북미 출신의 외국인이 많으며 조용하고 폐쇄적인 생활방식을 유지하는 경향이 있다.

한남동에는 국제학교, 외국인 전용 병원, 프리미엄 슈퍼마켓 등 외국인을 위한 생활 인프라가 잘 갖춰져 있다. 즉 이태원이 다양한 국적의 외국인들이 짧거나 중기 체류하며 다문화적인 환경을 조성하는 지역이라면 한남동은 외교관과 외국계 기업 임원들이 안정적으로 거주하는 고급 주택가로 기능하고 있다. 최근 한류의 확산과 글로벌 트렌드의 영향을 받아 이 지역은 더욱 국제적인 성격을 띠고 있으며 외국인 전용 주거 시설과 국제학교도 증가하고 있다. 코로나19 이후 비대면 시대가 가속화되면서 digital nomad(디지털 유목민)[2]들이 이 지역에 정착하는 사례가 늘어나고 있으며 이를 위해 공유 오피스와 글로벌 스타트업 허브가 형성되고 있다. 이로 인해 최근에는 한국 내 글로벌 창업 붐과 함께 한남동 일대가 외국인 창업가들의 주요 거점으로 떠오르고 있다. 다양한 스타트업 지원 프로그램과 네트워킹 이벤트가 정기적으로 열리며 글로벌 비즈니스를 위한 협업 공간도 증가하고 있다. 반면 이태원은 다국적 커뮤니티들이 모여 문화 페스티벌을 개최하며 한국과 외국 문화가 융합되는 장소로 발전하고 있다. 이러한 변화들은 이태원과 한남동이 단순한 외국인 거주지를 넘어 국제적인 문화, 경제, 비즈니스의 중심지로 자리 잡고 있음을 보여준다.

2.1.2 서래마을: 프랑스 문화와 한국이 만나는 공간

서래마을 거리 　　　　　　　서래마을 서울프랑스학교

2　정보통신기술을 활용하여 장소에 구애받지 않고 일하며 살아가는 개인으로 자유롭고 유연한 삶을 추구하는 새로운 글로벌 노동 주체로 이해된다 (Reichenberger 2019).

반포동에 위치한 서래마을은 1985년 서울프랑스학교가 이전하면서 (https://lfseoul.org) 자연스럽게 형성된 프랑스인 집단거주지이다. 현재 주한 프랑스 대사관 직원, 기업 주재원, 프랑스계 교육 기관 관계자 등을 포함한 약 600여 명의 프랑스인이 거주하며 이는 국내 프랑스인 거주자의 약 40%에 해당한다(https://en.wikipedia.org/wiki/Seorae_Villag). 서래마을은 프랑스인들이 편리하게 생활할 수 있도록 다양한 프랑스식 상점, 레스토랑, 베이커리, 와인 바 등이 조성되어 있으며 이 지역을 방문하면 프랑스의 정취를 물씬 느낄 수 있다. 프랑스 정통 빵과 디저트를 판매하는 베이커리, 프랑스 요리를 선보이는 레스토랑과 프랑스어를 사용하는 주민들도 많아 서울 속 작은 프랑스라 불리기도 한다. 서래마을은 한국과 프랑스 간의 문화 교류의 장으로도 기능하고 있다. 매년 프랑스 문화 축제, 와인 시음회, 예술 전시 등이 개최되며 한국인과 프랑스인이 함께 어우러지는 다채로운 행사들이 열린다. 서울프랑스학교는 한국인 학생들도 일부 입학할 수 있어 국제 교육 환경을 경험할 수 있는 기회를 제공하고 있다. 최근에는 한국 내에서 프랑스어 학습과 프랑스문화에 대한 관심이 증가하면서 서래마을을 찾는 한국인 방문객도 늘어나고 있다. 이 지역은 단순한 프랑스인 거주지를 넘어 프랑스와 한국 문화가 교류하는 공간으로 발전하며 서울의 다문화적 정체성을 더욱 강화하는 역할을 하고 있다.

2.1.3 일본인 주거지 1: 동부이촌동 중심으로 한 리틀도쿄

이촌동 리틀도쿄 거리　　　　　　　이촌동 일본인 마을

   서울 용산구 동부이촌동은 한국 내 대표적인 일본인 거주 지역으로 흔히 'Little Tokyo'라 불린다. 약 1000명 내외 일본인이 거주하는 이 지역은 1965년 한일 국교 정상화 이후 본격적으로 형성되기 시작했다(https://english.seoul.go.kr). 1970-80년대 일본 기업들의 한국 진출이 활발해지면서 주재원과 그 가족들이 서울에 정착하게 되었고 쾌적한 한강변 환경과 국제학교, 일본 관련 시설의 접근성이 뛰어난 이촌동은 일본인들에게 매력적인 거주지로 자리잡았다. 이 지역에는 사누키 우동 전문점, 전통 이자카야, 일본식 제과점 등 다양한 일본 음식점들이 많으며 일본에서 직수입한 식료품과 생활용품을 판매하는 마트들도 쉽게 찾아볼 수 있다. 또한 일본 서점과 문화 상품점, 일본어 학원 등 일본 문화를 일상적으로 접할 수 있는 장소들이 밀집해 있어 '현지 일본의 분위기'를 서울에서 느낄 수 있는 특별한 공간으로 인식된다. 일본국제학교와 일본인 커뮤니티 센터 등의 기반 시설은 일본인 가족들이 장기적으로 안정적으로 정착할 수 있는 환경을 제공하고 있으며 일본 대사관 직원 및 주재원들의 거주지로 활용되고 있다(https://english.seoul.go.kr). 이처럼 동부이촌동의 '리틀 도쿄'는 일본인 거주 지역을 넘어 한국 사회 내에서 일본 문화를 소개하고 교류하는 거점으로서 기능하고 있다.

2.1.4 일본인 주거지 2: 남산과 용산을 중심으로 한 도시 공간 형성과 현대적 변화

일제강점기 동안 일본인들은 서울의 남산 일대와 용산 지역을 중심으로 대규모 거주지를 형성하였다. 남산 일대는 일본인 행정 관료 및 상업 종사자들이 주로 거주하면서 서울 내 일본인 행정·상업 중심지로 기능하게 되었고 용산 지역은 일본군의 주둔지 및 병참기지로서 군사적 요충지로 활용되었다. 조선총독부는 경성부청, 경성재판소 등 주요 관공서를 남산 북측 소공동과 명동 일대에 집중 배치하여 행정 중심지를 형성하였으며 이로 인해 일본인 고급 관료층과 중산 계층이 선호하는 주거지로 발전하게 되었다(서울역사편찬원 2020). 이 시기 일본인들은 서울 도심의 주요 지역을 점유하며 일본식 주거 건축 양식과 근대식 상업시설을 대거 도입하였다. 종로, 을지로, 충무로 일대에는 일본식 상점, 금융기관, 기업 본사 등이 속속 들어서면서 이들 지역은 일본인 중심의 경제활동의 핵심지가 되었다. 이 과정에서 일본식 목조건물과 기와지붕을 특징으로 하는 주택 양식이 등장하였으며 정원과 담장, 온천 시설 등을 갖춘 고급 주택도 일부 조성되었다(박진희 2012, 김연지 2015). 이러한 공간 구성은 일제의 식민 도시계획이 반영된 결과로 당시 서울은 일본 본토의 도시 구조를 일부 모방한 형태로 재편되었다. 그러나 1945년 해방 이후 일본인들이 본국으로 철수하면서 이들 거주지는 자연스럽게 해체되었다. 서울의 급속한 도시화와 함께 일본인 거주지의 물리적 흔적은 대부분 사라지게 되었고 현재는 일부 지역에 남아 있는 일본식 가옥 또는 당시 지명, 유적 등을 통해 과거의 흔적을 제한적으로 확인할 수 있을 뿐이다(서울특별시 2014).

21세기에 들어서면서 남산과 용산 지역은 새로운 외국인 거주지로 변화하고 있다. 용산구는 서울의 대표적인 국제도시 지구로 변화하면서 일본뿐 아니라 미국, 유럽, 중국 등 다양한 국적의 외국인들이 거주하는 다문화 지역으로 성장하고 있다. 이태원, 한남동, 이촌동 일대는 외국인 친화적인 환경을 바탕으로 국제학교, 외국 대사관, 글로벌 기업들이 밀집하면서 국제적인 생활권을 형성하고 있다(김상훈 2023, 서울연구원 2022).

2.1.5 중국인 거주지 1: 대림동과 연남동의 중국 커뮤니티

연남동 중국 티하우스 　　　　　　대림동 차이나타운

서울의 대림동은 대표적인 중국인 밀집 지역으로 널리 알려져 있으며 이곳에는 수많은 중국식 상점, 음식점, 마트 등이 밀집해 있어 자연스럽게 'Little China'로 불리고 있다. '리틀 차이나'는 특정 국가나 도시 내에서 중국계 이민자들이 밀집해 거주하며 형성한 지역을 지칭하는 개념으로 해당 지역에서는 중국 전통문화, 음식, 언어, 상업 활동 등이 집중되어 있어 중국의 문화를 직간접적으로 체험할 수 있다. '리틀 차이나'는 세계적으로도 널리 존재하며 미국의 뉴욕 맨해튼 차이나타운, 샌프란시스코, 로스앤젤레스 등에 위치한 차이나타운이 이에 해당한다. 대림동은 중국 조선족(중국 국적의 조선족)과 중국 본토 출신 이주민들이 주로 거주하고 있으며 상업 활동이 매우 활발하다. 중국 전통 의류, 식품, 문화 상품 등을 전문적으로 판매하는 점포들이 증가하면서 이 지역은 외부인들이 중국 문화를 체험하기 위해 방문하는 관광 명소로도 떠오르고 있다. 대림 중앙시장 일대에는 중국어 간판이 많으며 거리에서는 중국어가 자주 들리는 등 지역 내에서 중국어 사용 빈도 또한 높아지고 있다. 이러한 현상은 대림동과 중국 본토 간의 문화적·언어적 연결성이 강화되고 있음을 보여준다(천현진 외 2011).

연남동은 주거 위주의 조용한 동네였으나 최근 분위기가 급변하며 현대적인 중국문화를 체험할 수 있는 새로운 공간으로 변모하고 있다. 젊은 화교 2세대와 한국에 유학 온 중국 유학생들이 창업한 퓨전 중식당, 카페, 중국식 디저트 전문점 등이 늘어나면서 '중국의 현재'를 반영하는 새로운 커뮤니티로 자리잡히고 있다. 중국 전통차 문화를 현대적으로 해석한 티하우스(Tea House)들이 연남동에 다수 생겨나고 있으며 이들은 젊은 세대를 중심으로 큰 인기를 끌고 있다. 또한 한중 문화 교류 행사나 전시회, 음악 공연 등도 정기적으로 개최되면서 연남동은 점차 서울 내 중국 문화의 중심지로 인식되고 있다(문종숙 2017). 서울의 강남구 삼성동과 서초구 일대 역시 최근 새로운 중국인 커뮤니티가 빠르게 형성되고 있는 지역이다. 이곳은 중국인 유학생들과 글로벌 기업에 근무하는 중국계 전문가들이 많이 거주하면서 중산층 이상을 중심으로 한 안정적인 커뮤니티가 만들어지고 있다. 삼성동 일대에는 중국어 학원, 중국계 국제학교, 글로벌 기업 지사들이 다수 위치해 있어 중국계 인재 유입이 꾸준히 이뤄지고 있으며 고급 중식당과 중국계 대형 마트들이 속속 들어서고 있다. 이는 서울 내에서 중국계 커뮤니티의 경제적 기반과 영향력이 점차 확대되고 있음을 시사한다.

2.1.6 화교 거주지 2: 전통과 현대가 공존하는 다문화 경제 중심지 연희동

과거 신승반점   현대 신승반점

　화교들의 서울 정착은 19세기 말 조선의 개항 이후 본격적으로 시작되었다. 이들은 주로 상업과 요식업을 중심으로 한 경제활동을 통해 자신들만의 공동체를 형성해 나갔다. 초기에는 소공동과 종로 일대에 집중적으로 거주했으며 점차 도시의 팽창과 함께 연희동과 연남동으로 그 거주지가 확장되었다(신용하 1999:203). 연희동과 연남동은 당시 화교들이 가족 단위로 정착하며 자영업 기반의 상업망을 구축한 지역으로 단순한 주거지를 넘어 경제적 중심지로 기능했다. 이들 지역에는 중국식 식당, 재료상, 전통찻집 등이 들어서며 서울 내 중국 음식 문화의 확산을 주도했고 이는 오늘날에도 남아 있는 지역적 정체성을 형성하는 데 중요한 역할을 했다. 그러나 1960년대 이후 한국 정부는 외국인의 토지 소유를 제한하는 법률을 시행하면서 화교 사회는 위축을 겪게 된다. '외국인 토지법'(1961)과 이후의 '부동산 실명제'(1995)는 화교들의 자산 축적과 세대 간 경제력 이전을 어렵게 만들었다. 이러한 제도적 제약은 화교들의 정착 기반을 약화시키는 계기가 되었고 1970년대 이후 한국 경제의 급격한 성장과 맞물려 더욱 심화되었다. 대기업 중심의 산업화가 본격화되면서 자영업 위주의 화교 경제는 점차 경쟁력을 상실했고 일부 화교들은 동남아시아나 북미 등

으로 재이주하거나 한국 사회에 점차 흡수되어 갔다(임혜란 2010:70).

21세기에 들어서면서 연희동의 화교 커뮤니티는 점진적인 재조명을 받고 있다. 과거 중산층 주거지로 자리 잡았던 연희동은 현재 화교 가정이 다세대 주택과 소형 상가를 운영하며 거주하는 공간으로 남아 있다. '연희 중식당 거리'로 불리는 구역에는 전통적인 중화요리 전문점들이 분포해 있으며 일부는 2세대 화교 가문이 운영하고 있어 세대 간 가업 승계를 실천하는 사례로 주목된다. 연희동에 위치한 '신승반점'은 1950년대 후반에 개업해 지금까지 가족 단위로 운영되고 있으며 지역 주민들과 오랜 단골 손님들 사이에서 화교 음식 문화의 상징으로 여겨지고 있다(조성빈 2020:112). 화교 2세들은 전통 식당 운영 외에도 카페, 퓨전 중식당, 문화 공간 등으로 사업을 확장하며 지역 상권의 다변화를 이끌고 있다. 이들은 연희동을 화교 문화의 정체성을 보존하고 현대적으로 재해석하는 복합 공간으로 만들어가고 있다(박은정 2021:88).

2.1.7 베트남 거주지: 영등포구와 금천구의 다문화 마을

베트남 뗏(Tét)' 축제   빨간봉투 리시(li xi)

서울의 영등포구와 금천구는 베트남 출신 이주민들이 정착하고 있는 대표적인 지역이다. 이 지역은 산업단지와 상업지구가 밀집해 있어 초기에는 노동 이주 배경의 베트남인이 많았으나 시간이 흐르면서 가족 단위의 정착과 창업이 늘어나며 '베트남 커뮤니티'라는 말이 어색하지 않을 정도로 자리를 잡았다. 영등포구 대림동과 금천구 가산동 일대에는 베트남어 간판을 쉽게 찾아볼 수 있으며 베트남 식료품점과 음식점은 물론이고 이·미용실, 전자제품 판매점, 편의점 등 다양한 생활 밀착형 상점들이 밀집되어 있다. 이는 단순한 상업적 확산을 넘어 이주민들이 생활 기반을 안정적으로 구축해 나가고 있다는 점에서 의미가 크다.

이 지역에서는 매년 음력설을 맞이해 베트남 최대의 명절인 '뗏(Tét)' 축제가 성대하게 열리고 있다. '뗏 응우옌 단(Tét Nguyên Đán)'은 조상을 기리고 한 해의 복을 기원하며 전통 음식을 나누는 베트남의 가장 중요한 명절이다. 이 시기에는 빨간 봉투인 '리시(li xi)'를 주고받는 풍습이 있으며 폭죽놀이와 사자춤(무아 린) 같은 민속 공연도 함께 진행된다. 영등포와 금천 지역에서는 이 같은 명절을 기념하는 거리 축제, 베트남 전통춤과 음악 공연, 전통 의상 체험, 베트남 길거리 음식 마켓 등 다채로운 행사가 지역 주민과 방문객들에게 베트남 문화를 널리 소개하고 있다(베트남관광청 2024).

최근에는 단순한 생필품 중심의 상점 운영에서 벗어나 베트남 출신 창업자들이 다양한 업종에 진출하면서 지역 경제에 새로운 활력을 불어넣고 있다. 대림동과 가산동에는 베트남 현지 커피 브랜드가 직영하는 카페가 생겨나고 있으며 베트남식 쌀국수와 반미(바게트 샌드위치)를 현대적으로 재해석한 퓨전 레스토랑도 인기를 끌고 있다. 더불어 K-뷰티 트렌드와 결합한 베트남 화장품 전문점도 늘어나고 있어 한국과 베트남의 문화 융합 양상이 더욱 뚜렷해지고 있다(김소연 2023). 또한 노동자뿐 아니라 유학생 인구도 꾸준히 증가하면서 베트남 출신 주민 간의 상호 지원을 위한 커뮤니티 활동도 활발해지고 있다. 2023년부터는 영등포구청 주도로 베트남인을 위한 다문화 지원센터가 확대 운영되고 있으며 이곳에서는 베트남어로 제공되는 생활 상담, 법률 자문, 심리 상담, 통번역 서비스 등 보다 실질적인 정착 지원 프로그램이 제공되고 있다. 이는 한국 사회 내에서 베트남 커뮤니티가 점점 더 체계적이고 안정된 구조로 발전하고 있음을 보여주는 사례라 할 수 있다(영등포구청 2023). 이러한 변화들은 영등포구와 금천구가 단순한 이주민 거주지를 넘어 다문화 공존의 모델 지역으로 기능하고 있다는 것을 나타낸다. 나아가 베트남 커뮤니티는 자립적 경제 활동과 문화적 정체성을 기반으로 한국 사회의 중요한 일부로 뿌리내리고 있다.

2.1.8 몽골인 거주지: 동대문과 신당동의 몽골타운

몽골 Naadam 축제(말 경주)

몽골 Naadam 축제(씨름)

서울 동대문과 신당동 일대는 몽골 출신 이주민들이 밀집하여 거주하고 있는 지역으로 흔히 '몽골타운'이라 불린다. 이 지역은 몽골 이민자 공동체가 자연스럽게 형성되면서 몽골 전통 음식점, 식료품점, 의류 상점, 여행사 등 몽골 관련 업종이 집적된 특화 거리로 자리잡았다. 전통 몽골식 요리와 한국식 조리법을 접목한 퓨전 음식점들이 다수 생겨나면서 다문화적 공존의 상징적인 공간으로 인식되고 있다. 이곳은 몽골에서 수입된 전통 식재료, 의복, 생활용품 등을 손쉽게 구할 수 있어 한국에 거주하는 몽골인들에게는 '작은 몽골'과 같은 기능을 한다. 몽골 노동자, 유학생, 그리고 중소 규모의 사업가들이 이 지역을 중심으로 생활 기반을 형성하고 있으며 일상적인 교류를 통해 커뮤니티의 결속력이 더욱 강화되고 있다(이영민 외 2013). 대표적인 문화행사로는 몽골의 최대 국경일이자 전통 축제인 '나담(Naadam)이 있다. 공식 명칭은 에린 구르반 나담(Эрийн гурван наадам, Eriin Gurvan Naadam)으로 매년 7월 11일부터 13일까지 열리며 몽골의 독립과 국가 정체성을 기념한다. 씨름, 말 경주, 활쏘기라는 세 가지 전통 스포츠가 중심을 이루는 이 축제는 몽골 유목 전통의 정수를 담고 있으며 서울에서도 몽골 커뮤니티와 대사관 주최로 이를 기념하는 행사가 열리고 있다(UNESCO 2010).

최근에는 몽골 출신 이주민들의 경제적 활동 영역도 다양화되고 있다. 초기에는 음식점이나 소매업 중심이었으나 점차 IT, 온라인 유통, 뷰티·서비스 산업 등으로 확대되고 있다. 동대문 주변에는 몽골 전통 의상과 악세서리를 판매하는 전문 상점들이 증가하고 있으며 몽골의 최신 패션 흐름을 반영한 현지 디자이너 브랜드도 등장하고 있다(이영민 외 2013). 또한 몽골 유학생 및 노동자 수가 증가하면서 이들을 위한 제도적 지원도 확대되고 있다. 2023년부터는 한국 정부 및 민간 재단 차원에서 몽골 유학생을 위한 장학금 지원 제도가 도입되었고 한국어 교육과 직업 훈련 프로그램도 함께 운영되고 있다. 이는 몽골 출신 이주민들의 사회·경제적 자립을 뒷받침하며 한국 내 다문화 사회 정착에 기여하는 중요한 변화로 평가된다(변수정 외 2021).

2.2 경기도 안산 다문화 마을

안산 다문화음식 페스티벌　　　　안산 원곡초등학교 학생들

　안산시 단원구 원곡동에 위치한 다문화마을특구는 국내 최대 외국인 밀집 지역 중 하나로 2009년 중소벤처기업부로부터 다문화특구로 지정되었으며 지정 기간은 2025년까지 연장되었다. 이 지역은 상호문화 공동체 형성, 외국인 복지 증진, 지역 상권 활성화를 목적으로 조성되었다(안산시청 2024). 제조업 중심의 산업단지가 밀집해 있는 안산은 1990년대 이후 이주노동자의 대규모 유입으로 다문화 공동체가 자연스럽게 형성되었으며 현재는 다양한 국적의 이주 노동자와 다문화 가정이 함께 거주하는 공간으로 변모 되고 있다. 최근 원곡동은 이러한 다문화적 특성을 반영해 다국적 기업과 상점이 증가하고 있으며 한국인과 외국인 간의 교류를 촉진하는 다양한 프로그램이 운영되고 있다. 2023년부터는 원곡동 내 다문화 마을을 활성화하기 위한 '다국적 푸드 페스티벌'이 매년 개최되고 있다. 이 축제는 몽골, 중국, 베트남, 태국, 우즈베키스탄 등 다양한 국가의 전통 음식을 체험할 수 있으며 각국의 전통 공연과 문화 체험 프로그램도 함께 운영된다. 축제는 안산시와 지역 다문화 단체가 공동 주관하며 다문화 공존과 지역 경제 활성화를 주요 목표로 하고 있다(안산타임즈 2024.10.5.). 이 지역에서는 다문화 관련 문화 교류 행사가 정기적으로 개

최되고 있으며 외국인 주민 대상 창업 지원 프로그램도 마련되어 외국인들이 지역 경제에 적극적으로 기여할 수 있도록 돕고 있다(이민정 2024). 또한 다문화 교육의 중요성 또한 강조되고 있다. 원곡초등학교를 비롯한 지역 내 학교들은 다문화 학생을 위한 맞춤형 한국어 수업과 문화 적응 프로그램을 확대 운영하고 있으며 외국인 학생들이 한국사회에 원활하게 적응할 수 있도록 지원하고 있다. 아울러 다문화 가정을 위한 법률 및 의료 상담 센터도 운영되어 외국인과 내국인의 공존을 위한 사회적 기반이 강화되고 있다(김준호 2024:112). 이러한 변화들은 안산 다문화 마을 특구가 외국인 거주지를 넘어 다양한 문화가 공존하고 상호작용하는 지역 공동체로 발전하고 있음을 보여준다. 이처럼 안산을 다문화 마을특구로 지정한 정책적 특징과 외국인이 조화롭게 공존하기 위한 사회적 통합 노력을 살펴보면 다음과 같다.

2.2.1 정책적 특징: 외국인 친화적 환경 조성

안산 다문화마을특구는 2009년 정부의 다문화 정책에 따라 특구로 지정되었으며, 외국인을 위한 복지 및 생활환경 개선 정책이 적극적으로 시행되고 있다(정호영 2015:112). 외국인들이 안정적으로 정착할 수 있도록 의료, 교육, 법률 상담 등의 다양한 서비스가 제공되며 다문화 특성을 반영한 여러 지원 정책이 운영되고 있다. 이는 외국인 주민들이 한국 사회에 원활하게 적응하고 정착할 수 있는 기회를 제공하는 중요한 기반이 되고 있다.

최근에는 다문화가정을 위한 생활 밀착형 복지정책이 더욱 다변화되고 있다. 2023년부터는 다문화가정이 보다 손쉽게 행정 서비스를 이용할 수 있도록 전담 상담창구와 모바일 정보 플랫폼이 마련되었으며 다국어 민원 응대 시스템이 도입되어 행정 접근성을 개선하였다(김민정 2024). 안산시는 다문화 갈등 예방을 위한 '상호문화 이해 프로그램'과 주민 통합 캠페인도 정기적으로 운영되고 있어 내·외국인 간의 사회적 신뢰를 구축하는 데 기여하고 있다(안산시청 2023). 또한 안산시는 외국인 주민의 경제적 자립을 돕기 위해 창업 지원 프로그램도 확대하고 있다(https://www.ansan.go.kr). 이러한 제도적 장치는 외국인 주민들이 지역사회 구성원으로서 안정적으로 참여하고 기여할 수 있는 토대를 제공하고 있다.

2.2.2 사회적 통합 노력: 내·외국인의 공존을 위한 프로그램 운영

안산시는 내국인과 외국인이 조화롭게 공존할 수 있도록 다양한 사회 통합 프로그램을 운영하고 있다. 다문화 축제, 상호 문화 교육 프로그램, 법률 및 의료 지원 서비스 등이 있으며 이러한 프로그램들은 문화적 다양성을 존중하는 환경을 조성하는 데 중요한 역할을 하고 있다(한정희 2020). 최근에는 다문화 공존을 위한 지역 사회 참여 프로그램이 더욱 확대되고 있다. 특히 2023년부터는 '다문화 주민 커뮤니티 리더십 프로그램'이 운영되기 시작했다. 이 프로그램은 외국인 주민들이 지역사회의 적극적인 구성원으로 활동할 수 있도록 돕는 중요한 기회가 되고 있다. 이를 통해 다문화가정의 대표들이 정책 결정 과정에 참여할 수 있으며 그들의 목소리가 지역 사회 통합을 위한 다양한 활동에 반영되고 있다(박지훈 2023). 이러한 프로그램은 외국인들이 지역사회의 구성원으로서 그들의 역할을 확대하고 공동체 내에서 더욱 중요한 역할을 하도록 하는 데 중점을 둔다.

또한 다문화 학생들의 원활한 정착을 돕기 위해 안산시 내 여러 학교에서는 맞춤형 교육 프로그램을 운영하고 있다. 원곡초등학교와 원곡중학교는 한국어 교육뿐만 아니라 다문화 가정의 학생들이 모국 문화를 유지하면서도 한국 사회에 적응할 수 있도록 이중언어 교육을 강화하고 있다.

이와 함께 멘토링 프로그램을 통해 한국 학생과 다문화가정 학생들이 상호 협력하며 학업과 사회적 관계를 함께 발전시킬 수 있도록 돕고 있다. 이 프로그램들은 다문화 학생들이 한국 사회에 잘 적응하고 동시에 자신들의 문화적 자산을 존중받을 수 있도록 도와준다(안산원곡초등학교 2023).

2.3 부산, 대구, 인천 등 주요 도시의 다문화 공간

2.3.1 부산

부산 차이나타운 문화축제

부산 지구촌 문화축제

부산은 대한민국 제2의 도시이자 대표적인 항구도시로 오랜기간 동안 외국인 유입이 지속되어 온 다문화 중심지다. 초량동, 해운대구 달맞이길과 중동 그리고 항만 인근 지역은 다양한 국적의 이주민과 외국인이 밀집해 있어 다문화적 색채가 뚜렷하게 드러난다. 주요 외국인 거주 지역과 그 특징은 다음과 같다.

• 초량동(차이나타운) – 부산역 인근 상해거리

부산역 맞은편에 위치한 초량동은 '차이나타운' 또는 '상해거리'로 널리 알려진 지역이다. 이곳은 1884년 부산항 개항 이후 중국 상인들이 집단으로 이주하면서 자연스럽게 형성된 지역으로 현재까지도 대표적인 화교 커뮤니티의 중심지로 자리 잡고 있다(이재현 2019). 이 지역에는 광둥식, 북경식, 사천식 요리 전문점을 비롯해 최근에는 대만 버블티, 홍콩식 디저트 카페 등 신세대 입맛에 맞는 다양한 음식점들이 생겨나고 있다. 관광객뿐만 아니라 지역 주민들도 즐겨 찾는 명소로 성장했으며 일부 건물은 중국풍 외관으로 리모델링되어 이국적인 분위기를 더욱 살리고 있다. 매년 춘절(중국 음력설)과 중추절을 전후로 용춤, 사자춤, 전통 음악 공연, 붉은 등불 거리 조성 등 다채로운 중국 전통 행사가 열리며 이는 부산시와 지역 화교 커뮤니티가 협력하여 추진하고 있다. 이러한 행사는 부산 시민과 관광객들에게 중국문화를 접할 기회를 제공함으로써 지역사회 내 문화적 이해를 높이고 있다(부산광역시 2022).

- 해운대구 달맞이길 & 중동

해운대는 외국인 거주 비율이 부산 내에서 가장 높은 지역 중 하나다. 달맞이길과 중동 일대는 외국계 기업 주재원, 국제학교 교사, 예술가 등이 많이 거주하는 고급 주거지역이다. 이 지역은 유럽풍 레스토랑, 일본식 이자카야, 미국식 브런치 카페, 프렌치 베이커리 등 다양한 외식업체가 들어서면서 독특한 글로벌 식문화가 자연스럽게 형성되었다. 달맞이길은 벚꽃 명소로도 유명하며 이곳에 위치한 갤러리들은 정기적으로 국제 미술 전시회를 개최한다. 외국인 예술가들의 작품도 활발히 전시되며 북카페, 재즈바, 클래식 연주 공간 등 문화예술 커뮤니티가 형성되어 있다(부산문화재단 2022). 한편 중동 지역은 해변과 가까워 서핑, 스킨스쿠버, 해양 스포츠를 즐기는 외국인들에게 매력적인 거주지다. 이 지역에는 외국인을 위한 요가 센터, 명상 클리닉, 영어권 의료시설 등이 운영되며 건강 중심의 라이프스타일을 추구하는 외국인들에게 각광받고 있다. 외국인 투자자 대상 고급 부동산 공급도 꾸준히 확대되고 있다(부산경제진흥원 2021).

• 항구도시의 다문화 커뮤니티

부산은 항만 도시 특성상 다양한 국적의 외국인이 지속적으로 유입되어 왔다. 동남아시아, 중앙아시아, 중동 지역 출신 이주민들이 정착하면서 차이나타운 외에도 '리틀 아시아'로 불리는 다문화 거리들이 형성되고 있다(국회예산정책처 2020). 부산시는 외국인과 다문화 가정을 위한 정책을 확대 중이다. 다문화가족을 위한 한국어 교육, 법률 및 심리 상담, 의료 지원 프로그램이 동구·서구 지역 커뮤니티센터를 통해 제공되고 있으며 이는 외국인 주민의 안정적인 정착을 위한 기반이 되고 있다(한국국토연구원 2021). 2024년부터는 '글로벌 문화 페스티벌'을 정례 개최하여 각국 이주민들의 전통음식과 공연, 의상 체험 등을 통해 시민들과 문화 교류를 장려하고 있다(서울대학교 도시문제연구소 2020).

2.3.2 대구

대구 동성로 전통시장

대구 이슬람사원

대구에는 외국인 거주자가 많이 모여 사는 몇몇 지역이 있으며 이 지역들은 거주 외국인의 국적, 생활 방식, 상업 활동에 따라 독특한 특성을 지닌다. 대구시는 이러한 지역적 특성과 외국인 주민의 필요를 반영하여 다양한 지원정책을 시행하고 있다. 대표적인 외국인 거주지와 이들에 대한 지원정책은 다음과 같다.

- 동성로 및 중앙로(시내권): 다양한 국적의 외국인 밀집

동성로와 중앙로는 대구의 도심 번화가로 유동 인구가 많고 국제적인 상업 활동이 활발한 지역이다. 이 지역은 외국인 관광객뿐만 아니라 유학생, 장기 체류 외국인들이 많이 거주하는 곳으로 알려져 있다. 중국, 베트남, 몽골, 러시아, 필리핀 등 다양한 국적의 외국인이 거주하며 이들을 대상으로 한 다국적 음식점, 잡화점, 해외 송금 서비스 등 다양한 상업시설이 발달해 있다. 이러한 특성으로 인해 이 지역은 자연스럽게 외국인 커뮤니티의 중심지가 되었고 주말이나 공휴일에는 외국인 중심의 커뮤니티 모임, 소규모 문화행사, 언어교환 모임 등이 활발히 진행되고 있다(이진경 2021).

- 이태원골목(중구 국채보상로 주변): 동남아 및 중앙아시아 커뮤니티

대구의 '작은 이태원'으로 불리는 이 지역은 네팔, 방글라데시, 인도, 파키스탄 등 남아시아 및 중앙아시아 출신 외국인들의 거점이다. 이 지역에는 할랄 인증 음식점, 남아시아식 식료품점, 이슬람 사원(모스크)이 위치하고 있으며 무슬림 외국인 거주자들에게 중요한 생활 기반을 제공한다. 최근에는 한국인들도 이국적인 향신료나 음식 문화를 경험하고자 방문하는 경우가 늘어나고 있으며 이로 인해 문화적 교류가 자연스럽게 이루어지고 있는 중이다(정승호 2022). 따라서 이 지역은 종교적·문화적 배경이 다양한 외국인들이 서로 교류하며 자생적인 커뮤니티를 형성하고 있어 지

역 내에서의 문화 다양성 실현의 대표 사례로 평가받고 있다.

• 성서산업단지 및 테크노폴리스: 외국인 노동자 및 다문화가정 거주지

대구 서부에 위치한 성서산업단지와 남서부의 테크노폴리스는 제조업 중심의 산업단지로 많은 외국인 노동자들이 이 지역에서 근무하거나 거주한다. 주요 거주 외국인은 베트남, 캄보디아, 네팔, 중국 동포(조선족) 등이며 이들은 인근의 저렴한 원룸, 기숙사 형태의 주거 공간에 거주한다. 지역 상권에는 이들을 위한 소매점, 환전소, 휴대폰 매장, 현지식당 등이 다수 입점해 있다. 또한 일부 외국인 근로자들이 한국인과 결혼하면서 다문화 가정을 형성하고 있으며 이에 따라 다문화 가정 자녀들을 위한 교육 및 복지 인프라가 확대되고 있다(고윤정 2023).

• 다문화 가정 증가와 지원 정책

대구는 전국 평균보다 높은 속도로 다문화 가정이 증가하고 있으며 이에 따라 교육, 복지, 문화 등 다방면에서 다문화 관련 정책이 강화되고 있다. 통계청에 따르면 2022년 기준 대구의 다문화 가정 학생 수는 7,400여 명으로 5년 전보다 약 35% 증가한 수치이다(통계청 2023). 이에 대구시는 2023년부터 '다문화 학생 맞춤형 교육 프로그램'을 도입하여 한국어 교육은 물론 각국 문화 이해와 자존감 회복을 위한 문화교육, 모국어 병행 교육 등을 실시하고 있다. 특히 다문화 학생의 비율이 높은 초등학교 및 중학교를 중심으로 '글로벌 시민 교육'이 확대되고 있으며 다문화 학생과 일반 학생 간의 통합 교육 프로그램도 운영 중이다(이민재 2024). 대구시는 법률, 의료, 복지 지원도 체계적으로 강화하고 있다. 대구 다문화가족지원센터는 무료 법률 상담, 건강검진, 임신·출산·육아 프로그램 등을 제

공하며 외국인 주민이 한국 사회에 안정적으로 정착할 수 있도록 돕고 있다. 2023년에는 '외국인주민 통합상담센터'를 신설하여 비자, 취업, 거주, 보험 등 다양한 문제를 원스톱으로 상담·연계해주는 시스템을 도입하였다(박소연 2024). 또한 대구시는 문화 교류를 통한 상호 이해 증진에도 힘쓰고 있다. 매년 개최되는 '대구 글로벌 문화축제'는 다문화 가정과 지역 주민이 함께 참여하는 행사로 각국의 음식, 의상, 전통놀이, 공연 등을 공유하며 문화적 공감대를 형성하고 있다. 이와 같은 행사는 지역 사회 내에서 다문화에 대한 이해와 존중을 높이는 계기가 되고 있으며 외국인 주민의 자긍심 회복에도 긍정적인 영향을 미치고 있다(김진우 2024).

2.3.3 인천

인천 송도 국제학교

인천 논현동 다문화거리 마트

인천은 대한민국 내에서 외국인 거주 비율이 높은 도시 중 하나로 외국인 밀집 거주지로서 뚜렷한 특성을 가지고 있다. 인천의 외국인 밀집 지역은 단순히 외국인이 많이 사는 곳이라는 차원을 넘어 다양한 국적의 사람들이 일상생활을 공유하며 다문화적 특성을 뚜렷하게 형성하고 있다는 점에서 주목할 만하다. 주요 외국인 거주 지역과 그 특징은 다음과 같다.

• 연수구 송도국제도시

송도국제도시는 인천의 국제도시로서 국제 업무단지, 외국계 기업 본사, 글로벌 R&D 센터, 그리고 국제학교들이 집약되어 있는 지역이다. 이로 인해 미국, 캐나다, 유럽, 중국, 일본 등 다양한 국적을 가진 외국인 전문가, 기업 주재원, 그리고 유학생들이 이 지역에 집중적으로 거주하고 있다. 이 지역은 영어 사용이 용이하고 국제학교와 외국인 대상 상점·식당·문화시설이 잘 갖추어져 있어 외국인 거주자들이 언어와 문화적 장벽 없이 비교적 안정적인 생활을 할 수 있는 환경이 마련되어 있다. 이러한 특성으로 인해 송도는 '글로벌 타운'으로도 불리며 외국인 커뮤니티가 자생적으로 활성화되어 있는 것이 특징이다(이재훈 2022).

• 중구 차이나타운 & 신포동 일대

인천 중구의 차이나타운은 1884년 개항 이후 조성된 한국 최초의 차이나타운으로 현재까지도 중국계 한국인(화교)과 중국 국적 이주민들이 밀집해 거주하는 지역이다. 최근에는 중국 본토 출신뿐만 아니라 베트남, 미얀마, 인도네시아 등지에서 온 동남아 출신 이주민의 유입도 활발해지고 있으며 노동자 중심의 거주 형태가 확산되고 있다. 이 지역은 전통적인 중국 양식의 건축물, 음식점, 상점들이 밀집해 있어 관광객에게도 인기가 높다. 동시에 지역 주민들에게는 고향의 정서를 제공하는 문화적 중심지로 기능하고 있다(박지훈 2021).

• 남동구 논현동·소래포구 주변

남동구 논현동과 소래포구 인근은 인천 남부 산업단지와 인접해 있어 외국인 노동자들의 주요 거주지로 발전해왔다. 이 지역에는 베트남, 캄보디아, 필리핀, 네팔, 방글라데시 등 주로 동남아 및 남아시아 출신의 외국인들이 다수 거주하고 있으며 산업체에 종사하는 노동자뿐 아니라 가족 단위로 정착하는 사례도 증가하고 있다. 거리 곳곳에서는 이국적인 음식점, 생필품점, 다문화 미용실 등이 성업 중이며 일부 상권은 한국어보다 베트남어나 태국어 간판이 더 눈에 띄는 등 뚜렷한 다문화 환경을 보여준다(김수현 2020).

- 다문화 특화거리 조성

최근 인천시는 도시의 글로벌 경쟁력 제고와 외국인 주민의 정주 여건 개선을 위해 다문화 특화 거리 및 커뮤니티 공간 조성에 주력하고 있다. 송도에서는 외국인 대상 주거단지와 국제학교 확충이 지속적으로 이루어지고 있으며 다문화 커뮤니티 센터를 중심으로 정착 지원, 언어 교육, 생활 상담 등 다양한 서비스를 제공하고 있다. 차이나타운의 경우 전통적인 중국 음식점과 상점 외에도 최근 들어 젊은 화교 2세대들이 현대적인 감각을 가미한 퓨전 음식점과 문화공간을 운영하며 새로운 문화의 흐름을 만들어가고 있다(박지훈 2021). 부평구는 베트남과 태국 출신 이주민의 증가로 다문화 음식 거리 형성이 활발하며 지역 주민과 외국인이 함께 어우러지는 공간으로 변화하고 있다. 남동구 또한 다문화 교육 프로그램과 문화 교류 행사를 꾸준히 개최하며 지역 주민과 외국인 간의 상호 이해를 도모하는 활동을 강화하고 있다(김수현 2020). 인천시는 이러한 흐름에 맞춰 2023년부터 '다문화 공존 도시' 프로젝트를 추진하고 있으며 외국인 정착 지원, 다문화 교육 확대, 다국적 커뮤니티 활성화, 의료·복지 서비스 제공 등 실질적인 정책을 추진하고 있다(인천연구원 2023). 이러한 인천의 사례는 한국 사회가 점차 다문화 사회로 전환되고 있음을 보여주며 단순히 외국인을 수용하는 차원을 넘어 세계시민 의식과 상호문화적 소통을 확대하는 방향으로 나아가고 있음을 시사한다.

생각해볼 과제

과제 1 한국 사회에서 외국인 밀집 지역이 왜 특정 지역에 형성되었는지에 대해 분석해 봅시다.
- 인구 이동, 산업 구조, 주거 비용, 교통 편의성 등의 요소 고려하기
- 다른 나라의 사례와 비교해 공통점과 차이점을 찾아보기

과제 2 서울, 안산, 부산 등 지역별 외국인 마을이 각각 어떤 문화적 정체성을 형성하고 있는지 조사하고 그 정체성이 지역사회에 어떤 방식으로 통합 또는 분리되고 있는지 확인해 봅시다.
- 현장 방문이나 기사, 영상 등을 참고하여 실제 모습을 바탕으로 논의해 보기
- 지역 주민과 외국인 커뮤니티 간의 교류나 갈등 양상도 함께 살펴보기

과제 3 외국인 마을이 지역 경제에 기여하거나 영향을 미친 사례를 조사하고 이로 인해 발생할 수 있는 사회적 혜택과 문제점을 정리해 봅시다.
- 관광, 상권 변화, 노동력 수급 등 경제적 측면 고려하기
- 차별, 혐오, 소외 문제 등 고려하기

참고문헌

1. 외국인 마을의 형성과 배경

경기도교육청. (2023). 다문화 학생 지원 정책 자료집.
경기도외국인인권지원센터. (2020). 2020 외국인 주민 인권 실태조사 보고서.
경기도외국인인권지원센터. (2021). 2021 외국인 주민 인권 실태조사 보고서.
경기연구원. (2022). 경기도 외국인주민 실태조사.
고용노동부. (2023). 외국인력정책 브리프: 고용허가제 운영현황 및 개선방안. 고용노동부.
고용노동부. (2021). ILO 핵심 협약 비준과 이행 계획 발표 자료. 고용노동부 보도자료.
국제노동기구. (ILO). https://www.ilo.org
국제이주연구센터. (2023). IOM 2023 Annual Report
교육부. (2023). 2023년 다문화교육 지원계획. https://www.moe.go.kr
구로구청. (2021). 구로의 다문화 이야기: 가리봉동 중심으로 본 변화의 흐름. 구로구청.
국가정책정보포털 PRISM. (2022). 외국인 노동자의 근로환경 및 복지 개선 방안 연구.
김민수. (2019). 다문화 사회로의 전환과 한국의 정책적 대응. 서울: 한울아카데미.
김성환. (2023). 외국인 노동자의 산업별 분포와 사회통합 과제. 노동정책연구 35-1, 83-104.
다문화교육연구소. (2022). 다문화 교육과 사회통합의 실제. 서울: 다문화교육출판.
다문화정책연구소. (2023). 2023 다문화 사회 현황 보고서. 서울: 다문화정책연구소.
동아시아연구원. (2024). 외국인 노동자와 한국 사회: 정책적 과제와 전망. 서울.
문화체육관광부 & 한국관광공사. (2024). 2023 외래관광객 실태조사. 문화체육관광부.
박경호. (2021). 도시 내 다문화 공간의 사회문화적 기능: 대림동과 원곡동 사례를 중심으로. 도시와 사회 20-2, 110-130.
박정수. (2021). 이태원의 다문화 공간 형성과 변화: 문화 교차지대를 중심으로. 문화정책논총 35, 122-148.
부산광역시. (2022). 부산 차이나타운 & 러시아타운 소개 자료. 부산광역시 문화관광. https://www.busan.go.kr/tour/
부산광역시. (2023). 부산 다문화가족지원 종합계획(2023~2027). 부산: 부산광역시 여성가족과.
산업연구원. (2024). 글로벌 전문 인력의 국내 유입과 산업별 영향 분석. 세종: 산업연구원.
서울글로벌센터. (n.d.). 프로그램 안내. 서울특별시. https://global.seoul.go.kr
서울시 도시연구원. (2021). 서울시 외국인 밀집지역의 사회통합 실태 조사. 서울시 도시연구원.
서울특별시. (2023). 서울시 외국인 주민 현황.

서울특별시. (2022). 다누리 한국어 교실 운영보고서.
안산시 공식 통계. (2023) 조선일보 기사. 2023년 8월 1일자: 「원곡동, 다문화관광 명소로 떠오르다」.
이은희 외. (2021). 다문화 공존을 위한 정책과 과제. 한국행정연구원.
이주사회연구소. (2022). 다문화 마을의 형성과 사회통합 과제. 서울: 이주사회연구소.
이주연. (2020). 외국인 노동자 유입과 한국 노동시장 구조의 변화. 한국사회학 54-3, 25-47.
인천광역시 다문화지원과. https://www.incheon.go.kr
인천이주민센터. https://www.icff.or.k
정미경. (2019). 한국 농촌의 국제결혼 실태와 사회적 과제. 농촌사회연구 29-1.
정병호, 김혜진 & 이혜경. (2011). 다문화시대의 한국문화인류학. 서울: 일조각.
중앙아시아축제. https://mediahub.seoul.go.kr
최현석. (2022). 한국의 고등교육 국제화 전략과 외국인 유학생 정책. 서울: 교육과학사.
통계청. (2024). 2023년 다문화 인구동태 통계. 대한민국 통계청.
한국교육개발원. (2023). 2023 외국인 유학생 현황 분석 보고서. 세종: 한국교육개발원.
한국교육개발원. (2023). 글로벌 인재 양성을 위한 대학 교육 사례 연구. 세종: 한국교육개발원.
한국소비자원. (2022). 외국인 유학생 및 노동자 소비 행태 조사.
한국은행. (2021). 외국인력 유입의 경제적 효과와 정책과제. BOK 경제연구.
한국이주사회연구소. (2021). 외국인 마을의 형성과 다문화 공간으로의 발전. 서울: 한국이주 사회연구소.
한국청소년정책연구원. (2023). 다문화 청소년의 사회통합을 위한 정책연구.
Kim, K. H. (2011). 다문화공간 '이태원'의 문화지리학적 고찰: 종교와 공간을 중심으로. 한국지역지리학 17-4, 528-543.

2. 주요 외국인 마을 사례

경기도 안산시청. https://www.ansan.go.kr/global/common/cntnts/selectContents.do?cntnts_id=C0001007
고윤정. (2023). 대구시 외국인 근로자 정주환경 실태조사 보고서. 대구광역시청.
국회예산정책처. (2020). 다문화 사회 정책 분석 보고서.
김민정. (2024). 다문화가정을 위한 디지털 복지행정과 정보접근성 개선 방안. 서울: 한국사회복지연구원.
김상훈. (2023). 서울의 외국인 커뮤니티와 도시 변화. 도시사회학연구 18-1, 77-93.
김소연. (2023). 다문화 상권의 변화와 문화 융합 양상. 도시문화연구 15-1, 88-102.
김수현. (2020). 인천시 다문화 정책의 지역 적용 사례: 남동구와 부평구를 중심으로. 한국 다문화 13-2, 95-114.
김연지. (2015). 일제강점기 일본인 주거지의 건축특성과 공간 구성. 한국건축역사학회 논문집 24-4, 54-69.
김준호. (2024). 다문화 교육과 지역사회 연계 방안. 경기교육출판사.
김진우. (2024). 지역축제를 통한 다문화 인식 제고 방안 연구: 대구 글로벌 문화축제를 중심으로. 다문화정책연구 19-2, 123-135.
문종숙. (2017). 홍대지역에 대한 인식이 지각된 가치와 행동의도에 미치는 영향에 관한 연구: 중국인 관광객을 중심으로. 경희대학교 관광대학원 석사학위논문.
박소연. (2024). 지방자치단체의 외국인 주민 지원 정책 분석: 대구 사례. 지방정부연구 26-1, 115-130.
박은정. (2021). 연희동 화교 커뮤니티의 변화와 지역 상권의 재구성. 도시문화연구 18-1, 77-93.
박지훈. (2023). 다문화 커뮤니티의 사회참여 확대 방안. 한국지역사회연구원.
박지훈. (2021). 인천 차이나타운의 문화 변동과 중국계 유산 연구. 아시아도시문화연구 6-3, 77-93.
박진희. (2012). 일제강점기 서울의 도시공간 변화와 일본인 거주지 형성에 관한 연구. 도시설계 13-2, 127-142.
베트남관광청. (2024). 베트남의 설 명절 뗏 소개. https://vietnamtourism.or.kr
변수정, 정혜선, 김현지. (2021). 사회통합의 또 다른 시각: 이주민이 인식한 한국 사회의 수용성. 한국보건사회연구원. https://repository.kihasa.re.kr/handle/201002/39875
부산경제진흥원. (2021). 부산 외국인 투자 동향 분석.
부산문화재단. (2022). 해운대 예술교류 및 국제교류 프로그램 보고서.
부산광역시. (2022). 부산시 외국인 주민 지원 계획 보고서.
서울대학교 도시문제연구소. (2020). 글로벌 문화축제와 도시브랜딩 연구자료.
서울시 영어 웹사이트. https://english.seoul.go.kr/dongbuichon-dong-little-tokyo-seoul
서울연구원. (2022). 서울 외국인 주거지 분석과 정책 제언. 서울연구원.
서울역사편찬원. (2020). 서울역사 아카이브 – 서울과 일제강점기. 서울특별시.
서울특별시. (2014). 서울 근현대 도시사 자료집 2: 일제강점기. 서울특별시.
신용하. (1999). 한국 화교사. 서울: 지식산업사.
안산시청. (2024). 다문화마을특구 소개. https://www.ansan.go.kr
안산시청. (2023). 다문화 이해 프로그램 운영 계획.
안산원곡초등학교. (2023). 2023 다문화학생 맞춤형 교육지원 운영 계획. 안산교육지원청.
안산타임즈. (2024.10.3). "안산 원곡동, 다국적 푸드 페스티벌 성황리에 개최". https://

www.ansantimes.co.kr/news/articleView.html?idxno=72178
영등포구청. (2023). 2023 영등포구 다문화가족지원센터 운영 계획.
이민재. (2024). 다문화 학생 맞춤형 교육정책의 효과 분석: 대구시 사례 연구. 교육행정학연구 42-1, 99-112.
이민정. (2024). 한국 다문화 지역 정책의 방향. 서울: 다문화연구원.
이영민 & 이종희. (2013). 이주자의 민족경제 실천과 로컬리티의 재구성: 서울 동대문 몽골타운을 사례로. 한국문화인류학 46-1, 139-174.
이재현. (2019). 한국의 화교 이민과 차이나타운의 역사. 한국이민학회.
이재훈. (2022). 글로벌 도시 송도의 외국인 커뮤니티와 거주 환경 연구. 국제도시연구 8-1, 41-59.
이진경. (2021). 도시 내 외국인 밀집지역 특성과 커뮤니티 형성 연구: 대구 중앙로 사례. 도시사회학논총 29-3, 61-78.
인천연구원. (2023). 2023 다문화 공존 도시 프로젝트 보고서. 인천: 인천광역시.
이태원 지구촌 축제. https://culture.seoul.go.kr/
임혜란. (2010). 한국 화교의 정체성과 경제활동. 한중사회과학논총 12-1, 65-82.
정승호. (2022). 지역 내 소수자 공간 형성과 문화적 의미: 대구 이태원골목의 사례. 문화지리연구 35-2, 83-97.
정호영. (2015). 다문화 특구의 정책적 의미와 공간적 함의: 안산 원곡동 사례를 중심으로. 사회정책연구 32-3, 101-125.
조성빈. (2020). 서울 연희동 화교 음식문화의 지역적 정체성과 지속 가능성. 지역과 인문학 11-2, 105-118.
천현진 외. (2011). 참여 관찰법을 이용한 중국인 상업 가로지역 공간의 문화인류학적 분석: 서울 대림동 중국인 집단거주지 내 상업 가로지역을 대상으로. 한국조경학회 2011년도 추계학술대회 논문집, 103-106.
통계청. (2023). 2022년 전국 다문화가정 학생 통계 자료.
프랑스국제학교. https://lfseoul.org/fr/apprentissage-des-langues
한국국토연구원. (2021). 도시 다문화 현상 연구 보고서.
한정희. (2020). 다문화 사회와 지역 통합 정책: 안산시 사례 연구. 지역사회연구 18-2, 65-82.
Reichenberger, I. (2019). Digital nomads – A quest for holistic freedom in work and leisure. Annals of Tourism Research, 76, 102975.
UNESCO. (2010). Naadam, Mongolian traditional festival. 무형문화유산. https://ich.unesco.org/en/RL/naadam-mongolian-traditional-festival-00395
Vietnam Teaching Jobs. 「베트남의 행운의 돈 – 베트남 문화 속 '리시(lì xì)'」. Vietnam Teaching Jobs. https://vietnamteachingjobs.com

사진자료 출처

중국인 시장 - https://www.storyofseoul.com/news/articleView.html?idxno=3872
대림 중국문화 축제 - https://blog.naver.com/sundoong2/221390351955
이태원 세계음식 거리 - https://blog.naver.com/capestay2006/223477387365
이태원 지구촌 축제퍼레이드 - https://mbiz.heraldcorp.com/article/2979216
동대문 러시아 거리 - https://www.asiae.co.kr/article/2022030203334694324
2024 동대문 중앙아시아 문화축제 - https://www.youtube.com/watch?v=ov5Ud-o3WRc
안산 원곡동 다문화 거리 - https://www.hankyung.com/article/202005060956a
안산 다문화 축제 - https://www.nocutnews.co.kr/news/4414691
부산 초량동 러시아 거리 - https://ncms.nculture.org/story-of-our-hometown/story/5704
부산 차이나타운 텍사스 거리 - https://www.youtube.com/watch?v=wcnj5g-bckw
인천 다문화 거리 - https://www.hkbs.co.kr/news/articleView.html?idxno=307212
인천 다문화 축제 - http://www.sankyungilbo.com/news/articleView.html?idxno=312712
이태원 이슬람 사원 - https://www.hankyung.com/article/2019031727521
한남동 이집트 대사관 - https://www.ohmynews.com/NWS_Web/View/img_pg.aspx-?CNTN_CD=IE001276825
서래마을 거리 - https://gongu.copyright.or.kr/gongu/wrt/wrt/view.do?wrtSn=11071506&menuNo=200018
서래마을 서울프랑스학교 - https://www.hjn24.com/news/articleView.html?idxno=107874
이촌동 리틀도쿄 거리 - https://www.korea.kr/news/weekendView.do?newsId=148679528
이촌동 일본인 마을 - https://blog.naver.com/murai3000/220088276070
연남동 중국 티하우스 - https://blog.naver.com/tigredeiw/223534631337
대림동 차이나타운 - https://n-view.kr/n-now/culture/5512/
과거 신승반점 - https://belka2.com/201
현대 신승반점 - http://ss-chinese.com/layout/res/home.php?go=store.list&mid=40
베트남 뗏(Tét)' 축제 - https://vinpearl.com/ko/%EB%B2%A0%ED%8A%B8%EB%82%A8-%EB%97%8F
빨간봉투 리시(li xi): https://www.kampucheathmey.com/belief/50358
몽골 Naadam 축제(말 경주) - https://juulchin.com/kr/tours/best-of-mongolia-15-days-naadam-kr
몽골 Naadam 축제(씨름) - https://www.joongang.co.kr/article/15257602
안산 다문화음식 페스티벌 - https://www.yonhapnewstv.co.kr/news/MYH201505

16005200038

안산 원곡초등학교 학생들 - https://www.joongang.co.kr/article/12611088

부산 차이나타운 문화축제 - https://korean.visitkorea.or.kr/kfes/detail/fstvlDetail.do?fstvlCntntsId=6e45632b-9a58-482e-a115-982c5272668c

부산 지구촌 문화축제 - https://xn—ok0b236bp0a.com/place/23144

대구 동성로 전통시장 - https://www.c1news.kr/news/articleView.html?idxno=69696

대구 이슬람사원 - https://www.sisajournal.com/news/articleView.html?idxno=225237

인천 송도 국제학교 - https://www.khan.co.kr/article/202208101425001

인천 논현동 다문화거리 마트 - https://www.incheonin.com/news/articleView.html?idxno=23796

II

세계시민과 글로벌 소통

　오늘날 우리는 다양한 문화와 가치가 공존하는 글로벌 시대를 살아가고 있다. 세계는 점점 하나의 공동체로 연결되고 있으며 이에 따라 개인은 단순한 국가의 시민을 넘어 인류 공동체의 일원으로서 책임과 역량을 요구받는다. 세계시민은 이러한 변화 속에서 타문화를 이해하고 인류 보편의 가치를 실천하는 능동적인 존재다.

　II장에서는 먼저 세계시민의 의미와 그들이 갖추어야 할 핵심 역량, 그리고 이러한 역량을 교육을 통해 어떻게 함양할 수 있는지를 살펴보고 다문화 사회 속에서 세계시민이 수행할 수 있는 구체적인 역할에 주목한다. 이어지는 내용에서는 글로벌 소통의 필요성과 문화 간 커뮤니케이션의 복잡성을 다룬다. 언어와 문화가 어떻게 상호작용하는지를 통해 단순한 대화 그 이상의 깊이 있는 이해와 공존의 가능성을 모색한다. 그리고 다문화 공간에서 실천되고 있는 세계시민 사례를 중심으로 이러한 공간이 글로벌 소통에 어떤 긍정적 영향을 미치는지를 살펴보고 상호 존중과 열린 소통을 통해 만들어지는 포용적 사회의 모습을 조명한다. 마지막으로 한국의 문화적 맥락에서 세계시민 의식 고찰을 통해 전통문화와의 조화, 한국인의 정체성, 한류를 통한 소통 가능성, 그리고 다문화적 변화에 대한 수용 등 한국 사회가 나아가야 할 방향을 함께 논의한다.

1. 세계시민이란 무엇인가?

세계시민 1

세계시민 2

　세계시민이란 단순히 특정 국가의 국민이라는 경계를 넘어 지구 공동체의 일원으로서 책임감을 느끼고 행동하는 사람을 의미한다. 이는 국적, 문화, 종교, 언어와 상관없이 모든 인간의 존엄성을 존중하며 인류가 직면한 지구적 문제 해결에 적극적으로 참여하는 태도를 포함한다. 세계시민은 지역사회에서부터 국제사회에 이르기까지 다양한 규모의 공동체에 기여하며 정의롭고 평화로운 세상을 만드는 데 힘쓰고 있다. 세계화가 가속화되면서 글로벌 차원의 협력과 연대의 중요성은 그 어느 때보다 커지고 있다. 유네스코(UNESCO)는 2015년 보고서에서 "세계시민 의식은 지식과 기술뿐 아니라 전 지구적 이슈에 대한 책임감과 실천적 태도를 기르는 것을 목표로 한다"고 명시하며 이런 흐름 속에서 세계시민 교육의 필요성을 강조하고 있다(UNESCO 2015).
　디지털 기술의 발전과 교통수단의 발달은 전 세계를 더욱 긴밀하게 연결시키며 사람들 간의 상호작용을 일상화시켰고 이로 인해 세계시민으로서 갖추어야 할 소양과 역할은 더욱 확대되고 있다. 따라서 세계시민은 국제적 책임감을 바탕으로 기후 변화, 빈곤, 인권 문제, 분쟁 해결과 같은 글로벌 이슈에 적극적으로 참여해야 한다. 이처럼 세계시민으로서의 삶은 단지 생각에 머무는 것이 아니라 실질적인 참여와 행동을 통해 완성된다. 세계시민이 된다는 것은 단순히 글로벌 사회의 구성원이 되는 것을 넘어 지속 가능한 미래를 만들기 위한 주체로서 행동하는 것을 의미한다. 옥스 팜(Oxfam 2015)은 "세계시민은 공동체와 인류의 번영을 위한 책임감을 갖고 행동하는 사람이며 이는 교육과 실천을 통해 육성될 수 있다"고 강조한다. 이러한 태도는 개인의 가치관과 삶의 방식뿐만 아니라 교육제도와 사회 정책을 통해 체계적으로 길러질 수 있다. 진정한 세계시민은 다양한 문화를 이해하고 포용하는 자세, 지속 가능한 발전에 대한 관심, 공정성과 연대 의식을 바탕으로 행동하는 사람이다. 따라서 세계시민은 모두가 함께 발전할 수 있는 지속 가능한 미래를 위해 스스로 변화하고 실천하는 사람이라고 할 수 있다.

1.1 세계시민의 핵심 역량

세계시민으로서의 역할을 효과적으로 수행하기 위해서는 몇 가지 핵심 역량이 필요하다. 이러한 역량은 단순한 지식이나 기술을 넘어서 다양한 문화와 사회 속에서 조화롭게 살아가며 글로벌 이슈에 책임감 있게 대응할 수 있는 태도와 실천을 포함한다. 주요 핵심 역량은 다음과 같다.

1.1.1 공감(Empathy)
공감은 타인의 감정과 경험을 이해하고 함께 느끼는 능력으로 세계시민의 가장 기본적인 역량 중 하나다(Banks 2004). 이 능력은 국적, 인종, 종교, 성별 등 다양한 정체성 차이를 넘어 타인을 이해하고 존중하는 데 필수적이다. 공감을 통해 우리는 타인의 고통과 기쁨에 함께 반응할 수 있으며 이것이 다문화 사회에서의 갈등 완화와 평화로운 공존의 기반이 된다. 공감의 표현 방식은 문화권에 따라 뚜렷한 차이를 보인다. 서구 문화권에서는 공감을 직접적으로 언어로 표현하는 경향이 있으며 적극적인 경청과 명시적인 감정 표현을 통해 타인의 감정을 인정하는 방식을 선호한다. 반면 동아시아 문화권에서는 공감을 비언어적으로 전달하거나 간접적인 방식으로 표현하는 경향이 강하다. 이는 집단주의 문화와 조화를 중시하는 가치관에서 비롯된다(Ting-Toomey 1999). 이러한 문화적 차이 이해는 국제협력이나 다문화적 상호작용에서 오해를 줄이고 효과적인 커뮤니케이션을 가능하게 하는 중요한 요소다. 난민을 돕기 위한 인도적 지원 활동에서 공감은 실질적인 행동으로 연결되어야 하며 해당 지역의 문화적 특성을 고려한 접근이 요구된다. 중동 지역에서는 공동체 중심의 지원 방식이 효과적일 수 있으며 유럽에서는 개인 맞춤형 지원이 더 적절할 수 있다(UNHCR 2021). 따라서 공감은 단순한 감정적 반응이 아니라 문화적 이해를 바탕으로 한 실천적 역량으로 확장되어야 한다.

1.1.2 연대(Solidarity)

세계시민으로서의 연대는 공감을 바탕으로 타인과 협력하고 공동의 목표를 추구하는 능력이다. 이는 국경을 넘어 협력을 가능하게 하며 지구적 문제 해결에 필요한 자원과 아이디어를 집결시키는 데 필수적인 요소다(UNESCO 2015). 연대 또한 기후 변화, 빈곤, 인권, 보건 등 범세계적 과제에 대응하기 위한 핵심 기반이다. 연대의 표현 방식 역시 문화권에 따라

상이하다. 서구권에서는 캠페인, 시위, 성명서 발표 등 공개적이고 직설적인 방식이 주를 이루는 반면 동아시아권에서는 내부 네트워크를 활용한 조용한 협력이나 지속적인 관계 형성 등 간접적인 방식이 흔하다. 이처럼 연대는 문화적 맥락에 따라 다양한 형태로 구현되며 모두 각기 다른 효과를 발휘한다(Merryfield 2002).

국가 간 연대의 대표 사례로는 유럽연합(EU)이 파리 기후협약(Paris Agreement)을 이행하기 위해 설정한 공동 목표와 법적 규제를 들 수 있다. 이 협약은 2015년 제21차 유엔 기후변화협약 당사국총회(COP21)에서 채택되었으며 산업화 이후 지구 평균 기온 상승을 $1.5 \sim 2°C$ 이내로 제한하는 것을 목표로 한다(European Commission 2021). EU 회원국들은 이를 위해 탄소중립(Net Zero)을 선언하고 온실가스 감축 정책을 적극 추진하고 있다. 다른 사례로 아프리카 연합(AU)의 공동 보건·빈곤 퇴치 프로젝트를 들 수 있다. 이는 회원국 간의 지속 가능한 협력을 통해 실질적 변화를 이끌어내고 있으며 문화적 맥락을 고려한 연대 방식이 실효성 있게 작동할 수 있음을 보여준다. 따라서 연대는 문화적 다양성과 언어적 차이를 고려한 다차원적 접근이 필요하며 이러한 연대의 실천을 통해 지속 가능한 글로벌 변화를 이끌어낼 수 있다.

1.1.3 비판적 사고(Critical Thinking)

비판적 사고는 정보를 분석하고 평가하여 합리적인 판단을 내리는 능력으로 세계시민이 갖추어야 할 핵심 역량 중 하나다. 글로벌 이슈에 대해 편향 없이 객관적으로 접근하고 다양한 관점을 수용하며 문제의 본질을 파악하는 데 필수적이다(Oxfam 2015). 현대 사회는 정보 과잉과 가짜 뉴스(fake news)의 확산이라는 도전에 직면해 있으며 이에 대한 대응 능력으로서 비판적 사고가 강조된다. 문화권에 따라 비판적 사고의 강조 방식도 차이를 보인다. 서구 문화권에서는 논리적 사고와 증거 중심의 토론이 비판적 사고의 핵심으로 간주된다. 미국 대학의 소크라테스식 문답법(Socratic Method)은 학생들이 교사의 질문에 논리적으로 반박하고 스스로 판단하도록 유도한다. 반면 동아시아 문화권에서는 조화와 관계 유지가 중요시되며 직접적인 비판보다는 간접적이고 맥락 중심적인 접근을 선호한다(Nisbett 2003). 일본의 이시카와 다이어그램은 문제 해결 시 다양한 요인을 유기적으로 분석하는 방식인데 이는 직선적 사고보다 복합적 원인 구조를 탐구하는 데 효과적이다(Ishikawa, K. 1982). 중동·이슬람권에서는 비판적 사고가 종교적·도덕적 가치와 연계되어 나타나는데 '이즈티하드(Ijtihad)'라는 개념은 경전을 스스로 해석하고 시대적 맥락에 맞는 판단을 내리는 것을 의미한다(Hallaq 2009).

이러한 문화별 차이는 단순한 사고방식의 다양성을 넘어 상호 이해를 증진시키고 글로벌 문제에 대한 복합적 해결책을 도출하는 데 기여한다. 따라서 세계시민에게 필요한 비판적 사고는 다양한 문화적 관점을 포괄하는 다층적인 사고 능력이며 정보의 진위를 가리고 이를 종합적으로 분석하는 능력으로 글로벌 소통에서 점점 더 중요해지고 있다.

1.2 세계시민 의식의 필요성과 교육 방법

세계화가 급격히 진행되고 있는 오늘날 세계시민 의식은 필수적인 요소로 자리잡고 있다. 기후 변화, 빈곤, 불평등, 인권 문제 등은 특정 국가에 국한된 것이 아닌 전 인류가 직면한 공동의 과제로 이러한 문제들은 국가의 경계를 넘어 전 세계적으로 파급 효과를 미치고 있다. 따라서 이 같은 글로벌 이슈에 효과적으로 대응하기 위해서는 개인이 세계시민으로서의 책임감을 가지고 행동해야 하며 이를 뒷받침할 수 있는 교육이 필요하다(Banks 2004:98).

1.2.1 세계시민 교육의 필요성

세계시민 교육(Global Citizenship Education)은 학생들이 세계의 다양한 사회적, 정치적, 환경적 문제에 대해 깊이 있는 이해를 갖도록 도와주며 이러한 문제에 대해 책임감 있게 행동할 수 있도록 하는 것을 주요 목표로 한다. 현대사회에서 글로벌화가 가속화됨에 국가 간 상호 의존성이 높아지고 있으며 이는 다양한 국제 문제를 해결하기 위해 협력과 연대가 필수적임을 의미한다. 따라서 세계시민으로서의 역량을 기르는 것은 개인과 공동체가 지속 가능한 미래를 위해 적극적으로 참여할 수 있도록 하는 중요한 과정이다(UNESCO 2015). 그러므로 세계시민 교육을 통해 우리는 기후 변화, 빈곤, 인권 문제, 문화적 다양성과 같은 전 지구적 이슈를 깊이 이해하고 이를 해결하기 위한 실천적 태도를 기를 수 있다. 또한 비판적 사고력과 공감 능력을 함양하여 타 문화와 소통하고 협력하는 능력을 배양할 수 있으며 이는 글로벌 사회의 구성원으로서 책임 있는 결정을 내리는 데 필수적인 자질을 갖추게 된다.

1.2.2 세계시민 교육 방법

• 다양한 문화 체험

다양한 문화를 직접 경험하거나 간접적으로 접하는 활동은 문화적 이해를 넓히고 타인을 존중하는 태도를 기르는 데 매우 효과적이다. 외국

학생들과의 교류, 해외 봉사활동, 다문화 가정과의 지역사회 프로그램 참여는 모두 실질적인 경험을 통해 문화적 감수성을 키우는 방법이 될 수 있다. 최근에는 온라인 플랫폼을 활용해 국제 화상 토론이나 협업 프로젝트를 진행하는 사례도 늘어나고 있으며 이는 코로나19 이후 더욱 활성화되고 있는 추세다.

국가별 사례를 보면 유럽에서는 Erasmus 프로그램을 통해 학생들이 다른 국가에서 학습하며 다문화적 감수성을 키우고 있다(https://ko.wikipedia.org/). 일본에서는 지역사회 내 국제 교류회를 통해 외국인과 협력하는 기회를 마련하고 있다. 이러한 활동은 세계시민으로서의 역량을 함양할 뿐만 아니라 다문화 사회에서 조화롭게 살아가는 법을 배우는 기회가 된다.

- 지구 문제 이해와 실천

세계시민으로 성장하기 위해서는 지구 문제에 대한 이해와 실천이 함께 이루어져야 한다. 기후 변화, 빈곤, 인권, 지속 가능한 개발 등의 글로벌 이슈는 단순한 정보가 아니라 행동의 전환을 요구한다. 이러한 주제에 대해 수업에서 배우는 것 외에도 학생들은 국제기구의 보고서를 탐독하거나 관련된 다큐멘터리를 시청함으로써 문제의 심각성과 현실성을 체감할 수 있다.

실천적인 예시로는 학교 단위의 환경 보호 캠페인, 기후 행동 프로젝트, 빈곤 퇴치를 위한 기부 활동, 지역 환경 NGO 워크숍 참여 등이 있다. 이러한 활동은 지식 습득을 넘어 학생이 직접 행동으로 문제에 대응하는 경험을 통해 세계시민으로서의 실천력을 함양할 수 있게 한다.

• 토론 및 프로젝트 활동

세계시민으로서의 핵심 역량 중 하나는 다양한 관점을 수용하고 협업을 통해 문제 해결의 실마리를 찾는 능력이다. 이를 기르기 위한 효과적인 방법이 바로 토론과 프로젝트 중심의 학습이다. 모의 유엔 회의(Model United Nations, MUN)는 대표적인 예로 학생들이 특정 국가의 외교관 역할을 맡아 국제 이슈에 대한 입장을 정리하고 토론과 협상을 통해 결의안을 도출하는 활동이다. 하버드 세계 모의 유엔(Harvard Model United Nations, HMUN)과 같은 국제적인 대회는 전 세계 청소년들이 글로벌 문제에 대해 논의하고 협력하는 장을 제공하며 세계시민 의식을 실천하는 구체적인 기회를 제공한다(https://www.harvardmun.org/). 또한 지속 가능한 발전 목표(SDGs)에 대한 연구 프로젝트를 통해 기후 변화, 성평등, 교육 문제 등 다양한 분야에서 실질적인 해결책을 모색하는 것도 좋은 방법이다.

1.3 다문화 사회에서 세계시민의 역할

다문화 사회는 다양한 문화적 배경을 가진 사람들이 상호 공존하며 살아가는 사회를 의미한다(Banks 2004:110). 현대 사회는 이주, 세계화, 정보통신 기술의 발달로 인해 다문화적 특성을 더욱 뚜렷하게 드러내고 있으며 이러한 환경 속에서 세계시민은 자신의 국가나 문화를 넘어서 인류 공동체의 일원으로서 다음과 같은 역할을 수행해야 한다.

1.3.1 문화적 다양성 존중

세계시민은 다양한 문화를 이해하고 존중하는 태도를 기반으로 행동해야 하며 문화적 차이를 차별이나 배제의 근거로 삼지 않는다. 이는 개방적이고 수용적인 사회 분위기를 조성하며 다문화 공존을 위한 건강한 기반을 마련하는 데 중요한 역할을 한다. 유럽연합의 Erasmus 프로그램은 학생들이 국경을 넘어 다양한 국가에서 학습하고 생활하며 다문화적 감수성을 체득할 수 있도록 지원한다(European Commission 2021). 이 프로그램은 단순한 교환학생 제도를 넘어 국제적 연대를 강화하고 문화 간 상호 이해를 증진시키는 중요한 교육 정책으로 평가받는다. 미국에서는 매년 '다문화 교육 주간(Multicultural Education Week)'을 통해 학교와 지역사회가 연계하여 다양한 민족의 역사와 문화를 배우는 시간을 마련하고 있다(National Association for Multicultural Education, 2022). 일본의 국제교류협회들은 지역 주민과 외국인이 함께 참여하는 문화행사나 언어교환 프로그램을 운영하여 상호 이해를 도모하고 있으며 한국에서는 전국 230여 개의 '다문화가족지원센터'가 다문화 가정 자녀들에게 정체성 형성과 교육적 지원을 제공하고 있다(여성가족부 2023). 이러한 사례들은 세계시민이 문화적 다양성을 존중하고 실천하는 방식으로서 기능하며 다문화 사회 속에서 조화로운 공동체를 이루는 데 기여하고 있다.

1.3.2 상호 이해 증진

다문화 사회에서 또 다른 핵심 역할은 상호 문화적 이해를 증진시키는 것이다. 서로 다른 배경을 지닌 개인이나 집단 간에는 자연스럽게 오해와 갈등이 발생할 수 있으며 세계시민은 이를 해소하고 공동의 이해 기반을 마련하는 데 앞장서야 한다. UNESCO(2015)는 문화 간 대화를 통해 상호 존중과 이해를 증진하는 것이 지속 가능한 사회 발전의 필수 조건임을 강조한다. 구체적인 사례로 미국 각지에서는 'International Food Festival'이 개최되어 다양한 국가의 전통 음식과 문화를 소개하고 체험할 수 있는 장을 마련한다. 테네시 대학교(University of Tennessee)는 매년 'International Festival'을 통해 지역사회와 국제 학생 간의 상호 이해를 도모하고 있다 (University of Tennessee 2024). 유럽의 Erasmus+ 프로그램 역시 학생들이 타 문화권에서 생활하고 학습하며 문화적 민감성과 수용성을 키우는 데 효과적인 방법으로 활용되고 있다. 한국에서는 매년 5월 20일을 '세계인의 날'로 지정하여 다양한 민족과 문화가 공존하는 사회 분위기를 조성하고 문화 교류 행사를 통해 서로의 문화를 직접 체험할 수 있도록 지원하고 있다(법무부 2023). 이러한 활동은 문화 간 차이를 일상 속에서 체험과 소통을 통해 실질적인 상호 이해를 증진하는 데 중요한 역할을 한다.

1.3.3 사회 통합

다문화 사회에서 세계시민의 주요 역할은 모든 구성원이 평등하게 참여하고 기여할 수 있는 사회 환경을 조성하는 사회통합을 위한 노력이다. 이를 위해 다문화 공존을 위한 정책을 지지하고 차별과 배제를 방지하는 데 주력을 기울여야 한다(Oxfam 2015:53). 고용 시장에서 이민자와 소수 민족에게 동등한 기회를 제공하는 것이 이러한 사회 통합의 일환이라 할 수 있다. 구체적인 사례로 캐나다의 '다문화 정책(Multiculturalism Policy)'은 이민자와 다양한 문화적 배경을 가진 사람들이 경제 및 사회적 영역에서 평등한 기회를 갖도록 보장하는 대표적인 정책이며 이를 통해 캐나다는 다문화 공존을 위한 성공적인 모델을 구축하였다(Government of Canada. 1988). 독일의 '환영 문화(Willkommenskultur)' 정책은 난민 수용 과정에서 나타난 시민들의 자발적인 참여와 환대 문화를 제도적으로 뒷받침한 사례다. 독일 정부는 난민을 위한 언어 교육, 직업 훈련 프로그램을 제공하며 그들의 경제적 자립과 사회 적응을 돕고 있다(https://news.kbs.

co.kr/). 한국에서도 다문화 가정을 위한 '다문화가족지원센터'가 운영되고 있으며 이를 통해 다문화 가정 구성원들이 언어 교육, 취업 지원, 심리 상담 등의 다양한 서비스를 제공받고 있는데 이는 다문화 가정의 사회적 통합을 촉진하는 중요한 사례로 볼 수 있다. 이처럼 세계시민으로서의 역할과 교육을 통해 공정하고 평화로운 글로벌 사회를 구축할 수 있으며 다양한 문화와의 공존을 통해 더욱 풍부한 공동체를 형성할 수 있다.

2. 글로벌 소통의 중요성

오늘날 세계는 과거와 비교할 수 없을 정도로 빠르게 변화하고 있으며 기술의 발전과 교통의 발달로 인해 국가 간의 경계가 점점 희미해지고 있다. 인터넷과 모바일 기술의 보급은 전 세계 사람들을 실시간으로 연결할 수 있도록 만들었으며 항공 및 물류 시스템의 발전은 물리적인 거리의 제약을 크게 줄였다. 이러한 변화로 인해 경제, 문화, 사회 등 다양한 분야에서 국가 간 상호 의존성이 더욱 깊어지고 있으며 이는 글로벌 소통의 중요성을 한층 더 부각시키고 있다(Lustig & Koester 2015:23). 글로벌 소통이란 서로 다른 문화적 배경과 가치관을 가진 사람들이 원활하게 이해하고 협력할 수 있도록 하는 중요한 과정이다. 같은 언어를 사용한다고 해서 반드시 효과적인 의사소통이 이루어지는 것은 아니며 문화적 차이에서 비롯된 오해나 갈등이 발생할 가능성이 있다. 따라서 글로벌 소통 능력은 국제사회에서 성공적인 관계를 형성하고 지속적인 협력을 유지하는 데 필수적인 요소로 작용하므로 본 장에서는 서로 다른 배경을 가진 사람들이 신뢰를 구축하고 협력할 수 있도록 돕는 글로벌 소통의 핵심 요소들에 대해서 살펴보고자 한다.

2.1 문화 간 커뮤니케이션의 필요성

문화 간 커뮤니케이션(Intercultural Communication)이란 서로 다른 문화를 가진 사람들 간의 의사소통 과정을 의미한다(Kim 2001:57). 이는 언어뿐만 아니라 비언어적 표현, 가치관, 신념 등 다양한 문화적 요소들이 상호작용하는 복잡한 과정으로 세계화가 가속화됨에 따라 문화 간 커뮤니케이션의 필요성은 더욱 커지고 있으며 그 중요성은 다음과 같이 정리할 수 있다.

2.1.1 오해와 갈등 예방

서로 다른 문화적 배경을 가진 사람들은 동일한 상황에서도 각기 다른 해석을 내릴 수 있다. 같은 몸짓이나 단어가 문화에 따라 전혀 다른 의미를 가질 수 있다. 엄지를 치켜세우는 비언어적 표현은 서구권에서는 긍정적인 의미로 받아들여지지만 중동 국가에서는 모욕적인 의미로 해석될 수 있으며 일본에서는 숫자 '5', 태국에서는 숫자 '1'을 의미하기도 한다(Lustig & Koester 2015:165). 또한 일본에서는 고개를 끄덕이는 것이 반드시 동의를 의미하는 것이 아니라 단지 상대의 말을 듣고 있다는 표시일 수 있다. 이러한 차이를 인식하지 못하면 오해가 발생할 수 있으며 문화 간 커뮤니케이션 능력을 갖춘다면 이러한 오해를 방지하고 불필요한 갈등을 줄이는 데 기여할 수 있다(Gudykunst 2003:89). 이는 특히 다국적 기업, 국제 회의, 외교 관계의 글로벌 소통에서는 문화적 차이를 이해하고 적절한 몸짓 언어를 사용하는 것이 중요하다.

2.1.2 협력 증진

글로벌 프로젝트나 국제 비즈니스에서 문화 간 커뮤니케이션은 성공적인 협력을 위한 중요한 요소이다. 서로의 문화를 이해하고 존중하는 태도는 신뢰를 구축하는 데 도움을 주며 효과적인 의사 결정을 가능하게 한다(Ting-Toomey 1999:44). 독일은 시간 엄수를 중요시하지만 일부 남미 국가에서는 유연한 시간 개념을 가지고 있어 이러한 차이를 이해하지 못하면 프로젝트 운영에 장애가 발생할 수 있다. 또한 미국과 유럽 출신 연구자들은 직접적인 의사 표현을 선호하지만 동아시아권 연구자들은 간접적이고 조화를 중시하는 방식으로 소통하는 경향이 있다. 이러한 문화적 차이를 이해하고 적절히 대응하는 것이 국제 협업의 성패를 좌우할 수 있다.

2.1.3 창의성 향상

다양한 문화적 배경을 가진 사람들이 함께 모여 협업하면 서로 다른 관점에서 아이디어를 제시하게 되어 창의성이 향상된다. 실리콘밸리에서는 다양한 국적의 인재들이 함께 일하며 혁신적인 기술을 창출하고 있으며 구글(Google), 인텔(Intel), 테슬라(Tesla)와 같은 글로벌 기업들이 다문화 협업을 통해 혁신을 이끌고 있다(Cox & Blake 1991). 또한 유럽 입자 물리 연구소(CERN), 국제 우주 정거장(ISS), 국제 열핵융합 실험로(ITER) 등도 다국적 인력이 참여하는 대표적인 과학 협력 프로젝트로 문화적 다양성이 새로운 해결책을 도출하는 데 기여하고 있다(https://ntrs.nasa.go).

2.2 언어와 문화적 맥락의 상호작용

언어는 단순한 의사소통 수단을 넘어 문화를 반영하고 전달하는 중요한 도구이다. 따라서 글로벌 소통에서는 언어능력뿐만 아니라 문화적 맥락에 대한 깊은 이해가 필수적이며(Lustig & Koester 2018) 언어와 문화적 맥락은 다음과 같은 방식으로 상호작용함을 알 수 있다.

2.2.1 비언어적 표현

언어적 요소뿐만 아니라 제스처, 표정, 시선, 신체 접촉 등 비언어적 표현 역시 문화마다 다르게 해석될 수 있다(Hall 1976:110). 한국에서는 고개를 숙여 인사하는 것이 일반적이지만 서양 문화에서는 상대방과 직접적인 눈맞춤을 하는 것을 더 자연스럽게 여긴다. 이러한 차이를 이해하지 못하면 오해가 발생할 수 있다. 아랍 문화권에서는 친근함과 존경의 의미로 상대방과 거리를 두지 않고 가까이 다가가는 것이 일반적이지만 일부 아시아 문화에서는 개인 공간을 중요하게 여겨 이러한 행동이 불편함을 줄 수 있다. 일본에서는 비언어적 표현이 중요한 역할을 하며 침묵이 동의나 존중의 표시로 해석될 수 있지만 서구 문화에서는 침묵이 종종 불편한 상황으로 받아들여질 수 있다. 따라서 언어권별 비언어적 표현의 차이를 이해하는 것은 원활한 글로벌 커뮤니케이션을 위해 필수적이다.

2.2.2 의사소통 스타일

문화마다 선호하는 의사소통 방식이 다르다. 일부 문화는 직접적이고 명확한 표현을 선호하나 다른 문화는 간접적이고 암시적인 표현을 중요하게 여긴다(Gudykunst, 2003:142). 한국과 일본에서는 상대방의 감정을 고려하여 우회적으로 표현하는 경향이 강하지만 미국이나 독일에서는 명확하고 솔직한 의사 전달이 중요하며 이러한 차이를 이해하고 적절히 대응하는 것이 글로벌 소통에서 중요하다. 중동과 남아시아 문화에서는 상호 존중과 관계 형성이 의사소통에서 중요한 역할을 하며 대화를 시작하기 전에 개인적인 안부를 묻거나 가족에 대한 관심을 표현하는 것이 일반적이나 서구권 국가에서는 개인적인 정보보다 바로 본론으로 들어가는 것이 일반적인 소통 방식이다(김성진 2021).

비즈니스 환경에서도 이러한 차이는 명확하게 드러나는데 미국의 기업 문화에서는 회의 중 토론과 반론이 활발하게 이루어지는 것이 자연스러운 반면 일본에서는 의견 충돌을 피하고 조화를 유지하는 것이 중요한 덕목으로 여겨진다. 프랑스나 이탈리아에서는 대화 중 끊임없이 의견을 표현하는 것이 활발한 토론의 일부로 받아들여지나 북유럽 국가에서는 조용히 경청하는 것이 존중의 표현으로 여겨질 수 있다. 이러한 의사소통 스타일의 차이를 이해하고 조정하는 것은 원활한 글로벌 소통을 위해 필수적이라고 알 수 있다.

2.2.3 가치관과 신념

언어는 특정 문화의 가치관과 신념을 반영한다. 한국어에는 존칭어가 발달되어 있으며 이는 한국 사회에서 위계질서를 중시하고 연장자를 존중하는 문화를 반영함을 알 수 있다(김영란 2001:188). 반면 영어에서는 비교적 평등한 표현을 사용하며 이는 서구 사회의 개인주의적 가치관과 연관이 있다. 독일과 스칸디나비아 국가들은 직접적이고 솔직한 의사소통을 선호하는데 이는 효율성과 투명성을 중시하는 문화적 특징과 연결된다(Meyer, E. 2014). 그러나 중동 및 아시아 일부 국가에서는 간접적인 표현이 선호되는데 이는 체면을 중시하고 관계 중심적인 사회 구조에서 비롯된 것이다. 일본에서는 의사소통 시 직설적인 표현을 자제하며 맥락적 의미를 파악하는 것이 중요하고 미국에서는 개인의 솔직한 의견 개진이 긍정적으로 평가된다. 또한 가족 중심적 가치가 강한 라틴 아메리카 국가들에서는 대화를 할 때 감정과 인간관계를 중시하는 경향이 있으며 이는 공동체 의식을 중요하게 여기는 문화적 배경을 반영한다(Escobar, S. 2004, 변진석 역). 따라서 글로벌 소통을 원활히 하기 위해서는 이러한 문화권별 가치관과 신념의 차이를 이해하고 존중하는 태도가 필요하다.

2.3 글로벌 소통을 위해 필요한 인식

글로벌 소통(Global Communication)은 단순한 언어교환을 넘어 서로 다른 문화적 맥락에서의 이해와 협력이 동반되어야 한다. 현대 사회는 다문화 환경이 점점 확산되고 있으며 이로 인해 서로 다른 문화적 가치와 관습을 가진 사람들 간의 효과적인 소통이 더욱 요구되고 있다. 따라서 글로벌 소통을 원활히 수행하기 위해서는 기존의 사고방식에서 벗어나 보다 포용적인 인식의 전환이 필요하며 다음은 그 중 핵심이 되는 세 가지 인식이다.

2.3.1 문화 상대주의

문화 상대주의란 자신의 문화적 기준이나 가치관을 보편적인 잣대로 삼지 않고 타 문화를 해당 문화의 고유한 맥락 속에서 이해하고 존중하는 태도를 말한다. 이는 문화 간 갈등을 예방하고 상호 이해를 증진시키는 핵심적인 소통 방식이다. Ting-Toomey(1999)는 문화 상대주의를 "타인의 문화적 가치와 규범을 그들의 문화적 맥락에서 평가하는 과정"이라고 설명하며 이를 통해 문화 간 오해와 편견을 줄일 수 있다고 강조한다. 서구 사회에서는 시간 약속을 철저히 지키는 것이 중요한 가치이지만 라틴아메리카나 중동 일부 지역에서는 시간이 유동적으로 인식된다. 이러한 시간 개념의 차이를 단순히 '지각'이나 '비효율'로 치부하지 않고 해당 문화의 특성과 사회 구조 속에서 이해하려는 태도가 필요하다. 음식 문화나 의사소통 방식에서도 문화적 다양성이 뚜렷하게 나타난다. 일본에서는 국수를 먹을 때 소리를 내는 것이 '맛있게 먹는다'는 표현으로 받아들여지지만 미국이나 유럽에서는 무례하게 여겨질 수 있다. 이러한 차이를 존중하지 않으면 사소한 행동도 갈등으로 이어질 수 있다. 이슬람 문화권에서는 여성들이 히잡(Hijab), 니캅(Niqab), 부르카(Burqa) 등을 착용하는 것이 종교적·사회적 정체성의 표현이며 자율적인 선택일 수 있음에도 불구하고 이를 서구적 시각에서 '억압'으로만 해석하는 것은 오해를 낳을 수 있다(TAbu-Lughod 2002). 이처럼 문화 상대주의는 글로벌 시대에 문화 간 경계를 넘어 이해와 협력을 가능하게 하는 기초적인 태도로 다양한 문화적 표현을 있는 그대로 인정하게 돕는다.

2.3.2 자기 인식

글로벌 소통의 또 다른 핵심은 자기 인식이다. 이는 자신이 속한 문화의 가치와 행동양식이 무엇이며 그것이 타문화와의 상호작용에서 어떻게 작용하는지를 자각하는 것이다. Kim(2001)은 자기 인식을 "문화 간 소통에서 자기 자신과 자신의 문화적 배경을 성찰하는 능력"으로 정의하며 이를 통해 타문화에 대한 열린 수용이 가능해진다고 설명한다. 서구 문화에서는 개인의 독립성과 자기주장 표현을 중시하나 한국이나 일본과 같은 동아시아 문화에서는 타인과의 조화를 중시하며 간접적이고 조심스러운 표현이 일반적이다. 이러한 차이를 인식하지 못하고 서구적 기준으로 동양인의 소통방식을 '비효율적' 혹은 '소극적'으로 평가하면 문화적 오해가 발생할 수 있다. 중동 문화의 가족 중심 가치는 일부 비즈니스 환경에서 업무에 깊이 관여되기도 하는데 이는 서구의 개인주의적 접근방식과 충돌할 수 있다. 자신의 문화적 사고방식을 절대화하지 않고 이러한 차이를 존중하며 접근하는 것이야말로 효과적인 글로벌 협력의 기반이다. 따라서 자기 인식은 곧 문화적 편견을 자각하고 극복하는 출발점이며 이를 통해 진정한 의미의 상호 존중이 가능해진다.

2.3.3 적응력

글로벌 환경에서는 변화에 유연하게 대응하고 새로운 문화에 신속히 적응하는 능력이 필수적이다. Gudykunst(2003)는 적응력을 "새로운 문화적 환경 속에서 효과적으로 의사소통하고 관계를 형성하는 데 필요한 심리적 유연성과 행동적 조정 능력"이라고 설명한다. 문화적 적응은 비언어적 표현, 의사소통 스타일, 사회적 규범 등을 수용하고 체화하는 과정을 포함한다. 서구권에서 자율성과 자유로운 의견 개진이 중시된다면 일본에서는 상하 관계와 조화를 고려한 간접적 표현이 선호된다. 이러한 문화적 맥락을 이해하고 스스로의 커뮤니케이션 방식을 조정하는 태도가 필요하다. Edward T. Hall(1976)의 '고맥락 문화' 개념에 따르면 한국, 일본, 아랍권 등에서는 메시지의 의미가 언어보다 맥락에 더 많이 의존하는 경향이 있다. 이런 문화권에서 효과적인 소통을 위해서는 명확한 언어적 표현보다 상황과 관계, 암묵적인 신호를 파악하는 능력이 요구된다. 다양한 문화적 환경에서 성공적으로 일하는 글로벌 인재들은 높은 적응력을 보이며 현지 문화를 존중하는 자세와 유연한 사고를 통해 신뢰를 구축하고 협력을 이끌어낸다. 이는 국제 비즈니스, 학문 교류, 다문화 공동체에서의 활동 등 다양한 분야에서 핵심적인 역량으로 작용한다.

2.4 글로벌 소통이 가져오는 긍정적 변화

글로벌 소통은 단순한 의사소통의 차원을 넘어 오늘날 개인과 조직의 성패를 좌우하는 핵심 역량으로 자리 잡고 있다(Lustig & Koester 2015:122). 디지털 기술의 발달과 국제화의 가속화로 인해 세계는 긴밀히 연결되었고 이 과정에서 상호 이해와 문화적 감수성을 바탕으로 한 소통의 중요성이 더욱 부각되었다. 글로벌 소통은 국제 무대에서 원활한 협업을 가능하게 하는 기본 토대가 되며 경제적, 사회적, 문화적 발전을 견인하는 중요한 요소로 기능한다. 그러므로 문화 간 커뮤니케이션에 대한 깊은 이해와 새로운 인식을 통해 신뢰 형성과 협력의 기반을 마련할 수 있다. Thomas & Inkson(2017)은 문화 지능(Cultural Intelligence, CQ)이 높은 사람들이 다양한 문화적 맥락에서도 유연하고 효과적으로 행동할 수 있다고 설명하며 이는 글로벌 환경에서의 협업과 갈등 해결 능력을 높이는 데 결정적인 역할을 한다고 강조한다. 다국적 기업들은 다양한 문화적 배경을 지닌 직원 간의 원활한 협업을 위해 사내 문화교육 프로그램을 강화하고 있다. Google, Microsoft, Unilever와 같은 글로벌 기업들은 정기적인 인터컬처럴 트레이닝(intercultural training)을 통해 직원들의 문화 이해도를 높이고 팀워크를 개선하는 데 주력하고 있다(Ang & Van Dyne 2015). 뿐만 아니라 국제 교류 프로그램과 글로벌 인턴십을 통해 실제 문화 교류의 기회를 제공함으로써 조직 내부의 문화적 다양성을 적극적으로 활용하고 있다. 정부 차원에서도 문화적 감수성을 고려한 외교 전략을 수립하고 있다. 대한민국 외교부는 '문화외교'를 주요 전략 중 하나로 삼아 K-컬처, 교육 교류, 공공외교 등을 통해 국가 간 협력과 신뢰를 증진시키는 노력을 강화하고 있다(대한민국 외교부 2023).

이러한 변화 속에서 글로벌 소통 역량을 갖춘 개인과 조직은 국제무대에서 높은 경쟁력을 확보할 수 있으며 지속 가능한 성장을 이루는 데 유리한 위치에 설 수 있다. 글로벌 소통 능력이 뛰어난 개인은 다양한 문화적 배경을 지닌 사람들과 효과적으로 협력할 수 있으며 이는 곧 팀워크 강화와 업무 성과 향상으로 이어진다. Ernst & Young(2022)의 보고서에 따르면 문화적으로 다양한 팀은 그렇지 않은 팀보다 창의성과 문제 해결 능력에서 평균 35% 더 높은 성과를 보이는 것으로 나타났다. 다국적 기업에서 근무하는 구성원들은 언어, 가치관, 커뮤니케이션 스타일 등의 차이를 극복해야 하는데 글로벌 소통 역량이 뛰어난 인재는 이러한 차이를 조율하며 협업의 시너지를 극대화할 수 있다. 이러한 능력은 단순히 개인의 경력 개발에 그치지 않고 기업의 경쟁력 강화 및 국가 차원의 경제성장에도 직접적인 영향을 미친다. 따라서 글로벌 사회에서 글로벌 소통은 다양한 문화를 존중하고 이해하며 이를 전략적으로 활용할 수 있는 핵심 능력이며 개인과 조직의 성장을 이끄는 동시에 국제사회의 협력과 지속 가능한 발전을 가능케 하는 긍정적 원동력임을 확인할 수 있다.

3. 다문화 공간과 세계시민

　다문화 공간은 다양한 문화적 배경을 가진 사람들이 함께 공존하며 소통하는 장소로 상호 이해와 존중을 바탕으로 한 세계시민 의식을 실천하는 중요한 장이다. 이러한 공간에서는 각기 다른 문화적 전통과 생활방식을 접하고 공유함으로써 자연스럽게 타문화에 대한 개방적인 태도를 형성할 수 있다. 또한 다문화 공간은 다양한 문화가 공존하는 곳을 넘어 서로 다른 문화 간의 소통과 교류를 촉진하고 문화적 차이를 긍정적으로 받아들이는 태도를 기르는 배움의 장이 될 수 있다. 이러한 환경에서 개인들은 자신의 문화적 정체성을 유지하면서도 타인의 문화에 대한 존중과 배려를 익히게 되며 이는 세계시민으로서의 책임과 역할을 깨닫는 중요한 계기가 된다. 세계화가 가속화되고 국가 간 교류가 활발해지는 현대사회에서 세계시민 의식은 필수적인 덕목으로 자리 잡고 있으며 다문화 공간은 이를 실천하는 가장 효과적인 공간 중 하나로 평가된다. 다문화 공간은 문화 간 갈등을 줄이고 상호 이해를 증진시키는 역할도 수행한다. 다양한 문화적 배경을 가진 사람들이 함께 어울리며 협력하는 과정에서 편견과 선입견을 극복할 기회를 얻게 되며 이러한 경험은 다문화 사회에서의 조화로운 공존을 위한 중요한 기반이 된다. 따라서 다문화 공간에서의 경험은 개인이 세계시민으로 성장하는 데 필수적인 요소이며 이를 통해 글로벌 사회에서 요구하는 포용성과 협력 정신을 함양할 수 있다(박에스더 2024:45). 본 장에서는 다문화 공간에서 실천되는 세계시민 사례, 글로벌 소통에 미치는 긍정적 영향, 그리고 상호 존중과 소통을 바탕으로 형성되는 다문화 사회의 중요성을 논의하고자 한다.

3.1 다문화 공간에서 실천되는 세계시민 사례

서울형 한국어 예비학교

독일 다문화공동체 크로이츠베르크

세계시민 의식의 실천은 다문화 공간에서 다양한 방식으로 이루어지고 있다. 한국의 다문화교육지원센터는 학생과 교사, 학부모를 대상으로 문화 다양성, 인권, 평화, 반편견을 주제로 한 교육 프로그램을 운영하고 있으며(교육부 2020) 문화체험 활동과 연계된 프로그램을 통해 참가자들이 직접 다양한 문화를 경험하고 이해할 수 있도록 돕고 있다. 다문화 가정 자녀들을 위한 지원 사례로는 '이중문화가정 자녀 정체성 강화 프로그램' 등을 들 수 있다. 서울시교육청 산하 교육복지우선지원사업에서는 다문화 자녀를 대상으로 자기 문화에 대한 긍정적 인식과 사회적 정체성 형성을 위한 워크숍과 스토리텔링 활동이 포함된 프로그램을 운영하고 있다(서울특별시교육청 2022). 이러한 활동은 아동이 자신의 문화적 배경을 존중하며 성장하고 다문화 사회에 건강하게 적응할 수 있도록 지원하는 데 중점을 둔다. 또한 서울시교육청은 2025학년도부터 중·고등학교 다문화 학생을 대상으로 학력인정 대안교육 위탁교육기관인 '서울형 한국어 예비학교'를 운영하고 있다(서울특별시교육청 2024). '서울형 한국어 예비학교'는 학교 편·입학 초기 한국어 의사소통능력 및 한국문화에 대한 이해가 부족한 중도입국·외국인 학생(다문화학생)을 대상으로 한국어 및 문화다양성 교육, 학교생활 안내 등을 제공하여 학교생활 적응력을 높이는 학력인정 위탁교육기관으로 교육 환경, 다문화 학생의 밀집도, 학생의 등하교 접근성과 시설 안전성 등을 고려해 서울 남부권의 동양미래대학교와 중부권의 숙명여자대학교 두 곳을 첫 '서울형 한국어 예비학교'로 선정했으며 2025년부터 2년간 한국어와 문화교육, 예술·체육 활동, 진로 멘토링 등을 통해 다문화 학생의 전인적 성장을 지원한다. 이는 언어교육을 넘어 학생들이 한국 사회에 원활히 적응할 수 있도록 돕는 종합적 프로그램이다.

지역사회 차원에서도 다문화 공존 사례가 존재한다. 안산시 원곡동의 '국경없는 마을'은 다양한 국적의 주민들이 공존하며 상호 교류하는 대표적인 사례이며(인천연구원 2009) 이곳에서는 다문화 축제, 언어교육, 법률 지원 등의 다양한 활동이 이루어지고 있고 이를 통해 지역 주민 간의 소통과 화합이 촉진되고 있어 다문화 공존의 모범적인 사례로 평가받고 있다. 국외에서도 다문화 공간에서의 세계시민 실천 사례를 찾아볼 수 있다. 토론토는 '다문화 도시'로 불리며 정부는 공식적인 다문화주의 정책(Multiculturalism Policy)을 통해 이민자 공동체의 문화적 정체성을 존중하고 포용한다. 그리고 언어·직업 교육, 문화행사 지원, 교육 프로그램 등을 통해 사회 통합을 촉진하고 있으며 이러한 정책은 다양한 배경을 가진 사람들이 공존하며 세계시민으로서의 가치를 실천할 수 있도록 돕고 있다(Johnson & Smith 2020). 독일 베를린의 '크로이츠베르크(Kreuzberg)' 지역은 튀르키예계 이민자들을 포함한 다양한 국적의 주민들이 함께 거주하며 다문화적인 공동체 문화를 형성하고 있다(Müller & Schneider 2018:56). 이 지역에서는 문화적 차이를 인정하고 조화롭게 살아가기 위한 다양한 사회적 협력 프로그램이 운영되고 있으며 이를 통해 상호 교류와 이해가 증진되고 있다.

3.2 다문화 공간이 글로벌 소통에 미치는 긍정적 영향

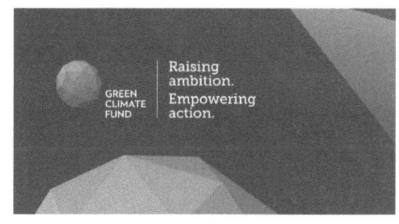
녹색기후기금

세계경제포럼

다문화 공간은 글로벌 소통을 촉진하는 데 긍정적이고 중요한 역할을 하고 있다. 오늘날의 사회는 정보통신 기술과 교통수단의 발달로 인해 더욱 긴밀하게 연결되어 있으며 이에 따라 다양한 문화와 가치관이 자유롭게 교류되고 있다(김영순 2022:114). 이러한 변화 속에서 다문화 공간은 개인과 사회가 글로벌 시대에 적응하고 협력할 수 있도록 하는 중요한 기반이 되고 있다. 다국적 기업이나 국제기구가 위치한 지역에서는 다양한 문화적 배경을 가진 사람들이 서로 협력하며 긴밀한 교류를 통해 글로벌 네트워크를 형성하고 있다(박선화 2019:47). 이러한 환경은 다문화적 이해와 소통의 기회를 확대할 뿐만 아니라 다양한 관점과 아이디어의 융합을 촉진하여 혁신과 창의성을 더욱 강화하는 중요한 요인이 된다. 또한 국제적 협업이 활발하게 이루어지면서 경제, 사회, 기술 등 여러 분야에서 지속 가능한 발전을 도모하는 기반이 형성된다. 한국의 삼성전자, LG, SK 등 여러 기업에서는 외국인 근로자와 한국인 근로자가 함께 일하도록 돕는 글로벌 환경이 조성되어 있으며 이를 통해 기업 내에서 자연스럽게 다문화적 이해가 증진되고 있다. 삼성전자는 2015년부터 'Global Employee Course' 프로그램을 운영하여 해외에서 근무하는 외국인 직원들을 초청해 한국문화와 비즈니스 관행을 이해하도록 지원하고 있다(삼성전자 2016).

LG전자는 다문화 가정과 직원들을 지원하기 위해 '다문화 심리상담사' 과정을 개설하였으며(고용노동부 2021) SK그룹은 외국인 인재 영입과 정착 지원 프로그램을 통해 한국인 직원들과의 문화 교류를 촉진하고 있다(SK그룹 2022). 녹색기후기금(Green Climate Fund, GCF)은 개발도상국의 기후 변화 대응을 지원하기 위해 설립된 국제 금융 기구로 2013년 인천광역시 송도국제도시에 본부를 설립하였다. 이 기구는 전 세계 다양한 국가 출신의 전문가들이 함께 일하며 기후 변화라는 글로벌 이슈 해결에 기여하고 있다. 인천의 글로벌녹색성장연구소(Global Green Growth Institute, GGGI)는 2012년 서울특별시 종로구에 본부를 두고 있으며 다문화적 배경을 가진 전문가들이 모여 지속 가능한 발전과 환경 보호를 위한 정책 개발 및 기술 지원을 수행하고 있다. 이러한 국제기구들은 한국 내에서 다문화적 협력을 통해 국제적인 문제 해결에 적극적으로 기여하고 있다.

다문화 공간은 교육 및 연구 분야에서도 중요한 역할을 한다. 세계 여러 대학들은 다문화적 교육 환경을 조성하고 있는데 미국 워싱턴대 다문화교육 전공 프로그램, 영국 런던대학교 교육연구소(Institute of Education, University College London), 캐나다 브리티시컬럼비아대학교(University of British Columbia), 호주 시드니대학교(The University of Sydney), 싱가포르 난양기술대학교(Nanyang Technological University) 국립교육원(National Institute of Education) 등에서 학생들이 다양한 문화적 배경을 경험할 수 있도록 교환학생 프로그램을 운영하고 있고 한국의 여러 대학에서도 다문화 교육 전문가를 양성하기 위해 다양한 전공 프로그램을 운영하고 있다. 이러한 교육환경은 학생들이 글로벌 마인드를 형성하고 국제적인 문제를 해결하는 데 필요한 역량을 키우는 데 도움을 주고 있다. 또한 세계시민포럼(The Global Citizenship Forum), 유네스코 세계문화예술교육 대회(UNESCO World Conference on Arts Education), 세계경제포럼(World Economic Forum), 아시아문명대화대회(Conference on Dialogue of Asian Civilizations) 등의 국제회의나 포럼이 개최되는 공간에서는 세계 각국의 전문가들이 한데 모여 협력하며 새로운 해결책을 모색하는 과정이 이루어지고 있다. 이러한 국제회의와 포럼들은 다문화적 가치와 글로벌 협력을 촉진하는 플랫폼으로서 전 세계 다양한 문화와 배경을 가진 사람들이 모여 상호 이해를 증진하고 협력을 도모하는 데 기여하고 있다. 따라서 다문화 공간은 개인과 사회가 글로벌 환경에 적응하고 협력하는 데 필수적인 장으로 기능하며 문화 간 이해와 상호 존중, 지속 가능한 발전과 창의성 촉진에 있어 핵심적인 역할을 하고 있다.

3.3 상호 존중과 소통으로 이루는 다문화 사회

다문화 사회에서 상호 존중과 소통은 필수적인 요소로 문화적 차이를 이해하고 이를 존중하는 태도는 효과적인 의사소통의 시작점이 된다. 상대방의 문화적 배경을 존중하는 태도는 의사소통 방식, 생활 방식, 가치관 등에 대한 깊은 이해로 확장될 수 있으며 궁극적으로는 사회적 통합과 공동체 의식을 형성하는 데 기여한다(Habermas 1996:142). 상대방의 문화적 배경을 존중하는 태도는 외형적인 예의범절이나 형식적인 인사 방식에서 그치는 것이 아니라 언어적 표현과 비언어적 의사소통 방식, 생활 습관, 전통적인 가치관 등에 대한 깊이 있는 이해로 확장될 수 있다. 어떤 문화에서는 직접적인 표현을 선호하는 반면 다른 문화에서는 간접적이고 완곡한 표현을 중요하게 여긴다. 이러한 차이를 인식하고 존중하는 태도를 갖춘다면 오해를 줄이고 더욱 원활한 소통이 가능해진다. 비언어적 의사소통(표정, 제스처 등)의 차이를 이해하고 조정함으로써 오해를 줄일 수 있다. 서구 문화에서는 눈을 마주치는 것이 긍정적인 신뢰의 표현이 될 수 있지만 일부 아시아 문화에서는 존중의 의미로 눈을 피하는 것이 일반적일 수 있다. 이러한 문화 간 비언어적 차이를 설명한 에드워드 홀(Edward T. Hall)은 문화에 따라 시선, 거리, 신체 언어 해석이 다르게 작용함을 지적하였다(Hall 1976:110). 이러한 차이를 인식하고 존중하는 태도는 문화 간 소통에서 매우 중요한 요소이다.

베넷은 효과적인 문화 간 소통을 위해서는 문화 상대주의적 태도와 경청의 자세가 필수적이라고 강조하였다(Bennett 1998:209). 다문화 공간에서는 각기 다른 배경을 가진 사람들이 모여 함께 살아가기 때문에 서로의 문화를 배우고 존중하는 것이 중요하다. 이를 위해 다양한 커뮤니티 활동을 통해 교류를 촉진하고 서로의 문화를 배우는 기회를 제공해야 한다. 이러한 노력은 다문화 사회에서 상호 존중을 통해 선입견과 편견을 극복하고 차별 없는 공정한 문화를 형성하는 데 기여할 수 있다. 기업에서는 문화적 다양성을 존중하는 조직 문화를 조성하고 직원들이 서로의 문화적 차이를 이해할 수 있도록 다양한 교육 프로그램을 운영할 수 있다. 정부 차원에서도 다문화 정책을 강화하고 다문화가족을 위한 지원을 확대함으로써 더욱 포용적인 사회를 조성할 수 있다. 따라서 다문화 사회는 상호 존중과 소통을 바탕으로 더욱 조화롭고 평등한 공동체로 발전할 수 있으며 다문화 공간에서 지속적인 실천과 노력이 이루어진다면 궁극적으로 전 세계적으로 협력과 이해를 증진하는 데 기여하게 될 것이다.

4. 한국문화와 세계시민 의식

　세계화가 가속화되면서 국가 간의 경계가 약화되는 흐름 속에서 각국의 문화는 서로 영향을 주고받으며 발전해 나가고 있으며 한국문화도 예외가 아니다. 한국은 전통적인 문화적 가치와 현대적인 요소를 조화롭게 유지하면서도 세계적인 흐름 속에서 글로벌 시민으로서의 의식을 형성해 나가고 있다. 세계시민 의식은 단순히 다른 문화를 존중하고 수용하는 것에 그치는 것이 아니라 자국의 문화를 세계와 공유하고 소통하는 과정에서 더욱 깊이 발전한다. 한국문화는 오랜 역사 속에서 형성된 전통적 가치와 현대적 감각이 결합된 독특한 특징을 가지고 있으며 이러한 문화적 특성이 세계와의 교류 속에서 어떻게 조화를 이루고 있는지 살펴볼 필요가 있다. 따라서 본 장에서는 한국 문화가 세계시민 의식과 어떤 관계를 맺고 있는지에 대해 살펴보고자 한다. 특히 전통문화와 세계시민 의식의 조화, 한국인의 정체성과 세계시민 의식, 한류를 통한 국제적 소통 가능성, 그리고 한국문화의 다문화적 변화와 수용 과정을 중심으로 논의할 것이다. 이를 통해 한국 문화가 세계 속에서 어떤 방향으로 발전해 나갈 수 있을지 탐색해보고자 한다.

4.1 전통문화와 세계시민 의식의 조화

월드비전 교육지원 프로젝트　　　　BTS 'Love Myself' 캠페인

　한국의 전통문화와 세계시민 의식의 조화는 오늘날 한국 사회에서 매우 중요한 주제이다. 한국은 오랜 역사 속에서 공동체 정신과 상호 협력을 중요하게 여겨왔으며 이러한 전통적인 가치들은 글로벌 사회에서도 중요한 의미를 갖는다(임도원 2024:32). 효(孝), 예(禮), 정(情)과 같은 한국의 전통적 가치관은 개인주의가 강조되는 현대 사회에서도 조화롭게 적용될 수 있으며 다양한 문화와의 교류 속에서도 상호 존중과 배려의 기반이 될 수 있다. 세계화가 가속화됨에 따라 한국의 전통문화는 더 이상 국경 안에 머무르지 않고 세계 시민들과 공유되는 중요한 문화적 자산이 되고 있다. 또한 한류(Hallyu) 현상을 통해 한국의 전통 예술, 음식, 철학이 세계적으로 확산되고 있으며 이러한 흐름 속에서 한국 사회는 자국의 문화를 보존하면서도 세계시민으로서의 정체성을 확립해 나가고 있다. 따라서 한국의 전통문화는 세계시민 의식과 충돌하는 것이 아니라 오히려 현대적인 가치와 결합하여 더욱 풍부한 문화적 정체성을 형성하는 데 기여하고 있다. 한국의 유교적 전통은 가족 간의 유대감과 존중을 강조하며 이웃과의 관계에서도 협력과 배려를 중요하게 여긴다. 이는 세계시민 의식의 핵

심 요소인 연대와 공존의 정신과도 깊이 연결된다. 이러한 가치들은 현대 사회에서 더욱 확대되어 한국인들이 글로벌 사회에서 공동체 의식을 갖고 협력하는 데 중요한 역할을 하고 있다.

또한 한국의 전통적 공동체 정신은 국제적인 인도주의 활동에서도 빛을 발하고 있다. 2023년 한국의 비정부기구(NGO)인 '굿네이버스'와 '월드비전'은 아프리카와 동남아시아의 빈곤 아동을 위한 교육 지원 프로젝트를 진행하며 한국의 상부상조 정신을 세계적으로 확산하는 데 기여했다(박민정 2024:56). 이러한 활동은 기부를 넘어 한국의 전통적인 상호부조 정신을 글로벌 차원에서 실천하는 좋은 사례이다. 한국의 대중문화 스타들도 세계시민으로서의 역할을 수행하고 있다. 방탄소년단(BTS)은 유엔(UN) 총회에서 'Love Myself' 캠페인을 발표하며 인권 보호와 자기 사랑의 중요성을 강조했다(UN Web TV, 2018년 9월 24일 BTS Speech at the United Nations; UN News, 2021년 9월 20일 BTS address at UNGA). 이는 공연 활동은 물론 세계적인 사회 문제 해결에 기여하는 사례로 평가받고 있다(김성호 2024:78). K-팝 스타들이 국제적 자선 활동에 적극적으로 참여하는 것은 한국의 전통적인 '정(情)' 문화를 세계적으로 알리는 기회가 되고 있다.

그러나 한국 사회가 세계시민으로서 더욱 발전하기 위해서는 개선해야 할 부분도 있다. 2024년 세계 최고의 나라 순위에서 한국은 18위를 기록했지만 시민의식 항목에서는 42위에 그쳤다(임도원 2024:57). 이는 한국이 경제적 성장과 기술적 혁신에서는 높은 평가를 받고 있음에도 불구하고 국제사회에서 요구하는 다양성 존중과 개방성 측면에서는 여전히 보완할 점이 많다는 것을 의미한다. 이로써 글로벌 시대에 걸맞은 포용적 태도와 다문화 사회에 대한 이해 증진이 지속적으로 강화될 필요가 있다(김영민

2023:112). 또한 한국의 전통적인 가치관과 세계시민 의식을 조화롭게 발전시키기 위해서는 문화적 보수성과 다문화적 사고의 균형을 맞추는 것이 중요하다. 한국의 유교적 가치관에서는 연장자 존중과 가족주의가 강조되는데 이는 현대 사회에서 개인주의 및 평등사상과 조화를 이루어야 한다는 점에서 도전 과제가 될 수 있다(홍석경 2024:88). 이렇듯 한국 사회는 전통적인 공동체 정신을 유지하면서도 글로벌시대에 맞는 개방성과 포용력을 강화해야 할 필요가 있다. 그러므로 한국의 전통적 가치관과 세계시민 의식을 조화롭게 발전시키는 과정에서 문화적 보수성과 글로벌 다문화적 사고 간의 균형을 맞추는 것이 요구된다.

4.2 한국인의 정체성과 세계시민 의식

한국인의 정체성과 세계시민 의식은 현대 사회에서 점점 더 중요한 연구 주제로 떠오르고 있다. 이는 한국 사회가 급격한 세계화와 디지털 기술 발전을 경험하면서 전통적인 문화 정체성과 국제적 감각을 조화롭게 유지해야 하는 도전에 직면하고 있기 때문이다. 한국인은 오랜 역사와 문화적 전통을 기반으로 정체성을 형성해 왔으며 이러한 정체성이 세계시민 의식과 어떻게 조화를 이루고 발전할 수 있는지가 중요한 논의의 대상이 되고 있다. 한국 사회에서 정체성의 개념은 역사적, 정치적, 경제적 맥락과 밀접하게 연결되어 있으며 이러한 배경 속에서 세계시민 의식은 새로운 시각으로 접근해야 할 필요성이 커지고 있다. 한국의 전통적 가치와 문화는 공동체 중심적이며 개인보다 집단의 조화를 중시하는 경향이 강하다. 그러나 글로벌화가 심화되면서 개별적인 정체성보다 광범위한 글로벌 네트워크 속에서 정체성을 형성해야 하는 시대가 맞이했다. 세계시민

의식이 강조하는 인권, 평화, 환경 문제 등에 대한 관심은 한국 사회에서도 점차 확대되고 있다. 한국인은 급속한 경제 성장과 국제적 교류의 증가로 인해 다양한 문화와 가치를 접하게 되었으며 이 과정에서 다문화 사회로의 변화 또한 경험하고 있다. 이러한 변화 속에서 한국인의 정체성과 세계시민 의식이 상호작용하며 발전하고 있으며 이러한 점이 현대사회에 중요한 화두가 되고 있다.

4.2.1 한국인의 문화적 정체성과 세계시민 의식의 형성

한국인의 정체성은 전통적으로 유교적 가치관, 공동체 중심의 사고방식, 그리고 민족적 자긍심을 기반으로 형성되어 왔다. 한국 사회는 유교적 가치 속에서 개인보다는 가족과 공동체를 중시하는 문화를 유지해 왔으며 이러한 가치관은 현대에도 지속적인 영향을 미치고 있다(송도영 2005:55-58). 그러나 급변하는 세계화의 흐름 속에서 한국인의 정체성은 전통적인 가치와 글로벌한 사고방식 사이에서 균형을 맞춰야 하는 도전에 직면하고 있다. 이러한 변화는 교육, 문화, 경제 등 다양한 사회적 영역에서 나타나며 현대 한국인들은 자신들의 뿌리를 지키면서도 국제적인 시각을 확대할 필요성을 인식하고 있다. 최근 연구에 의하면 한국 대학생들은 세계시민 의식 수준에서 전반적으로 긍정적인 태도를 보이며 세계시민 역량과 협력적 자기효능감에서 높은 평균을 기록하였다. 이는 세계화에 대한 수용성과 더불어 디지털 환경을 통한 국제사회와의 연결성 확대가 긍정적으로 작용했음을 보여준다. 특히 한국 청년들은 디지털 기술을 활용하여 국제사회와의 연결성을 강화하고 있으며 이를 통해 다양한 문화와의 교류가 활발하게 이루어지고 있다. 한국 청년들은 SNS, 유튜브, 온라인 커뮤니티 등을 통해 전 세계 사람들과 실시간으로 연결되어 있으며 이를 통해 글로벌 이슈에 대한 인식과 공감대를 확장해가고 있다. 이렇듯 디지털 환경에 익숙한 대학생들은 국제적 가치인 환경, 인권, 지속 가능성 등의 이슈에 높은 민감성을 보이며 미디어와 온라인 플랫폼을 통한 정보 공유 및 참여 활동이 활발하게 이루어지고 있는 것으로 나타났다 (권미은 2024:145-147).

또한 국제기구와 시민단체들의 적극적인 활동과 미디어의 역할이 결합되면서 이러한 가치에 대한 인식이 전 세계적으로 강화되고 있으며 개인과 기업, 정부 차원에서도 지속 가능성과 사회적 책임을 중시하는 경향이 뚜렷해지고 있다. 기후변화, 난민 문제, 인권 보호와 같은 글로벌 이슈에 대한 한국 청년들의 온라인 토론과 정보 공유는 활발하지만 실제로 자원봉사나 사회적 운동에 참여하는 비율은 상대적으로 낮은 수준을 보인다 (권미은2024:148-149). 이러한 현실을 개선하기 위해서는 적극적인 세계시민 교육과 실천 기회 제공이 필요하다. 교육 과정에서 국제 문제에 대한 이론적 학습뿐만 아니라 실질적인 경험과 활동을 통해 학생들이 세계시민 의식을 체화할 수 있도록 해야 한다. 따라서 한국 사회가 다문화적 환경으로 빠르게 변화하고 있는 만큼 다양한 문화적 배경을 이해하고 수용하는 능력을 기르는 것도 중요한 과제이다.

4.2.2 세계시민 의식의 실천적 요소와 한국 사회

4.2.1에서 제시했듯이 한국인은 환경 문제나 인권 문제와 관련된 국제 캠페인에 대한 관심은 높지만 적극적인 참여율은 상대적으로 낮은 편이다. 이러한 실천 부족의 원인은 여러 가지 요인에서 찾을 수 있다. 첫째, 한국 사회에서는 학업과 취업 준비가 청년들에게 가장 중요한 우선순위로 자리 잡고 있어 국제 문제에 대한 실천적 참여가 상대적으로 낮아지는

경향이 있다. 한국청소년정책연구원(2021)의 보고서에 따르면 학생들의 80%가 기후변화 대응, 난민 지원 등 국제 사회 문제에 관심이 있다고 응답했으나 '실질적인 참여가 어렵다'고 답한 주요 이유로 "시간 부족(65%)", "경제적 부담(20%)", "관련 경험 부족(10%)" 등을 꼽았다. 둘째, 한국의 교육 시스템은 주로 이론적 학습을 강조하는 반면 실천적 경험을 제공하는 기회는 제한적인 경우가 많다. 셋째, 세계시민 의식을 실천할 수 있는 플랫폼과 기회가 충분히 마련되지 않았다는 점도 중요한 요인이다. 한국청소년정책연구원의 2021년 보고서에 따르면 국내 청소년을 위한 국제 자원봉사 프로그램의 수는 제한적이며 참여 인원도 감소 추세를 보였다. 교육부의 2020년 다문화 교육 지원 실태조사에서는 다문화 교류 프로그램이 일부 학교에만 제공되어 학생들의 참여 기회가 제한적이었다. 특히 농어촌 지역 학교에서는 이러한 프로그램의 접근성이 더욱 낮았다. 유네스코 아시아태평양 국제이해교육원의 2019년 연구에 의하면 한국의 세계시민교육은 주로 이론 중심으로 이루어지며 실천적 활동을 위한 플랫폼이 부족하다는 지적이 있었다.

이러한 문제를 해결하기 위해서는 체계적인 세계시민 교육과 실천 기회를 확대하는 것이 필요하다. 교육과정에서 국제 이슈와 관련된 프로젝트 기반 학습을 도입하거나 정규 교과 외에 학생들이 직접 참여할 수 있는 실천적 활동을 지원하는 프로그램을 마련할 필요가 있다. 또한 정부 및 민간 기관이 협력하여 세계시민 의식을 함양할 수 있는 공익 캠페인을 추진하고 청년들이 적극적으로 참여할 수 있도록 장려하는 정책을 마련해야 한다. 이러한 노력이 이루어진다면 한국 사회에서도 세계시민 의식이 단순한 개념적 이해를 넘어 실제적인 행동으로 이어질 수 있을 것이다. 세계시민 의식을 촉진하기 위한 실질적인 방안을 제시하면 다음과 같다.

- 세계시민 교육의 강화

정규 교육과정에 세계시민 교육을 포함시켜 청소년기부터 글로벌 문제에 대한 이해와 실천적 태도를 함양해야 한다. 서울 성동고등학교와 전북 전주한일고등학교에서는 국제 환경 문제를 다루는 프로젝트 수업을 도입하고 있으며(교육부 2020) 서울의 창신중학교에서는 다문화 학생들과의 교류 프로그램을 운영하고 있다(유네스코 아시아태평양 국제이해교육원 2019). 국내 대부분 대학에서는 해외 봉사 프로그램이나 국제 학술 교류를 통해 학생들이 직접 글로벌 이슈에 참여할 수 있도록 지원하고 있다(정선영 2022). 이러한 경험은 세계시민 의식을 키우는 데 큰 도움이 된다. 특히 비판적 사고력과 다양한 문화에 대한 개방성을 기르는 것이 중요하며 이러한 교육이 확대될수록 한국 청년들이 글로벌 문제 해결에 보다 적극적으로 기여할 수 있을 것이다.

- 실천적 경험 확대

세계시민 의식을 높이기 위해서는 교육을 넘어서 직접적인 경험이 필요하므로 해외 자원봉사, 국제 교류 프로그램, 다문화 체험 활동 등을 통해 청소년과 청년들이 실제로 글로벌 문제 해결에 기여할 수 있도록 해야 한다(KOICA 2024; ASEAN-Korea Centre 2023). 'KOICA 월드프렌즈 청년봉사단'은 대한민국 대학생들이 개발도상국에서 교육, 보건, 기술 지원 등의 활동을 통해 국제 사회에 기여할 수 있는 기회를 제공하고 있다(KOICA 2024). 이 프로그램을 통해 참가자들은 국제적인 시각을 키울 뿐만 아니라 직접적인 문제 해결 경험을 쌓으며 세계시민으로서의 역할을 체득할 수 있다. 또한 '한-아세안 미래세대 네트워크'와 같은 국제 교류 프로그램은 한국 청년들이 동남아시아 청년들과 협력하여 지역 문제를 논의하고 해결 방안을 모색하는 기회를 제공한다(ASEAN-Korea Centre 2023). 이는 세계시민 의식을 실천할 수 있는 중요한 경험이 된다. 이 외에도 서울 및 주요 도시에서 운영되는 다문화 체험 프로그램을 통해 다양한 국적의 사람들과 교류하며 문화적 이해도를 높일 수 있는 기회가 점점 늘어나고 있다.

• 디지털 세계시민 의식 강화

온라인을 통한 정보 확산과 국제적 연대가 강화되는 시대에서 디지털 리터러시 교육이 필수적이다. 한국인은 디지털 기술에 익숙하지만 편향된 정보에 대한 비판적 사고력은 여전히 개선이 필요하다. 국제 청년 미디어 기자단(International Youth Media Press)은 청소년을 위한 디지털 리터러시 교육 프로그램을 운영하고 있으며 사단법인 언론인권센터는 2022년에 『청년 미디어 리터러시 교육 자료집』을 발간하여 청년들의 미디어 이해 능력 향상을 도모하였다(언론인권센터 2022). 국립중앙도서관은 2021년부터 '디지털 정보 활용 교육'을 통해 청년과 일반 시민을 대상으로 디지털 기본 소양 교육을 운영하여(국립중앙도서관 2021) 참가자들이 미디어의 편향성을 분석하고 비판적으로 사고하는 능력을 키울 수 있도록 돕고 있다. 또한 유럽평의회(Council of Europe)가 주최하는 국제 포럼인 '디지털 시민 포럼(Digital Citizenship Education Forum)'에서는 글로벌 이슈와 관련된 온라인 토론을 주최하여 청년들이 다양한 관점을 교류하고 논의할 수 있는 기회를 제공하는데 유네스코한국위원회는 『사이버 공간에서 차별·혐오 대응과 미디어 리터러시 교육』을 주제로 발표자료집을 발간하고 디지털 시민성 강화를 위한 교육적 방향과 참여 방안을 제시하였다(유네스코한국위원회 2023). 이러한 프로그램들은 한국 청년들이 디지털 미디어를 활용한 글로벌 이슈 토론과 협업 프로젝트 활성화에 기여하며 세계시민으로서의 역할을 보다 적극적으로 수행할 수 있도록 돕고 있다.

4.2.3 한국인의 정체성과 세계시민 의식의 조화

한국인의 정체성과 세계시민 의식은 서로 상충하는 것이 아니라 상호 보완적으로 발전할 수 있는 개념이다. 한국 사회는 오랜 역사 속에서 공동체 중심의 사고방식과 상호 배려의 가치를 강조해 왔으며 이러한 전통적 가치들은 오늘날 세계시민 의식이 중시하는 보편적 인권, 상호 존중, 지속 가능성 등의 요소와 깊이 맞닿아 있다. '널리 인간을 이롭게 한다'는 의미의 홍익인간(弘益人間) 이념은 단지 민족 중심의 사상이 아니라 인류 전체의 번영을 도모하려는 보편적 가치에 근거한다. 이는 현대적 의미의 세계시민 의식이 지향하는 인류 공동체의 조화로운 공존 및 공공선 추구와 일맥상통한다. 이러한 홍익인간 사상은 "국가주의를 넘어 보편적 인류애를 실현할 수 있는 한국 전통 가치"로 재해석될 수 있으며 세계시민교육의 철학적 기반으로 활용될 수 있다고 설명되기도 한다(유네스코 아시아태평양 국제이해교육원 2017:35). 유교 사상에서 중시하는 '수기치인(修己治人)'의 개념은 자기 수양을 통해 사회와 세계를 조화롭게 이끌어야 한다는 철학을 담고 있다. 이러한 전통은 개인의 도덕적 성장과 타인에 대한 책임 있는 태도를 강조하며 이는 오늘날 세계시민이 갖추어야 할 핵심적인 덕목인 지속 가능성, 사회적 책임, 공공선 실현과도 부합한다. 이러한 전통적 가치와 세계시민 의식의 조화는 교육과 시민운동을 통해 더욱 구체화되고 있다. 한국의 학교 교육과정에서는 '세계시민 교육(global citizenship education)'이 강조되고 있으며 교육부는 2015 개정 교육과정에서 '지속가능발전교육(ESD)'을 주요 요소로 포함시켜 세계적 관점에서 사고하는 능력을 기르도록 하고 있다(교육부 2015).

이처럼 한국의 전통적 가치와 세계시민 의식은 서로를 제한하거나 대체하는 관계가 아니라 오히려 서로를 강화하는 방식으로 작용하고 있다. 한국 사회는 이러한 조화를 지속적으로 유지하고 발전시켜야 하며 이를 위해 교육, 문화정책, 국제협력 등 다양한 영역에서 제도적·정책적 지원이 필요하다. 청소년부터 성인까지 전 세대가 자국의 정체성을 기반으로 세계와 소통할 수 있는 능력을 기르도록 하는 것이 관건이다. 한국인은 전통적 가치를 기반으로 세계시민으로서의 역할을 수행할 수 있는 충분한 철학적, 문화적, 사회적 자원을 갖추고 있다. 앞으로의 과제는 이러한 자원을 활용하여 정체성과 보편성을 조화롭게 융합하는 방향으로 나아가는 것이다.

4.3 한류를 통한 글로벌 소통 가능성

K팝 아티스트: 블랙핑크

넷플릭스 영화: 오징어 게임

한류는 단순한 유행을 넘어서 한국 문화를 세계에 알리는 강력한 문화 외교 도구로 자리 잡고 있다. K-팝, K-드라마, K-무비, K-뷰티, K-푸드 등 다양한 문화 콘텐츠는 한국의 소프트파워를 강화하는 핵심 요소로 작용하고 있으며 이들은 글로벌 사회에서 소통을 이끌어내는 중요한 매개체로 활용되고 있다. 이러한 한류 콘텐츠는 시청각을 통한 감각적 전달력과 문화적 상징성을 바탕으로 국가 간 정서적 공감대를 형성하며 상호 이해를 촉진하는 데 기여한다. 2023년 문화체육관광부와 한국국제문화교류진흥원이 공동으로 실시한 『2024 해외 한류 실태조사』에 따르면 K-팝(37.2%), 드라마(27.5%), 뷰티(8.7%), 음식(8.2%) 등 한류 콘텐츠가 전 세계적으로 폭넓게 소비되고 있으며 대부분의 응답자가 한국 콘텐츠를 통해 한국에 대한 호감이 높아졌다고 응답하였다. 이는 한류가 오락을 넘어서 문화 간 소통의 촉매제로 작용하고 있음을 보여준다. 또한 한류 팬들 간의 온라인 커뮤니티 활동은 국적, 언어, 인종을 초월한 문화적 연결망을 형성하며 이질적 문화에 대한 이해의 장을 확장하고 있다. 한류 콘텐츠는 문화 소비를 넘어 타문화에 대한 이해와 관심을 유도하고 한국이라는 국가 브랜드의 가치를 높이며 국제사회의 문화적 상호작용을 촉진하고 있다.

대표적인 사례로는 방탄소년단(BTS)과 블랙핑크(BLACKPINK) 같은 글로벌 아티스트의 활동을 들 수 있다. BTS는 미국 빌보드 차트 1위, 그래미 어워즈 후보 지명 등 음악적 성취뿐만 아니라 2021년 9월 UN 총회에서 열린 '지속가능발전목표(SDG) 모멘트' 세션에서 청년을 위한 연설을 진행하며 희망과 연대의 메시지를 세계에 전파하였다(United Nations 2021). 블랙핑크 또한 2021년 2월 유엔 지속가능개발목표(SDGs) 홍보대사로 임명되어 기후 위기 대응 및 환경 보호의 중요성을 강조하고 해당 메시지를 영상 및 SNS를 통해 전 세계 팬들에게 전달해왔다(United Nations SDG Advocates 2021). 이들의 활동은 문화예술이 사회적 책임과 글로벌 메시지를 전달하는 통로가 될 수 있음을 잘 보여주는 사례라 할 수 있다.

한류가 이처럼 빠른 속도로 전 세계에 확산될 수 있었던 또 다른 이유는 디지털 플랫폼의 적극적인 활용이다. 전통적인 방송과 영화 중심의 미디어 시대를 넘어 유튜브, 넷플릭스, 인스타그램, 트위터 등 SNS와 OTT 플랫폼이 새로운 한류 전파의 중심축이 되었다. 넷플릭스 오리지널 시리즈인 〈오징어 게임(Squid Game)〉은 2021년 9월 공개 후 28일 만에 약 1억 1,100만 가구가 시청하며 역대 최다 시청 기록을 경신했고 한국적인 소재와 사회적 메시지로 글로벌 공감을 얻었다(Netflix 2021). 이후 〈지옥〉, 〈더 글로리〉 등 후속 한국 콘텐츠 역시 세계 각국의 시청자들로부터 주목을 받으며 넷플릭스 글로벌 순위 상위권에 올랐다(Netflix Top 10 2022). 이처럼 OTT 플랫폼은 물리적 국경의 장벽 없이 콘텐츠 확산을 가능하게 하며, 한류의 글로벌 소통 가능성을 실현하는 핵심 통로로 기능하고 있다.

한류 콘텐츠가 세계인의 사랑을 받는 또 다른 이유는 다양한 문화적 요소를 융합할 수 있는 창의성과 유연성에 있다. 특히 K-팝은 서양의 팝 음악 요소, 일본의 아이돌 산업 시스템, 한국 고유의 감성과 미학을 조화롭게 결합하여 독창적인 음악 스타일을 구축해왔다. K-팝 아티스트 블랙핑크는 힙합, EDM, 라틴 팝 등 다양한 음악 장르를 결합한 곡으로 글로벌 팬층을 확보하고 있으며 이러한 음악적 융합이 국가 간 정체성을 넘어선 문화적 공감대를 형성하는 데 중요한 역할을 하고 있다(한국콘텐츠진흥원 2023). 이러한 문화적 융합(Cultural Convergence)은 서로 다른 문화가 지속적인 접촉과 상호작용을 통해 공통의 문화적 요소를 공유하거나 새로운 문화를 형성하는 현상으로 글로벌화, 기술 발전, 국제적 교류 증가에 따라 더욱 가속화되고 있으며 대중문화, 언어, 소비문화 등 다양한 영역에서 뚜렷하게 나타난다(Berry 2008). 문화적 융합은 음식 문화에서도 활발히 일어나고 있다. 한국농수산식품유통공사의 『글로벌 한식 소비 트렌드 조사」에 의하면 한국 음식은 특유의 매운맛과 건강식 이미지로 미국, 일본, 유럽 등 주요 국가에서 선호도가 꾸준히 상승하고 있으며 각국 현지 요리와 결합된 퓨전 한식도 다채롭게 확산되고 있다. 미국에서는 한인 푸드트럭 '코기(Kogi)'가 한국식 바비큐와 멕시코식 타코를 결합한 '코리안 타코(Korean Taco)'로 인기를 얻었으며(https://kogibbq.com) 일본에서는 한국 디저트 카페 브랜드가 일본 전통 과자와 결합한 퓨전 디저트를 출시하며 현지 소비자들에게 큰 호응을 얻고 있다(aT 2022). 또한 한류는 다문화 감수성과 언어 역량을 갖춘 청년 세대가 주도하는 문화 흐름으로 발전하고 있다. 전 세계의 한류 팬들은 한국문화를 소비하는 것을 넘어서 한국어를 배우고 한국 사회와 역사, 가치관에 대해 깊이 있게 이해하려는 노력을 기울이고 있다. 전 세계 82개국 244개소에서 운영 중인 세종학당은 한국어 교육뿐 아니라 K-팝, 한국 영화, 전통문화 체험 등을 연계한 프로그램을 제공하고 있으며 특히 한글날을 맞아 문화행사 및 한국어 경연대회 등도 활발히 진행되고 있다(세종학당재단 2022). 이처럼 한류는 단순한 문화 콘텐츠 이상의 의미를 지닌다. 이는 세계 여러 나라의 사람들이 서로의 문화를 이해하고 존중하며 공통된 가치를 바탕으로 소통할 수 있도록 돕는 강력한 문화적 가교 역할을 하고 있다. 따라서 앞으로도 한류가 다양한 문화권과 지속적으로 교류하고 협력해 나간다면 한국은 세계시민사회에서 글로벌 소통과 문화 외교의 중심 국가로서 그 위상을 더욱 공고히 할 수 있을 것이다.

4.4 한국사회의 다문화적 변화와 수용

한국 사회는 빠르게 다문화 사회로 변화하고 있으며 이에 따라 사람들의 인식도 점차 달라지고 있다. 한국청소년정책연구원의 조사에 따르면 한국인 62.3%가 다문화 사회로의 전환을 긍정적으로 인식하고 있으며 특히 20~30대는 다른 문화에 대한 수용과 개방성이 높다고 응답하였다(한국청소년정책연구원 2023). 이는 글로벌화와 디지털 미디어의 발달로 인해 다양한 문화를 접할 기회가 많아졌기 때문이며 인터넷과 소셜미디어를 통해 세계 여러 나라의 문화를 쉽게 경험할 수 있는 환경이 조성되었기 때문이다.

그러나 여전히 해결해야 할 문제들도 남아 있다. 현재 한국의 다문화 정책은 주로 외국인이 한국 사회에 적응할 수 있도록 지원하는 데 초점을 맞추고 있다. 그러나 이 과정에서 다문화 가정과 외국인 노동자들의 고유한 문화를 존중하고 이들의 사회적 통합을 촉진하기 위한 실질적인 정책적 지원이 미흡한 실정이다. 상호문화적 교류를 증진하기 위한 체계적인 프로그램이나 제도적 장치가 충분히 마련되지 않아 이들이 한국 사회에 적응하는 과정에서 어려움을 겪고 있다. 이에 따라 다문화 가정과 외국인 노동자들이 자국의 문화적 정체성을 유지하면서도 한국 사회에 원활하게 융합할 수 있도록 하는 보다 적극적인 정책적 접근이 필요하다(장진태 2024:53). 예를 들어 다문화 가정의 자녀들이 한국식 교육 시스템에 적응하는 것은 중요하지만 동시에 그들의 모국 문화를 존중하고 유지할 수 있도록 돕는 정책도 필요하다. 이는 다문화 사회의 이상적인 모습이 한국문화에 대한 일방적인 적응인 동화주의가 아니라 다양한 문화적 배경을 가진 사람들이 서로 영향을 주고받으며 공존하는 상호문화적 방향으로 나아가야 한다는 점을 시사한다.

최근에는 서울 대림동과 안산 원곡동 같은 지역들이 다문화 공존 모델로 주목받고 있다. 대림동은 중국 조선족 및 동남아 출신 이주민이 다수 거주하며 이곳에서 열리는 다문화 축제는 중국 전통 공연과 음식 체험을 통해 주민과 방문객 간의 문화 교류를 활발히 이끌어내고 있다(박진우 2024). 다문화 학생이 70% 이상을 차지하는 안산 원곡동의 원곡초등학교의 경우 학교에서는 한국어 교육뿐만 아니라 학생들이 자신의 고유문화를 유지할 수 있도록 다양한 언어 수업과 문화 체험 활동도 제공함으로써 학생들의 문화적 정체성 유지와 한국 사회 적응을 동시에 지원하고 있다(이승현 2024). 이러한 다문화 공존과 수용을 위해서는 초·중등 교육과정에서 세계시민 교육을 강화하고 학생들이 다양한 문화적 배경을 가진 사람들과 서로의 차이를 존중하고 협력하는 경험을 쌓을 수 있도록 돕는 것이 필요하다(임도원 2024:72).

따라서 한국사회가 한국문화와 공존하는 다문화를 수용하며 세계시민으로서 필요한 역량을 갖추기 위해서는 국제적인 문제에 관심을 갖고 적극적으로 참여하는 교육이 필요하다. 이를 위해 서울시는 청소년들을 대상으로 '다문화 감수성 캠프' '다가감'(allforyoung.com)을 운영하고 있으며 이 프로그램을 통해 참가자들은 해외의 다양한 문화와 사회 문제를 직접 경험하고 해결 방안을 고민하는 기회를 제공하고 있다. 이러한 교육 프로그램은 청소년들이 글로벌한 사고방식을 기를 수 있도록 돕는 중요한 역할을 하므로 지역사회와 교육 현장에서 이루어지는 다문화 관련 정책과 프로그램은 한국 사회가 진정한 다문화 사회로 나아가는 데 중요한 역할을 하고 있다.

 생각해볼 과제

과제 1 "나는 세계시민인가?"라는 질문에 답해 봅시다.
- 세계시민의 핵심 역량에는 어떤 요소들이 포함되는지 나의 일상 속에서 그러한 역량을 실천한 경험이 있는지 구체적인 사례를 들어 서술해보기
- 만약 없다면 앞으로 어떤 점을 실천할 수 있을지 계획을 세워보기

과제 2 글로벌 소통의 장애물은 무엇이며 그것을 극복할 수 있는 방법에 대해 알아봅시다.
- 언어적·문화적 차이에서 비롯되는 오해나 갈등의 사례를 하나 조사하고 그 사례에서 어떤 소통의 실패가 있었는지를 분석하기
- 그리고 그 상황에서 어떤 대안적 소통 전략이 효과적일 수 있었을지 제안해보기

과제 3 한국 사회에서 세계시민 의식을 실천하기 위한 문화적 조건에 대해 알아봅시다.
- 한국 전통문화와 세계시민 의식은 충돌할 수 있지 아니면 조화를 이룰 수 있는지 한국의 사례(예 한류, 다문화 정책, 다문화 교육 등)를 바탕으로 자신의 견해를 정리해보기
- 한국 사회가 지향해야 할 세계시민적 태도에 대해 서술해 보기

참고문헌

1. 세계시민의 의미

법무부. (2023). 세계인의 날 행사 개요. https://www.moj.go.kr

여성가족부. (2023). 다문화가족정책 종합계획. https://www.mogef.go.kr

KBS 뉴스. (2023). 메르켈의 환영 문화, 그 빛과 그림자. https://news.kbs.co.kr

옥스팜. (Oxfam). (2015). 세계시민 교육: 학교를 위한 가이드. Oxfam GB.

유네스코. (UNESCO). (2015). 세계시민 교육: 주제와 학습 목표(Global citizenship education: Topics and learning objectives). 유네스코 출판부.

Banks, J. A. (2004). Multicultural Education: Issues and Perspectives. John Wiley & Sons.

Banks, J. A. (2004). Teaching for Diversity and Social Justice. Jossey-Bass.

Banks, J. A. (2004). Teaching for social justice, diversity, and citizenship in a global world. The Educational Forum,68-4, 296-305

European Commission. (2020). Erasmus+ Annual Report 2020.

European Commission. (2021). The European Green Deal and climate action. Retrieved from https://ec.europa.eu/clima/eu-action/european-green-deal_en

Government of Canada. (1988). Canadian Multiculturalism Act. Retrieved from Justice Laws Website

Hallaq, W. B. (2009). Shari'a: Theory, Practice, Transformations. Cambridge University Press.

Harvard Model United Nations. (n.d.). Harvard Model United Nations. https://www.harvardmun.org/

Ishikawa, K. (1982). Guide to Quality Control (2nd rev. ed.). Asian Productivity Organization.

Merryfield, M. M. (2002). Learning to teach global perspectives. In M. M. Merryfield et al. (Eds.), Teaching Global Perspectives: A Resource for International Education (17-40). NCSS.

National Association for Multicultural Education. (2022). Multicultural Education Week Resources. https://www.nameorg.org

Nisbett, R. E. (2003). The Geography of Thought: How Asians and Westerners Think Differently and Why. Free Press.

Oxfam. (2015). Global Citizenship Education: A Guide for Schools. Oxfam GB.

Ting-Toomey, S. (1999). Communicating Across Cultures. Guilford Press.

UNESCO. (2015). Global citizenship education: Topics and learning objectives. Paris: UNESCO

UNHCR. (2021). Global Trends: Forced Displacement in 2020. Retrieved from https://www.unhcr.org/statistics/unhcrstats/60b638e37/global-trends-forced-displacement-2020.html

University of Tennessee. (2024). International Festival Participant Guide. https://international.utk.edu

Wikipedia contributors. (n.d.). Erasmus programme. In Wikipedia. from https://ko.wikipedia.org/wiki/에라스무스_프로그램

2. 글로벌 소통의 중요성

김성진. (2021). ON편지_46호. 온누리교회 2000선교 ON편지팀.

김영란. (2001). 한국어의 경어법과 사회적 위계. 서울: 한국문화사.

대한민국 외교부. (2023). 외교백서 2023. https://www.mofa.go.kr

Adler, N. J., & Gundersen, A. (2008). International Dimensions of Organizational Behavior (5th ed.). Cengage Learning.

Ang, S., & Van Dyne, L. (2015). Handbook of Cultural Intelligence. Routledge.

Ernst & Young. (2022). Diversity & Inclusion in Global Workplaces. EY Insights.

Escobar, S. (2004). 라틴 아메리카의 위기와 희망 (변진석, 역). 서울: 한국해외선교회 (GMF).

Gudykunst, W. B. (2003). Cross-cultural and intercultural communication. Sage Publications.

Hall, E. T. (1976). Beyond culture. Anchor Books.

Kim, Y. Y. (2001). Becoming intercultural: An integrative theory of communication and cross-cultural adaptation. Sage Publications.

Lustig, M. W., & Koester, J. (2018). Intercultural competence: Interpersonal communication across cultures (7th ed.). Pearson.

Meyer, E. (2014). The Culture Map: Breaking Through the Invisible Boundaries of Global Business. PublicAffairs.

NASA 기술 보고서. https://ntrs.nasa.gov

TAbu-Lughod, L. (2002). "Do Muslim Women Really Need Saving?" American Anthropologist, 104-3, 783-790.

Thomas, D. C., & Inkson, K. (2017). Cultural Intelligence: Surviving and Thriving in the Global Village (3rd ed.). Berrett-Koehler Publishers.

Ting-Toomey, S. (1999). Communicating across cultures. Guilford Press.

3. 다문화 공간과 세계시민

고용노동부. (2021). 다문화 심리상담사 양성사업 운영 결과 보고서. 정부간행물등록번호 11-1542000-000534-10.

교육부. (2020). 유초중등 다문화교육과정. 교육부.

김영순. (2022). 다문화 시대의 글로벌 소통과 이해. 서울: 한울아카데미.

대한민국 외교부. (2023). 외교백서 2023. https://www.mofa.go.kr

박선화. (2019). 한국기업의 글로벌화에 따른 다문화집단 관리방안에 관한 연구. 한국과 세계 1-1, 47-68.

박에스더. (2024). 세계시민교육과 다문화 공간. 민문사.

삼성전자. (2016). Global Employee Course 운영사례 보고서. 삼성전자 인사혁신팀.

서울특별시교육청. (2022). 2022 교육복지우선지원사업 운영 계획. 서울특별시교육청.

서울특별시교육청. (2024). 서울형 한국어 예비학교 운영 보도자료. 서울특별시교육청.

인천연구원. (2009). 다문화도시 안산의 정책과제. 인천연구원.

SK그룹. (2022). SK 글로벌 인재 영입 및 정착 프로그램 소개. SK 사회공헌백서.

한국교육개발원. (2023). 2023 다문화교육 종합현황 분석보고서. 서울: KEDI.

Bennett, M. J. (1998). Basic concepts of intercultural communication: Selected readings. Intercultural Press.

Habermas, J. (1996). Between facts and norms: Contributions to a discourse theory of law and democracy (W. Rehg, Trans.). MIT Press. (Original work published 1992)

Hall, E. T. (1976). Beyond culture. Anchor Books.

Johnson, R., & Smith, L. (2020). Multiculturalism and Urban Citizenship. University of Toronto Press.

Müller, T., & Schneider, F. (2018). Integration in Urban Diversity. Springer.

National Institute of Education, Nanyang Technological University. (2024). Master of Education (Curriculum and Teaching). Retrieved from https://nie.edu.sg

The University of Sydney. (2024). Master of Education (International Education). Retrieved from https://www.sydney.edu.au

UNESCO. (2016). Global Citizenship Education: Topics and Learning Objectives. Paris: UNESCO.

University College London. (2024). MA in Education, Gender and International Development. Institute of Education. Retrieved from https://www.ucl.ac.uk/ioe

University of British Columbia. (2024). Cross-Faculty Inquiry in Education (MA). Retrieved from https://ecps.educ.ubc.ca

University of Washington. (2024). Multicultural Education Program (M.Ed.). Retrieved from https://education.uw.edu

World Economic Forum. (2024). Annual Meeting Programme. Retrieved from https://www.weforum.org

4. 한국문화와 세계시민 의식

권미은. (2024). 세계시민교육이 대학생의 세계시민의식과 세계시민역량 그리고 협력적 자기효능감에 미치는 영향. 국제문화연구 17-1, 129-155.

교육부. (2020). 다문화 교육 지원 실태 조사 보고서. 교육부.

교육부. (2015). 2015 개정 교육과정 총론 해설. 세종: 교육부.

국립중앙도서관. (2021). 디지털정보활용교육 운영 자료. https://www.nl.go.kr

김성호. (2024). 세계를 향한 K-컬처의 사회적 확장. 글로벌문화연구 12-1, 72-89.

김영민. (2023). 다문화 시대의 세계시민 의식과 교육 방향. 세계시민교육연구 5-2, 110-125.

문화체육관광부 & 한국국제문화교류진흥원. (2023). 2024 해외 한류 실태조사. 한국국제문화교류진흥원. https://kofice.or.kr

박민정. (2024). 한국 NGO의 세계시민 활동 사례 분석. 국제개발협력연구 9-1, 50-60.

박진우. (2024). 서울 대림동의 다문화 공존 사례. 지역사회와 문화 12-1, 60-65.

세종학당재단. (2022). 2022 세종학당 운영현황 보고서. https://www.sejonghakdang.org

송도영. (2005). 한국인의 문화와 정체성. 서울: 민속원.

언론인권센터. (2022). 청년 미디어 리터러시 교육 자료집. https://presswatch.or.kr

유네스코 아시아태평양 국제이해교육원. (2019). 한국의 세계시민교육 현황과 과제. 유네스코 아시아태 평양 국제이해교육원.

유네스코한국위원회. (2023). 사이버 공간에서 차별·혐오 대응과 미디어 리터러시 교육 발표자료집. https://unesco.or.kr

유네스코 아시아태평양 국제이해교육원. (2017). 세계시민교육: 철학, 교육과정, 실천. 서울: 유네스코 아시아태평양 국제이해교육원.

이승현. (2024). 안산 원곡동 다문화 교육 사례 연구. 한국다문화교육학회지 28-1, 70-80.

일본 외식 및 디저트 시장 동향 보고서(aT 도쿄지사, 2022). https://www.kati.net

임도원. (2024). 세계 속의 한국: 문화, 시민의식, 그리고 세계시민으로의 도전. 서울: 아카넷.

임도원. (2024). 세계시민 교육의 학교 적용 방안. 교육과 국제이해 16-2, 70-85.

정선영. (2022). 세계시민교육의 실천적 요소와 한국 청년의 참여 현황. 국제이해교육연구, 17-2, 76-95.

장진태. (2024). 한국 다문화정책의 문제점과 개선 방향. 사회통합연구 22-1, 50-60.

조선에듀. (2023). 서울다문화교육지원센터 운영 현황. https://edu.chosun.com

한국청소년정책연구원. (2021). 청소년 국제 자원봉사 프로그램 운영 실태 및 개선 방안 연구. 한국청소 년정책연구원.

한국청소년정책연구원. (2021). 청소년 국제 자원봉사 프로그램 운영 실태 및 개선 방안 연구. 한국청소 년정책연구원.

한국농수산식품유통공사. (2022). 글로벌 한식 소비 트렌드 조사. https://www.at.or.kr

한국청소년정책연구원. (2023). 다문화 인식 실태조사 보고서. https://www.nypi.re.kr

한국콘텐츠진흥원. (2023). K-콘텐츠 해외진출 활성화 전략 보고서. https://www.kocca.kr

홍석경. (2024). 유교 문화와 세계시민주의의 접점. 문화사상 36, 85-92.

KOICA. (2024). World Friends Korea 청년봉사단. https://www.koica.go.kr

ASEAN-Korea Centre. (2023). 한-아세안 미래세대 네트워크. https://www.aseankorea.org

Allforyoung. (2023). '다가감' 프로그램 소개. https://www.allforyoung.com

Netflix. (2021, October 12). 'Squid Game' is Netflix's biggest series launch ever. https://about.netflix.com/en/news/squid-game-is-netflixs-biggest-series-launch-ever

Netflix Top 10. (2022). Top 10 by country. https://top10.netflix.com

United Nations. (2021, September 20). BTS speaks at the SDG Moment 2021. https://www.un.org/en/coronavirus/bts-speak-sdg-moment-2021

United Nations SDG Advocates. (2021). BLACKPINK appointed SDG advocates. https://www.un.org/sustainabledevelopment/blog/2021/02/blackpink-joins-sdg-advocates/

The New York Times. (2021, October 6). 'Squid Game' fans see real-life parallels in global inequality. https://www.nytimes.com/2021/10/06/arts/television/squid-game-reaction.html

Kogi BBQ. (n.d.). About Kogi. Retrieved April 19, 2025, from https://kogibbq.com/about-kogi/

Banks, J. A., & Banks, C. A. M. (Eds.). (2019). Multicultural education: Issues and perspectives (10th ed.). Wiley.

UNICEF. (2018, September 24). We have learned to love ourselves, so now I urge you to 'speak yourself'. https://www.unicef.org/press-releases/we-have-learned-love-

ourselves-so-now-i-urge-you-speak-yourself
UN News. (2021, September 20). BTS at the United Nations: Inspiring the youth to create a better future. https://news.un.org/en/story/2021/09/1100192
UNICEF. (2018, September 24). BTS delivers speech about self-love at the United Nations. https://www.unicef.org/press-releases/bts-delivers-speech-about-self-love-united-nations
Berry, J. W. (2008). Globalisation and acculturation. International Journal of Intercultural Relations, 32-4, 328-336.

사진자료 출처

세계시민 1 - http://m.worldvision.or.kr/story/citizen-education-distance-training/p0-1898/

서울형 한국어 예비학교 - https://www.sen.go.kr/user/bbs/BD_selectBbs.do?q_bbsSn=1028&q_bbsDocNo=20250214134119650

독일 다문화공동체 크로이츠베르크 - https://en.wikipedia.org/wiki/Kreuzberg, 《A.Savin, Wikipedia》

녹색기후기금 - https://m.news.nate.com/view/20211114n16606

세계경제포럼 - https://greenium.kr/news/23022/

월드비전 교육지원 프로젝트 - https://www.worldvision.or.kr/informationCenter/story/wordpress-7627

BTS Love Myself 캠페인 - https://www.love-myself.org/kor/love-myself

K팝 아티스트: 블랙핑크 - https://www.mhnse.com/news/articleView.html?idxno=305397

넷플릭스 영화: 오징어 게임 - https://namu.wiki/jump/mIZ%2BoUV8YOlHs4HtSmahVlQuScdwgDykRiGqKmP4t5oYD3j8GWwiHtQBEC4uabjnxtUr29fcEKBT8GN-31G8AvDIgki7uaq3TZMlb0pWlKmM%3D

III

글로벌 소통의 특징

　오늘날 세계화가 가속화됨에 따라 다양한 문화권의 사람들과 원활하게 소통하는 능력은 필수적인 역량이 되었다. 서로 다른 문화적 배경을 가진 개인과 효과적으로 상호작용하기 위해서는 글로벌 소통의 특징을 깊이 이해하는 것이 중요하다.

　본 장에서는 글로벌 소통을 위한 문화 이해 방법과 소통 과정에서 발생할 수 있는 다양한 장애물에 대해 살펴본다. 먼저 문화적 차이를 이해하는 다양한 방법을 탐색하며 문화 메타포(cultural metaphor) 개념을 활용하여 각 국가의 특징을 효과적으로 파악하는 방안을 제시한다. 이를 통해 특정 문화가 반영하는 가치관과 사고방식을 보다 직관적으로 이해하고 이를 글로벌 소통 전략에 적용하는 방법을 설명한다. 다음으로 글로벌 소통 과정에서 발생하는 주요 장애물을 분석한다. 언어적 차이에서 비롯되는 오해, 비언어적 표현 해석의 어려움, 문화적 가치와 관습 차이로 인한 갈등 그리고 상이한 의사소통 스타일에 대한 이해 부족 등이 대표적인 장애 요인으로 작용한다. 또한 편견과 고정관념이 글로벌 소통에 미치는 부정적 영향을 살펴본다.

1. 글로벌 소통을 위한 문화 이해 방법

글로벌 소통의 핵심은 다양한 문화를 깊이 이해하고 존중하는 데 있다. 세계 각국과 지역은 고유한 문화적 정체성을 지니며 이를 인정하고 포용하는 태도를 기르는 것은 국제적 교류와 협력의 필수 요소다(Samovar et al. 2016). 단순히 언어나 관습을 익히는 것을 넘어 각 문화의 역사적 배경, 사회적 가치관, 생활 방식을 심층적으로 탐구하는 과정이 요구된다. 이러한 문화적 이해를 돕는 접근으로 이분법적 관점과 비교문화 관점의 문화 이해, 문화 메타포의 활용, 타문화를 편견 없이 관찰하는 방법등이 있다. 이분법적 관점은 문화를 동양문화와 서양문화로 양분하여 대립적으로 이해하는 데 도움이 되고 비교문화적 관점은 서로 다른 문화권에서 형성된 가치관과 행동양식을 비교하고 분석함으로써 다양한 문화적 차이를 인정하고 이해하려는 데 도움이 되는 접근 방법이다(Hofstede et al. 2010). 문화 메타포를 통해 특정 문화가 반영하는 고유한 가치와 사고방식을 직관적으로 이해할 수 있으며 이를 통해 효과적인 소통 전략을 개발할 수 있다. 또한 타문화를 객관적으로 바라보고 열린 자세로 접근하는 것은 편견을 줄이고 상호 신뢰를 구축하는 데 기여하며 문화적 차이를 존중하는 태도를 갖추게되어 문화적 충돌을 최소화하고 다문화 환경에서도 원활한 협력이 가능해진다. 이러한 접근법을 통해 깊이 있는 상호 이해와 신뢰를 바탕으로 한 글로벌 커뮤니케이션을 실현할 수 있다. 그러므로 이와 같은 접근법을 통해 효과적인 글로벌 커뮤니케이션을 실현하고 문화적 충돌을 최소화하며 상호 이해를 증진할 수 있다.

1.1 이분법적 관점과 비교문화 관점

문화를 바라보는 시선은 이분법적으로 큰 시야로 관찰하는 이분법적 관점과 다양한 문화를 이해하고 해석하기 위한 접근 방법인 비교문화관점이 있다.

1.1.1 이분법적 관점: 동서문화로 관찰

이분법적 관점은 특정한 두 개의 대립되는 개념 또는 그룹 간의 차이를 강조하고 각각의 특징을 독립적으로 이해하려는 접근 방식을 의미한다. 이는 복잡한 사안을 단순화하여 비교적 명확한 구도를 형성하는 데 유용한 방법으로 다양한 학문 분야에서 활용된다. 문화 연구에서는 동양문화와 서양문화라는 두 가지 큰 범주로 구분하여 관찰하는 것이 대표적이다. 이분법적 관점에서 동양과 서양은 서로 다른 문화적 전통과 사상적 기반을 지닌 것으로 인식되며 이를 비교하고 대조하는 과정에서 각 문화의 특징이 부각된다. 동양문화는 흔히 조화, 집단주의, 전통적 가치, 내면적 성찰을 강조하는 경향이 있는 반면 서양문화는 개인주의, 합리주의, 혁신, 외향적 사고를 중요시하는 특성이 있다고 평가된다. 이러한 비교를 통해 언어, 역사, 종교, 가치관, 예술, 철학 등 다양한 영역에서 각 문화권이 형성해 온 독자적인 특징을 이해할 수 있다. Yang Liu(2010)는 일상생활에서 동양과 서양의 문화 차이를 시각적으로 표현한 이미지 시리즈를 통해 이분법적 차이를 형상화하였는데 그 예를 제시하면 다음과 같다.

사례1 〈Me: 자아〉

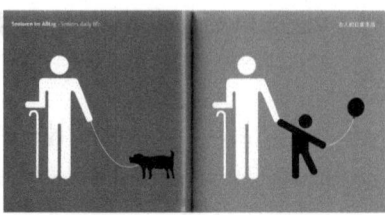

사례2 〈Seniors daily life: 노인의 일상생활〉

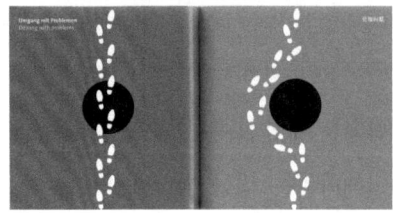

사례3 〈문제 해결 방법〉

사례4 〈3을 표현하는 방법〉

　위의 각 그림에서 왼쪽은 서양문화, 오른쪽은 동양문화를 상징하는데 사례1 자아 개념에서는 서양이 개인의 자율성과 독립성을 강조하여 인물을 크게 표현한 반면 동양은 공동체 속의 조화를 중시하여 인물을 작게 배치하였다. 사례2 노년의 삶에서는 서양이 비교적 고립된 노후를 동양은 손자녀 돌봄 중심의 공동체적 노후를 표현하였다. 사례3 문제 해결 방식에서는 서양이 직접적 방식을 동양이 간접적 접근을 선호하는 모습을 보여주었으며 사례4 숫자 3을 손가락으로 표현하는 비언어 방식에서도 동양과 서양의 뚜렷한 문화적 차이를 이분법으로 제시하였다. 그러나 이분법적 접근은 특정 지역이나 문화 내에서 존재하는 복합성과 다양성을 충분히 반영하지 못하는 한계를 지닌다. 동양과 서양이라는 범주는 단일한 문화적 정체성을 의미하는 것이 아니라 그 안에서도 수많은 차이와 변화를 포함하고 있다. 아시아 국가들 간에도 문화적 차이가 크며 서양 또한 유럽과 북미를 포함한 다양한 국가들로 이루어져 있다. 따라서 이분법적 관점을 활용할 때는 문화 내부의 이질성과 역동성을 고려하여 지나친 일반화를 경계해야 한다(Samovar et al., 2016). 그럼에도 불구하고 이분법적 분석은 서로 다른 문화권을 비교하는 데 있어 유용한 도구가 될 수 있다. 동서양의 문화적 차이를 파악함으로써 상호 이해를 증진하고 문화 간의 교류와 융합을 분석하는 데 도움을 줄 수 있기 때문이다. 중요한 것은 이분법적 관점이 절대적인 기준이 아니라 문화적 차이를 바라보는 하나의 방법론적 틀이라는 점을 인식하는 것이다. 이를 바탕으로 문화의 고유성과 변화 가능성을 함께 고려하는 균형 잡힌 시각이 필요하다.

1.1.2 비교문화 관점 : 문화권별 비교

비교문화 관점은 서로 다른 문화권에서 형성된 가치관과 행동양식을 비교하고 분석함으로써 문화적 차이를 인정하고 이해하려는 접근 방법이다. Edward T. Hall(1976)은 저맥락(low-context) 문화와 고맥락(high-context) 문화를 비교하며 서구권 문화(미국, 독일 등)는 저맥락 문화로서 명확한 의사소통과 개별주의적 성향이 강한 반면 동아시아 문화(한국, 일본, 중국 등)는 고맥락 문화로서 암묵적 의사소통과 집단주의적 성향이 두드러진다고 분석하였다. Hofstede(1980)는 그의 문화 차원 이론에서 국가별 문화 차이를 개인주의와 집단주의, 권력거리, 불확실성 회피, 남성성과 여성성 등의 차원에서 설명하였다. 한국과 일본은 상대적으로 높은 집단주의 성향을 보이며 조직 내 위계질서를 중시하지만 미국과 네덜란드는 개인주의적 성향이 강하고 평등한 조직 문화를 추구하는 특징을 가진다. 이는 단순한 문화적 차이의 나열에 그치지 않고 각 문화권에서 특정 행동이나 관습, 가치관이 어떻게 형성되었으며 어떤 사회적·역사적 배경 속에서 발전해 왔는지를 해석하는 데 초점을 둔다(김문석 2018). 즉 비교문화적 관점은 특정 사회의 문화적 특성이 단독으로 존재하는 것이 아니라 다른 문화와의 상호작용 속에서 형성되고 의미를 갖는다는 점을 강조한다(Geertz 1973). 따라서 비교문화 관점에서는 한 사회의 특정한 문화 현상을 고립된 개별적 요소로 분석하는 것이 아니라 여러 사회의 문화적 요소를 동시에 비교하고 분석함으로써 거시적인 시각에서 문화적 특성을 이해하려 한다. 이를 통해 서로 다른 문화권에서 나타나는 행동양식과 사회적 규범의 본질을 깊이 있게 파악할 수 있으며 문화의 다양성과 보편성을 동시에 고려하는 시각을 제공한다(Hofstede 2001). Barry & Susan(2003)은 문화 차이에 대한 인지와 감수성을 배양하기 위해 문화권에 따라 달리 해석될 수 있는 상황을 제시하고 이에 대해 의견을 비교문화적인 관점에서 바라볼 수 있도록 유도하는데 그 예를 제시하면 다음과 같다.

사례 1: 〈칭찬수용〉

상황
미국인 Linda는 성인반 영어 선생님인데 그의 태국 학생 Usa에게 다음과 같이 말했다. "Usa, 나는 당신을 가르치게 되어 기쁘며 당신의 영어는 정말 많이 향상 되고 있어요" 그러자 Usa는 고개를 숙이고 "아니에요. 나는 좋은 학생이 아니며 내 영어 실력은 좋지 않아요"라고 말했다. 이 말을 들은 Linda는 Usa의 영어 실력이 좋아진 것을 알려주고 싶어서 당신은 좋은 학생이고 영어 실력이 정말 좋아졌다고 강조해서 말했다. 이에 대해 Usa는 "당신은 좋은 선생님이에요 그러나 나는 좋은 학생이 아니에요"라고 말했다. Linda는 이러한 Usa에게 어떤 말을 해야할지 몰라서 앞으로 칭찬을 하지 않기로 결심했다.

질문
1. 선생님의 칭찬을 들은 Usa는 왜 고개를 숙였을까?
2. Linda는 Usa에게 칭찬을 하지 않기로 결심했을까?

사례 2:〈파티 참석〉

> ****상황****
> 미국에서 온 Marthas는 일본학생들에게 영어를 가르치는 선생님이다. 그녀는 학생들과 개인적으로 친해지고 싶어 학생들을 집으로 초대했다. 학생들은 다같이 저녁 8시 정각에 함께 도착했고 춤도 추고 음식도 먹고 노래도 부르며 파티를 즐겼다. 그런데 밤 10시쯤 되었을 때 한 학생이 집에 갈 시간이라며 파티에 초대해줘서 고맙다는 인사를 했다. 그러자 모든 학생이 동시에 집으로 갔다. Marthas는 그 학생들을 다시는 초대하지 않기로 결심했다.
>
> ****질문****
> 1. 왜 모든 학생들이 동시에 집에 갔을까?
> 2. Marthas는 이 학생들을 다시는 초대하지 않기로 결심했을까?

〈사례1〉은 칭찬수용에 대한 문화권의 차이를 볼 수 있는데 미국에서는 상대에 대한 칭찬을 직접적으로 표현하는 반면 태국에서는 칭찬을 듣게 되면 인정하기보다 부정하는 모습을 볼 수 있는데 이는 자신의 능력에 대한 겸손을 나타내는 것으로 해석된다. 칭찬을 들었을 때 이에 대한 반응이 문화권에 따라 다름을 비교문화적 접근으로 이해할 수 있다. 〈사례2〉는 파티에 참석한 사람들의 단체 행동과 머무는 시간에 대해 문화권에 따라 해석이 다름을 알 수 있다. 일본어권 학생들은 초대한 영어권 선생님에게 최대한 피해를 주지 않으려 함께 모여서 파티장소인 선생님집에 도착하였고 친구가 아닌 선생님 집이므로 너무 늦지 않게 파티를 마치는 것이 예의라 생각하여 늦지 않게 다같이 나왔으나 미국문화권 선생님은 일본인 학생들의 이러한 단체 행동에 당황하여 불쾌함을 느끼게 되어 앞으로 이 학생들을 초대하지 않기로 결심하게 된다. 이 사례는 선생님에 대한 예의를 중요하게 여기는 일본문화권의 사고와 좀더 학생들에게 다가가기 위한 미국 선생님의 사고가 서로 다름을 이해하지 못해 상대에 대한 배려가 도리어 오해를 하게 되는 문화충돌을 보이는데 이러한 비교문화적인 예를 통하여 서로 다른 문화권의 파티참석에 대해 이해할 수 있는 계기가 될 수 있다.

  이러한 비교문화적 접근은 인문과학과 사회과학의 다양한 학문적 관심과 연구방법이 융합된 총체적인 시각에서 문화를 바라볼 때 가능하다. 인류학, 사회학, 심리학, 역사학 등 다양한 분야에서 비교문화적 연구를 수행하며 이를 통해 각 문화가 독자적으로 발전해 온 경로뿐만 아니라 문화 간 상호작용이 사회와 개인의 행동에 미치는 영향을 분석할 수 있다(Berry 1997). 비교문화적 접근법은 글로벌 사회에서 서로 다른 문화권의 사람들 간 이해를 증진하는 데 중요한 역할을 한다. 문화 간 차이를 분석하고 이를 바탕으로 문화적 상대성을 존중하는 태도를 가질 때 서로 다른 가치관과 생활양식을 가진 개인들 간의 소통이 원활해지고 오해와 갈등을 줄일 수 있다(Samovar et al., 2017). 또한 다양한 문화적 배경을 지닌 공동체 내에서 협력과 공존을 도모하는 데 기여하며 다문화 사회에서 필수적인 요소로 작용한다. 그러므로 비교문화 관점은 문화를 비교하는 데 그치는 것이 아니라 문화를 깊이 있게 이해하고 문화 간 차이를 존중하며 나아가 서로 다른 문화적 배경을 지닌 사람들 사이의 원활한 소통과 협력을 이끌어내는 중요한 틀로 작용한다(Hall 1976). 이러한 비교문화 접근법은 서로 다른 문화 간의 이해를 높이고 문화 간 소통에서의 오해를 최소화하기 위해 유용하며 다양한 사회문화적 맥락에서 나타나는 가치관과 행동양식을 비교 분석함으로써 문화적 차이를 보다 깊이 이해하고 상호 존중을 촉진하는 데 기여한다.

1.2 문화 메타포(cultural metaphor)의 활용

문화 메타포란 한 국가의 문화적 특성을 대표하는 상징적인 요소를 활용하여 해당 문화를 이해하는 방법이다. 이는 특정한 사물, 행동, 관습 등이 그 사회의 정체성과 사고방식을 반영한다는 점에서 유용하게 쓰인다. 마틴 개논(Martin Gannon)이 제안한 개념으로 각 나라의 독특한 문화코드를 파악하는 데 효과적인 도구가 된다(Gannon 2015). 문화 메타포는 국가별 가치관과 사회적 특성을 직관적으로 이해하는 데 도움을 주며 글로벌 소통에서 문화적 차이를 설명하는 유용한 방법론으로 활용된다. 미국의 미식축구는 강한 경쟁과 팀워크를 강조하는 사회적 특성을 반영하며 개인의 능력과 협력의 조화를 중요시하는 미국 문화의 특성을 잘 보여준다. 일본의 벚꽃은 짧은 개화 기간을 통해 일본인의 미적 감각과 덧없음을 중시하는 문화를 상징하며 자연의 섭리를 받아들이는 일본인의 철학을 나타낸다. 독일의 자동차는 정밀함과 철저한 기술력을 상징하며 정확성과 효율성을 중시하는 독일의 산업 정신과 연결된다. 이탈리아의 오페라는 예술과 감성 중심의 문화적 특성을 나타내며 이탈리아 사회에서 예술적 표현과 감정의 자유로움을 중요시하는 경향을 반영한다. 이러한 문화 메타포는 단순한 정보 습득을 넘어 각 국가의 사고방식과 가치 체계를 깊이 이해할 수 있도록 도울 수 있으므로 문화 메타포를 적절히 활용하면 글로벌 소통에서 문화적 차이를 자연스럽게 인식하고 상대 문화에 대한 이해도를 높이는 효과적인 전략이 될 수 있다. 각국의 문화를 이해하기 위한 개논(Gannon 2015)이 소개한 메타포 사례를 제시하면 다음과 같다.

1.2.1 프랑스 : 포도주

프랑스의 포도주는 단순한 음료가 아니라 프랑스인의 정체성을 상징하는 중요한 요소다. 포도주는 프랑스의 풍부한 농업 환경과 오랜 역사적 전통에서 비롯된 것이며 이는 음료 이상의 의미를 지닌다. 프랑스에서는 포도주가 기호식품이 아니라 사회적 교류와 문화적 유산의 일부로 간주된다. 식사 시간에 와인을 곁들이는 것은 프랑스인의 미식 문화와 세련된 취향을 보여주며 다양한 지역마다 독특한 와인 생산 방식과 품질 기준을 지켜오고 있다. 또한 포도주는 프랑스 예술과 문학에서도 자주 등장하며 이는 프랑스인의 삶 속에서 예술과 철학이 결합된 문화를 반영한다. 이러한 요소들은 프랑스가 미식과 전통을 존중하는 국가임을 보여주며 포도주를 통해 프랑스인의 삶의 방식과 철학적 사고를 이해할 수 있다.

1.2.2 브라질 : 삼바

삼바는 브라질을 대표하는 전통 음악이자 춤으로 아프리카와 유럽 문화가 융합된 결과물이다. 이는 브라질인의 열정적이고 자유로운 삶의 태도를 반영하며 공동체 정신과 표현의 자유를 강조한다. 삼바는 19세기 후반 아프리카계 브라질인들 사이에서 발전하였으며 리듬감 넘치는 퍼커션과 활기찬 춤사위로 전 세계적으로 유명하다. 브라질의 대표적인 축제인 리우 카니발에서 삼바는 핵심적인 요소로 자리 잡고 있으며 이를 통해 브라질 사회의 다문화적 정체성과 화합의 가치를 엿볼 수 있다. 또한 삼바 학교(samba school)들은 지역사회에서 중요한 역할을 하며 춤과 음악을 통해 사람들을 결속시키고 공동체 의식을 강화하는 데 기여하고 있다.

1.2.3 미국 : 미식축구

미식축구는 미국 사회의 경쟁적이고 역동적인 문화를 상징하는 스포츠로 강한 리더십, 전략적 사고, 규율, 팀워크의 가치를 강조한다. 미국 사회에서 미식축구는 스포츠를 넘어 공동체를 결속시키는 중요한 문화적 요소로 자리 잡고 있다. 대학 및 프로 경기에서는 팀워크와 철저한 전략이 요구되며 이는 미국의 기업 문화와 군사 전략에서 볼 수 있는 조직적 사고방식과도 연결된다. 또한 슈퍼볼(Super Bowl)과 같은 대규모 이벤트는 미국인의 소비문화와 마케팅 전략의 극대화를 보여주는 사례로 경제

및 미디어 산업과도 밀접한 관련이 있다(Schmidt, 2023). 이러한 측면에서 미식축구는 미국인의 도전정신과 개척정신을 반영하며 협력과 경쟁을 동시에 중시하는 사회적 가치를 담고 있다.

1.2.4 한국: 김치

긴 시간 동안 발효 과정을 거치며 깊은 맛을 내는 김치는 한국인의 인내심, 가족 중심의 공동체 정신, 그리고 자연과의 조화를 반영한다. 김치는 한국의 오랜 역사와 전통을 상징하는 대표적인 음식으로 한민족의 생존과 번영의 과정에서 중요한 역할을 해왔다. 김치는 계절에 따라 다양한 종류로 만들어지며 각 지역별로 특색 있는 조리법이 존재한다. 전라도 지역의 김치는 젓갈과 양념을 풍부하게 사용하여 감칠맛이 강하며 강원도 지역의 김치는 해산물 대신 산나물과 같은 식재료를 활용하여 담백한 맛을 낸다. 충청도 김치는 상대적으로 덜 맵고 달큰한 맛이 특징이며 경상도 김치는 양념이 강하고 짠맛이 두드러진다. 이러한 지역별 특색은 한국의 다양한 자연환경과 문화적 배경을 반영하는 요소다. 또한 김장은 한국 사회에서 공동체 활동의 중요한 부분으로 이웃과 함께 김치를 담그며 나누는 문화가 형성되었다. 김장은 단순한 음식 준비 과정이 아니라 협동과 나눔을 중시하는 한국인의 가치관을 반영한다. 과거에는 마을 단위로 김

장을 하며 이웃 간의 유대감을 형성하였으며 오늘날에도 가족 단위나 공동체가 모여 김장을 함께하는 전통이 지속되고 있다.

현재는 한식 세계화의 중심으로 자리 잡으며 전 세계적으로 한국문화를 대표하는 상징적인 음식으로 각광받고 있다. 미국과 유럽을 포함한 다양한 국가에서 김치가 슈퍼푸드로 인정받고 있으며 뉴욕, 파리, 런던 등의 대도시에서는 김치 전문 식당이 늘어나고 있다. 한국 정부와 기업들은 김치 수출을 확대하며 김치의 세계화를 위한 다양한 노력을 기울이고 있다. 이러한 과정에서 김치는 단순한 음식이 아니라 한국의 문화적 정체성과 가치를 전 세계에 알리는 중요한 매개체로 자리 잡고 있다.

1.2.5 독일: 자동차

독일의 자동차는 높은 정밀성과 철저한 기술력을 상징한다. 독일은 세계적으로 유명한 자동차 제조업체(예: 벤츠, BMW, 아우디, 폭스바겐 등)를 보유하고 있으며 이는 독일인들의 기술 혁신과 품질에 대한 높은 기준을 반영한다. 독일 자동차 산업은 19세기 말부터 시작되어 현재까지 지속적으로 발전해왔으며 정밀한 엔지니어링과 효율성을 강조하는 독일인의 사고방식을 대표한다. 독일의 아우토반(Autobahn)은 세계에서 가장 발전된 도로망 중 하나로 자동차 성능을 극대화할 수 있는 환경을 제공하며 독일인의 실용성과 안전을 중시하는 문화를 잘 보여준다. 이러한 자동차 산업

의 강점은 독일 경제의 중요한 축을 이루며 글로벌 시장에서도 신뢰받는 품질과 지속적인 연구개발(R&D)을 통한 기술 혁신으로 명성을 유지하고 있다. 자동차는 독일인의 체계적이고 실용적인 사고방식뿐만 아니라 지속적인 기술 개발과 품질 향상을 위한 철저한 노력의 상징으로 자리 잡고 있다.

1.2.6 이탈리아: 오페라

오페라는 이탈리아의 예술과 감성 중심 문화를 대표하며 감정을 극적으로 표현하는 방식이 강조된다. 오페라는 16세기 말 르네상스 시대에 이탈리아에서 탄생하여 이후 유럽 전역으로 확산되었다. 오페라는 음악과 연극이 결합된 예술 형태로 이탈리아인의 열정과 창조적인 기질을 반영하며 사회적, 역사적 배경을 담아내는 중요한 표현 방식으로 발전해왔다. 이탈리아 오페라는 베르디(Giuseppe Verdi), 푸치니(Giacomo Puccini), 로시니(Gioachino Rossini)와 같은 세계적인 작곡가들에 의해 발전했으며 그들의 작품은 인간 감정의 깊이를 극적으로 표현하는 것으로 유명하다. 특히 베르디의 〈라 트라비아타(La Traviata)〉, 푸치니의 〈라 보엠(La Bohème)〉, 로시니의 〈세비야의 이발사(Il Barbiere di Siviglia)〉 등은 세계적으로 사랑받는 걸작으로 오페라가 단순한 공연 예술이 아니라 문화적 유산으로 자리 잡는 데 기여하였다. 오페라는 이탈리아 지역별로도 다양한 특징을 가

진다. 밀라노의 라 스칼라(La Scala) 극장은 세계적인 오페라 극장으로 유럽 음악사의 중심지 역할을 해왔다. 로마와 베로나에서도 매년 성대한 오페라 공연이 열리며 이탈리아 국민들에게 오페라는 단순한 공연이 아니라 문화적 자부심의 원천으로 여겨진다. 이러한 점에서 오페라는 이탈리아인의 예술적 기질과 정체성을 대표하는 문화적 메타포로 볼 수 있다.

1.2.7 중국: 용

중국의 용은 단순한 신화적 존재가 아니라 힘과 권위를 상징하는 중요한 문화적 요소다. 중국 문화에서 용은 길상(吉祥)과 강한 통치력을 의미하며 황제의 권위를 나타내는 상징적인 존재로 자리 잡았다. 용은 중국 황제의 상징으로 사용되었으며 '천자(天子)'로 불린 황제들은 용의 후손으로 여겨졌다. 자금성의 건축물과 황제의 의복, 도자기, 예술품에서도 용의 문양이 자주 사용되는데 이는 용이 중국의 정체성과 밀접하게 연결된 존재임을 보여준다. 중국 신화에서 용은 비와 강을 지배하는 존재로 등장하며 농업 사회에서 풍년을 기원하는 상징적인 의미를 갖는다. 중국인들은 용을 행운과 번영을 가져오는 존재로 인식하여 용의 해(辰年)에는 특별한 의미를 부여하고 많은 부모들이 자녀를 '용띠' 해에 출생시키고자 한다. 또한 중국의 유명한 전통 축제인 용선제(Dragon Boat Festival)에서도

용의 형상을 한 배를 사용하여 경기를 펼치며 이는 중국인의 공동체 의식과 용에 대한 신앙을 잘 보여준다(김종미 2010). 현대 중국에서도 용은 경제 발전과 국력의 상징으로 자주 언급된다. '잠자는 용이 깨어났다'라는 표현은 중국의 오랜 역사, 잠재력, 그리고 부흥의 가능성을 강조하는 상징적 문구로 중국의 경제적 성장과 국제적 영향력을 강조하는 데 사용되며 중국의 스포츠 팀, 기업, 상품에도 용의 이미지를 차용하는 경우가 많다. 이러한 점에서 볼 때 용은 중국의 역사, 문화, 정치, 경제 전반에 걸쳐 깊이 자리 잡은 상징적인 존재로 볼 수 있다. 중국 문화에서 용은 길상(吉祥)과 강한 통치력을 의미하며 황제의 권위를 나타내는 상징적인 존재로 자리 잡았다.

1.2.8 튀르키예: 커피

튀르키예의 커피 문화는 수 세기 동안 지속되어 온 전통으로 단순한 기호식품이 아니라 튀르키예인의 삶과 밀접하게 연결된 사회적, 문화적 요소다. 튀르키예 커피는 오스만 제국 시대부터 발달했으며 오늘날까지도 가정과 카페에서 중요한 역할을 한다. 이 커피는 천천히 끓여 만들어지며 특별한 작은 잔(피린츠, fincan)에 담아 제공된다. 이는 커피를 대화를 나

누고 관계를 강화하는 상징적인 요소로 만든다. 튀르키예의 결혼 문화에서도 커피는 중요한 의미를 갖는다. 전통적으로 신부가 신랑과 그의 가족을 처음 맞이할 때 신부는 신랑을 위해 직접 커피를 준비하며 이 과정에서 신부는 소금이나 다양한 재료를 넣어 신랑의 반응을 시험하는 유쾌한 의식을 거친다. 이는 신랑이 신부를 이해하고 배려할 수 있는지 가늠하는 의미를 지닌다. 또한 튀르키예에서는 커피를 마신 후 잔 속에 남은 커피 찌꺼기를 이용해 점을 치는 풍습(카흐베 팔, Kahve Falı)이 있다(Gönül Paksoy. 2012). 이는 놀이를 넘어 개인의 운세를 보고 친구 및 가족 간의 대화를 활성화하는 중요한 문화적 요소로 자리 잡고 있다. 이처럼 튀르키예 커피는 공동체 정신과 환대를 강조하는 튀르키예인의 정체성을 반영하는 대표적인 문화적 메타포로 볼 수 있다.

1.2.9 호주: 캥거루와 코알라

호주의 대표적인 동물인 캥거루와 코알라는 국가의 정체성과 자연환경을 상징한다. 캥거루는 호주의 국장(國章)과 동전에 사용될 정도로 중요한 상징이며 항상 앞으로 뛰는 습성은 호주의 진보적이고 개척적인 정신을 반영한다. 이는 개척자의 정신과 도전정신을 중요시하는 호주인의 가

치관과도 연결되며 강인함과 적응력을 강조하는 호주의 국가적 아이콘이 되었다. 반면 코알라는 호주의 느긋한 라이프스타일과 자연과의 조화를 나타낸다. 코알라는 유칼립투스 잎을 주식으로 하며 하루 대부분을 나무 위에서 쉬는 데 보내는 독특한 생활 습관을 가지고 있다. 이러한 점은 호주인의 여유로운 삶의 태도와 자연 친화적인 문화를 반영하며, "호주식 삶의 방식"을 상징하는 요소로 자리 잡고 있다. 호주의 많은 지역에서는 코알라 보호구역이 운영되고 있으며 이는 환경 보존과 생태적 균형을 중시하는 호주인의 가치관을 반영하는 사례다. 또한 캥거루와 코알라는 관광 산업에서도 중요한 역할을 한다. 전 세계에서 많은 관광객이 호주의 야생동물을 보기 위해 방문하며 이러한 동물들은 호주를 대표하는 브랜드로서 세계적인 인지도를 갖고 있다. 이처럼 문화 메타포를 활용하면 해당 국가의 문화적 특징을 쉽게 이해할 수 있으며 글로벌 비즈니스나 국제 교류에서 효과적으로 활용할 수 있다.

1.3 타문화를 편견 없이 관찰하는 방법

타문화를 편견 없이 이해하려면 다양한 문화 경험을 통해 열린 태도를 가지는 것이 중요하다. 타문화를 제대로 이해하기 위해서는 지식 습득을 넘어 직접적인 경험과 상호작용이 필수적이다. 이는 문화적 다양성을 존중하고 새로운 시각을 받아들이는 능력을 기르는 데 도움이 된다. 다양한 문화를 경험하면 기존의 고정관념을 극복하고 객관적인 관점을 가질 수 있으며 다문화 사회에서의 조화로운 소통 능력을 향상시키는 데 기여한다. 이를 위해 직접적인 문화 체험과 다문화 환경에서의 교류의 방법을 활용할 수 있으며 이에 해당하는 예를 제시하면 다음과 같다.

1.3.1 다양한 국가의 음식 축제 참여

세계 각국의 음식을 체험하는 것은 해당 문화의 전통과 가치를 이해하는 좋은 기회가 된다. 예를 들어 이탈리아의 피자 축제(Festa della Pizza:Visit Naples. 2019 September 13)에서는 각 지역의 다양한 피자 스타일을 경험할 수 있으며 이탈리아 음식 문화의 깊이를 체험할 수 있다. 독일의 옥토버페스트(Oktoberfest:Time. 2015 October 12)는 맥주뿐만 아니라 독일의 전통 음식과 음악을 즐길 수 있는 대표적인 축제로 독일인의 공동체 의식과 전통을 엿볼 수 있다. 일본의 츠키지 수산시장 축제(Tsukiji Fish Festival:Japan Guide. 2023)는 신선한 해산물을 맛볼 수 있는 기회로 일본의 미식 문화와 어업 전통을 체험할 수 있다.

이탈리아 피자축제

독일의 옥토버페스트

일본의 츠키지 수산시장 축제

태국의 송끄란 축제(Songkran Festival:CNN. 2023 April 11)에서는 거리에서 물을 뿌리는 전통이 있으며 이와 함께 태국의 다양한 길거리 음식과 전통 요리를 맛볼 수 있다. 멕시코의 멕시코시티 타말 축제(Tamal Festival:Secretaría de Cultura 2017)에서는 지역별 특색 있는 타말레(옥수수 반죽으로 만든 전통 요리)를 시식하며 멕시코의 요리 문화와 지역적 다양성을 배울 수 있다. 프랑스의 리옹 미식 축제(Lyon Food Festival:https://en.visiterlyon.com)에서는 프랑스 전통 요리와 현대적 퓨전 요리를 경험할 수 있으며 프랑스의 미식 문화와 요리사들의 창의력을 직접 확인할 수 있다. 이러한 다양한 음식 축제에 참여함으로써 우리는 음식 경험을 넘어 해당 국가의 문화적 배경과 생활 방식을 이해할 수 있으며 글로벌 소통 능력을 키우는 데 도움이 된다.

태국의 송끄란 축제

멕시코시티 타말 축제(Tamal Festival)

1.3.2 외국인과 직접 교류

유네스코 협동학교(ASPnet, Associated Schools Project Network)는 전 세계 다양한 국가의 학생들이 협력하여 문화 교류를 증진하고 지속 가능한 발전과 평화 교육을 실현하는 것을 목표로 하는 국제 교육 프로그램이다(https://aspnet.unesco.org). 이 프로젝트에 참여하는 학생들은 다양한 국가

의 또래들과 직접 소통하며 국제적인 이슈를 논의하고 해결 방안을 모색하는 경험을 쌓으며 글로벌 시민으로서의 역량을 기르고 타문화를 존중하고 이해하는 태도를 배울 수 있다. 예를 들어 유럽과 아시아의 학생들이 팀을 이루어 지속 가능한 개발 목표(SDGs)에 관한 공동 연구를 수행할 수 있다. 이 과정에서 학생들은 환경 보호, 기후 변화 대응, 빈곤 감소와 같은 주제에 대해 각국의 관점을 공유하고 해결책을 함께 고민하며 각국의 전통과 문화를 배우는 문화 교류 활동을 통해 언어적·문화적 차이를 극복하고 상호 이해를 증진할 기회를 가진다. 또한 학교 및 지역사회에서 외국인과 함께하는 문화 교실을 운영하면 직접적인 교류가 가능하다. 한국에서는 다문화 가정과 협력하여 전통 음식 만들기, 전통 의상 체험, 노래와 춤 배우기 등의 프로그램을 운영할 수 있다. 미국에서는 해외 유학생들과 함께하는 '문화 교환의 밤(McMahon 2020)'을 개최하여 각국의 전통과 생활 방식을 공유하는 자리를 만들 수 있다. 일본에서는 교환학생과 현지 학생들이 함께 하는 '다문화 이해 세미나(多文化理解セミナー)'를 통해 서로의 문화를 배울 수 있는 기회를 제공한다. 이러한 활동들은 참여자들이 직접적인 경험을 통해 타문화를 이해하고 편견을 줄이며 세계시민으로서의 역량을 기를 수 있도록 돕는다.

미국 문화교환의 밤

1.3.3 원어민 교사와의 수업 및 문화 교류 활동

학교나 공공기관에서 제공하는 원어민 강사 프로그램을 활용하여 실질적인 문화 체험을 한다. 한국의 일부 초·중·고등학교에서는 영어 교육 강화를 위해 원어민 영어 교사를 초빙하여 학생들과의 자연스러운 언어 학습 환경을 조성한다. 이러한 프로그램은 언어 교육을 넘어서 학생들이 원어민 강사의 문화적 배경과 생활 방식을 직접 체험할 수 있는 기회를 제공한다. 일본의 '젯 프로그램(Japan Exchange and Teaching Program)'은 해외 원어민 교사를 일본 학교로 초청하여 학생들에게 영어 교육을 제공하는 동시에 문화 교류 활동을 적극 장려하는 프로그램이다. 학생들은 원어민 교사와 함께 일본과 영어권 국가의 문화 차이를 배우고 서로의 전통과 생활 방식을 비교하며 글로벌 시각을 넓힐 수 있다(CLAIR 2022).

유럽에서도 다국적 교육 환경을 조성하기 위해 다양한 국가의 원어민 교사를 초빙하여 수업을 진행하는 사례가 많다. 프랑스의 'Assistant de Langue' 프로그램은 영어, 독일어, 스페인어 등 다양한 언어권 출신의 원어민 교사들이 프랑스 학생들에게 언어와 문화를 직접 가르칠 수 있도록 지원하는 시스템이다. 이를 통해 학생들은 새로운 언어뿐만 아니라 외국의 문화와 사회적 가치관을 배울 수 있다(French Ministry of Education 2023). 이러한 원어민 교사 프로그램은 언어 교육뿐만 아니라 세계 각국의 문화와 관습을 자연스럽게 체득할 수 있도록 돕는 중요한 문화 교류 활동으로 자리 잡고 있다. 이를 통해 학생들은 글로벌 시민으로 성장하는 데 필요한 개방적 태도와 다문화적 이해 능력을 기를 수 있다.

1.3.4 CCAP(Cross Cultural Awareness Program) 활동 참여

CCAP 프로그램(Intercultural Education Association 2022)은 다양한 문화

적 배경을 가진 사람들과 직접 소통할 기회를 제공하는 글로벌 문화 교류 프로그램이다. 한국에서는 외국인과 내국인 학생들이 직접 만나 서로의 문화를 경험하고 다양한 활동을 통해 문화적 차이를 배우는 프로그램이 운영되고 있다. 서울 글로벌 센터에서는 다양한 국적의 참가자들이 모여 언어 교환, 전통 음식 만들기, 문화 공연 등 다양한 활동을 함께하며 상호 이해를 높이고 있다. 일본에서는 'Cross-Cultural Communication Workshops'라는 이름으로 비슷한 프로그램이 진행되며 일본 학생들이 외국 학생들과 함께 프로젝트를 수행하고 각국의 전통 의상 체험, 명절 문화 이해 등을 통해 서로의 문화를 보다 깊이 이해할 수 있는 기회를 갖는다(Yamamoto 2021). 유럽에서는 에라스무스 플러스(Erasmus+) 프로그램과 연계하여 CCAP 활동이 확대되고 있으며 대학생들이 다양한 국가에서 교환학생과 공동 프로젝트를 수행하면서 글로벌 소통 능력을 키울 수 있도록 돕고 있다. 특히 유럽연합(EU) 내의 다문화 사회에서 상호 이해와 협력을 촉진하는 데 중요한 역할을 한다(European Commission 2023). 미국에서는 'Cultural Exchange and Awareness Initiative'라는 형태로 CCAP와 유사한 프로그램이 운영되며 현지 대학과 지역사회가 협력하여 외국인 유학생과 미국인 학생들이 공동 프로젝트를 수행하고, 문화적 차이를 경험할 수 있도록 지원한다(Smith 2022).

이러한 CCAP 활동들은 문화에 대한 지식을 전달하는 것이 아니라 직접적인 경험을 통해 타문화를 이해하고 존중하는 태도를 기르는 데 중점을 두고 있다. 이를 통해 참가자들은 문화적 차이를 수용하고 글로벌 사회에서 원활하게 소통할 수 있는 능력을 기를 수 있다. 따라서 이러한 경험을 통해 타문화에 대한 직접적인 경험을 쌓을 수 있으며 고정관념이나 선입견을 극복하는 데 큰 도움이 된다.

2. 글로벌 소통의 장애물

글로벌 소통에는 여러 가지 장애물이 존재하며 이를 극복하는 것은 효과적인 국제 협력과 원활한 커뮤니케이션을 이루는 데 필수적인 요소다. 세계화가 가속화됨에 따라 다양한 문화적 배경을 가진 사람들이 상호 작용하는 기회가 급격히 증가하고 있으며 이는 비즈니스, 외교, 학문, 관광 등 여러 분야에서 광범위한 영향을 미치고 있다. 그러나 이러한 과정에서 문화적 차이를 적절히 이해하고 조율하지 못하면 원활한 협력이 어려워지고 상호 오해와 갈등이 심화될 수 있다. 이는 단순한 개인적 불편함을 넘어 경제적 손실, 외교적 마찰, 사회적 갈등 등 더 큰 부정적인 결과를 초래할 가능성이 크다.

언어 차이는 글로벌 소통에서 가장 기본적이면서도 중요한 장애물로 작용한다. 단순히 사용하는 언어나 단어가 다르다는 점뿐만 아니라 특정 문화권에서 선호하는 표현 방식과 문맥 이해 수준에 따라 동일한 문장이 전혀 다른 의미로 받아들여질 수 있다. 직접적이고 명확한 표현을 중시하는 문화에서는 돌려 말하는 표현이 비효율적이거나 모호하게 느껴질 수 있지만 간접적 표현이 중요한 문화에서는 직설적인 말투가 무례하게 받아들여질 수도 있다. 이러한 차이는 비즈니스 협상, 외교적 대화, 학술적 토론 등 다양한 상황에서 오해를 불러일으킬 수 있으며 관계 악화로까지 이어질 수 있다(Gudykunst 2004).

비언어적 표현의 차이 역시 글로벌 소통에서 중요한 영향을 미친다. 표정, 몸짓, 손짓, 시선 처리 등은 문화적 맥락에 따라 다르게 해석될 수 있으며 이는 타 문화권과의 상호작용에서 예기치 않은 혼란을 초래할 가능성이 높다. 어떤 문화에서는 눈을 마주치는 것이 존중과 관심을 의미하는 반면 다른 문화에서는 이를 공격적이거나 불편한 행동으로 간주할 수 있다. 손짓이나 몸짓도 문화에 따라 의미가 다르게 전달될 수 있으며 한 문화권에서는 자연스럽게 사용되는 제스처가 다른 문화권에서는 모욕적인 행동으로 여겨질 수 있다(Knapp & Hall 2010). 이러한 비언어적 요소들은 서로의 문화를 이해하는 방식에도 영향을 미치므로 주의 깊은 접근이 필요하다.

문화적 가치관과 관습의 차이 역시 글로벌 소통의 중요한 장애물로 작용한다. 개인주의적 문화와 집단주의적 문화 간의 사고방식 차이는 협력의 방식에 큰 영향을 미치며 이에 따라 의사결정 과정에서도 차이가 나타날 수 있다. 개인주의적 문화에서는 개인의 의견과 독립적인 사고를 중시하는 반면 집단주의적 문화에서는 집단의 조화를 유지하는 것이 더욱 중요한 가치로 여겨진다. 이는 회의, 협상, 프로젝트 진행 과정에서 의견조율 방식에 차이를 가져오고 갈등의 원인이 되기도 한다(Hofstede 2001). 시간 개념의 차이 역시 글로벌 협력에 영향을 미치는 요인 중 하나다. 일부 문화권에서는 시간을 철저하게 준수하고 약속 시간을 엄격하게 지키는 것이 기본적인 예의로 간주되지만 다른 문화권에서는 시간에 대한 개념이 상대적으로 유연하게 적용되며 상황에 따라 일정이 변경되는 것이 자연스러운 것으로 받아들여지기도 한다. 이러한 차이는 협력 과정에서 기대치의 불일치를 초래하고 상호 불만을 유발할 수 있다(Hall 1983).

이와 함께 각 문화권이 선호하는 의사소통 스타일도 글로벌 소통에서 주요한 변수로 작용한다. 직설적이고 논리적인 설명을 중시하는 문화에서는 감정적이거나 암시적인 표현이 비효율적으로 느껴질 수 있으며 반대로 암묵적 이해와 정서적 교감을 중요하게 여기는 문화에서는 직접적인 표현이 차갑거나 공격적으로 받아들여질 수 있다. 이는 협상이나 대화

과정에서 오해를 발생시키고, 비즈니스나 외교적 협력에 부정적인 영향을 미칠 수 있다(Hall 1976). 그 외에 타 문화를 있는 그대로 이해하기보다 편견과 고정관념을 갖는 태도도 글로벌 소통의 중요한 장애 요인 중 하나다. 특정 문화에 대한 선입견은 상대방을 편향적으로 바라보게 만들고 협력과 상호 이해의 기회를 제한할 수 있다. 어떤 문화에 대해 부정적인 고정관념을 가지고 접근하면 그 문화를 이해하고 배우려는 노력이 부족해지고 이는 협력 과정에서 불필요한 갈등을 유발할 가능성이 크다. 따라서 글로벌 환경에서 효과적으로 소통하기 위해서는 열린 태도로 다양한 문화를 받아들이고, 상호 존중하는 자세를 가지는 것이 필수적이다.

2.1 언어 표현 차이로 인한 오해

언어적 차이는 글로벌 소통에서 가장 일반적이면서도 중요한 장애물 중 하나다. 동일한 단어나 표현이라도 문화적 배경에 따라 다르게 해석될 수 있으며 이는 국제적 협력이나 비즈니스 협상에서 의도치 않은 오해를 불러일으킬 가능성이 크다. 언어는 의사소통 수단을 넘어 특정 사회의 규범과 가치관을 반영하는 중요한 요소이기 때문이다(Hall 1976). 따라서 같은 단어라도 문화적 맥락에 따라 긍정적이거나 중립적인 의미로 해석될 수도 있지만 반대로 부정적이거나 무례한 표현으로 받아들여질 수도 있다. 이러한 언어적 차이를 이해하지 못하면 개인 간의 대화뿐만 아니라 기업 간 협력, 국제 협상, 외교적 관계에서도 혼선이 발생할 수 있으며 때로는 관계 악화나 불필요한 갈등으로까지 이어질 수 있다. 특히 다국적 협업 환경에서는 이러한 언어적 차이가 더욱 중요한 변수로 작용한다. 일본에서는 직설적인 표현보다 완곡한 표현을 선호하는 경향이 있어 "검토해 보겠습니다"라는 말이 실질적으로는 거절을 의미할 수 있다(Gudykunst 2004). 그러나 미국이나 독일과 같이 직설적인 커뮤니케이션을 선호하는 문화권에서는 이를 단순히 논의 과정의 일부로 이해할 가능성이 크다. 한국에서도 유사한 사례를 찾을 수 있다. 한국에서는 "고려해 보겠습니다" 혹은 "한번 생각해 보겠습니다"라는 표현이 자주 사용되지만 이는 실질적으로 거절의 의미를 내포하는 경우가 많다(Kim 2017). 반면 서구권에서는 이러한 표현을 긍정적인 검토의 의미로 해석할 가능성이 크다. 이러한 언어적 차이는 비즈니스 환경에서도 중요한 영향을 미친다. 한국에서는 상대방과의 관계를 고려하여 부드러운 표현을 사용하는 경향이 있으며 이는 협력과 신뢰를 중시하는 문화적 특성과 맞닿아 있다(Hofstede 2001). 반면 서구권에서는 보다 직설적이고 명확한 표현이 선호된다. 이러한 차이를 이해하지 못하면 협상 과정에서 의사결정의 혼선이 발생할 가능성이 크다. 이와 같은 언어적 차이는 단순한 단어 선택뿐만 아니라 동일한 언어 내에서도 발생할 수 있다. 미국과 영국에서는 같은 영어를 사용하지만 "table a discussion"이라는 표현이 미국에서는 논의를 연기한다는 의미로 영국에서는 논의를 시작한다는 의미로 해석된다(House 2009). 이러한 차이를 인지하지 못하면 같은 언어를 사용하더라도 의사소통의 혼선이 발생할 수 있으며 이는 기업 간 협업이나 국제적 논의에서 불필요한 마찰을 유발할 수 있다.

아랍권에서는 상대방의 체면을 지켜주는 것이 중요한 문화적 요소이기 때문에 명확한 거절보다는 완곡한 표현이 일반적으로 사용된다. "내일 다시 이야기해 보자"라는 표현이 실질적으로는 거절의 의미를 담고 있을 수 있지만 서구권에서는 이를 단순한 일정 조율로 받아들일 가능성이 높다(Cohen 1997). 이러한 차이는 국제 협상이나 외교적 관계에서 의사결정 과정의 오해를 초래할 수 있으며 때로는 국가 간 관계에도 영향을 미칠 수 있다. 이러한 문제를 해결하기 위해 글로벌 기업들은 다국적 직원들이 공통적으로 이해할 수 있는 표준화된 용어를 사용하고 문화적 배경을 고려한 커뮤니케이션 가이드를 마련하는 등의 노력을 기울이고 있다 (Gudykunst 2004). 또한 번역 및 통역 서비스, 인공지능(AI) 기반 번역 기술의 활용이 증가하면서 언어적 차이에서 오는 오해를 최소화하려는 시도도 이어지고 있다. 영어는 국제 공용어로 널리 사용되고 있지만 영어를 모국어로 사용하지 않는 사람들에게는 여전히 언어적 장벽이 존재한다. 비즈니스 이메일, 계약서, 구두 협상 과정에서 언어적 뉘앙스의 차이가 더욱 두드러지며 이에 따라 중요한 의사결정에 영향을 미칠 수도 있다(House 2009). 따라서 글로벌 환경에서 효과적으로 소통하기 위해서는 언어를 배우는 것을 넘어 각 문화권에서 사용되는 표현 방식과 의사소통의 맥락을 깊이 이해하는 것이 중요하다. 기업과 조직은 이를 위해 다문화 교육을 강화하고 다양한 문화적 배경을 고려한 커뮤니케이션 전략을 수립해야 한다. 개인 차원에서도 국제적 협력과 원활한 의사소통을 위해 상대 문화의 언어적 특성과 표현 방식을 이해하고 적절하게 대응하는 능력을 갖추는 것이 필수적이다.

2.2 비언어적 표현 해석의 어려움

비언어적 표현은 언어적 소통만큼이나 중요한 역할을 하지만 각 문화마다 해석 방식이 크게 다르다는 점에서 글로벌 소통의 장애물이 될 수 있다. 비언어적 의사소통에는 손짓, 눈 맞춤, 신체 접촉, 표정, 공간 유지, 몸짓 언어(kinesics) 등의 요소가 포함되며 이는 특정 문화에서 자연스럽거나 긍정적인 행동으로 여겨질 수 있지만 다른 문화에서는 불쾌하거나 공격적인 태도로 해석될 수도 있다(Andersen 1999). 이러한 차이는 국제 비즈니스 협상, 외교적 만남, 학문적 교류, 관광 산업 등 다양한 글로벌 환경에서 오해를 초래할 가능성이 크며 이에 대한 깊은 이해가 요구된다.

2.2.1 눈 맞춤과 시선 유지의 차이

눈 맞춤과 시선 유지 방식은 문화에 따라 극명한 차이를 보이는 비언어적 요소 중 하나다. 서구권에서는 대화 중 상대방과 눈을 마주치는 것이 신뢰와 관심의 표현으로 해석된다. 미국과 유럽에서는 자신감과 정직성을 강조하는 커뮤니케이션 스타일을 선호하는데 상대방의 눈을 피하는 것은 불안감이나 불성실함을 나타내는 것으로 여겨질 수 있다(Hall 1966). 반면 일본, 한국, 중국과 같은 동아시아 문화권에서는 상급자나 연장자와의 대화에서 눈을 똑바로 마주치는 것이 무례하거나 도전적인 태도로 해석될 수 있다. 일본에서는 상대방을 존중하는 의미로 눈을 약간 아래로 두거나 피하는 것이 일반적이며 이는 겸손과 예의를 강조하는 문화적 배경에서 기인한 것이다(Ting-Toomey & Chung 2012). 미국이나 독일과 같은 직설적인 커뮤니케이션 문화를 가진 나라에서는 상대방이 눈을 피하면 불신이나 거짓말을 하는 것으로 오해할 가능성이 높다. 반면 한국이나 일본에서는 상대방이 강한 시선 접촉을 하면 이를 위협적인 행동으로 해석할 수 있다(Lustig & Koester 2010). 따라서 다문화 환경에서 효과적으로 소통하기 위해서는 상대방의 시선 처리 방식을 이해하고 적절히 조절하는 것이 필요하다.

2.2.2 손짓과 몸짓의 문화적 차이

손짓과 몸짓도 문화마다 다르게 해석될 수 있는 중요한 비언어적 표현이다. 특정 국가에서는 긍정적이거나 중립적인 의미로 사용되는 제스처가 다른 문화권에서는 모욕적인 의미를 가질 수 있다. 러시아에서는 강한 악수를 신뢰의 표시로 여기지만 태국이나 필리핀에서는 너무 강한 악수가 공격적인 행동으로 해석될 수 있다. 태국에서는 손을 가슴 높이에서 모아 인사하는 '와이(Wai)'가 존경을 표하는 중요한 제스처로 사용되며 악수보다 더욱 정중한 인사법으로 여겨진다(Nishida 1999). 미국이나 유럽에서는 엄지손가락을 세우는 제스처가 "좋다" 또는 "훌륭하다"는 의미로 사용되지만 이란이나 일부 중동 국가에서는 이 제스처가 모욕적인 뜻을 가질 수 있다(Levine 2019). 손으로 '오케이(OK)'를 나타내는 제스처는 미국에서는 긍정적인 의미지만 프랑스에서는 '무가치함'을, 브라질에서는 '모욕적인 표현'을 뜻할 수 있어 주의가 필요하다(Samovar, Porter, & McDaniel 2015). 다음은 영어권에서 사용하는 손짓과 몸짓의 사례를 나타내는 그림자료이다.

그림 1은 'Good luck', 그림 2는 제정신이 아니다, 그림 3은 난 모르겠다 그림 4는 난 들리지 않는다, 그림 5는 충분하다, 그림 6은 거절, 그림 7은 뭔가 이상하다, 그림 8은 이리 와, 그림 9는 OK. 그림 10은 영어권에서는 '안녕'이라는 의미이나 인도네시아, 말레이시아, 아랍에서는 '이리 와'의 의미를 지닌다. 그림 11은 '깜박했다', 그림 12는 '진정해' '잠깐만'의 의미를 나타낸다.

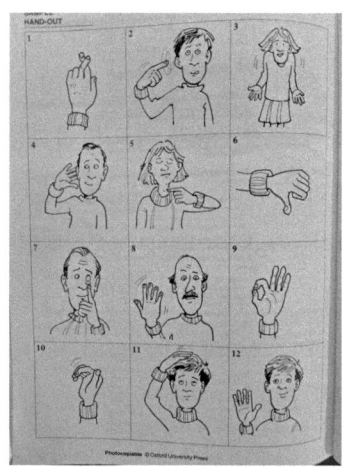

영어문화권에서 사용되는 제스처: Barry, T & Susan, S 2003:118

2.2.3 공간 유지와 신체 접촉의 차이

공간 유지와 신체 접촉의 개념 또한 문화마다 다르며 이는 글로벌 소통에서 또 다른 갈등 요인이 될 수 있다. 미국, 캐나다, 북유럽 국가들은 개인 공간(personal space)을 중요하게 여기며 상대방과 일정한 거리를 유지하는 것이 일반적이다. 이들 문화권에서는 낯선 사람과 너무 가까이 다가가는 것이 불편한 행동으로 간주될 수 있으며 공식적인 자리에서는 일정한 거리를 두고 대화하는 것이 예의로 여겨진다(Hall 1966). 반면 남미나 중동 지역에서는 대화 중 상대방과 가까이 다가서거나 신체 접촉이 일반적이며 이는 친밀함과 존중을 나타내는 행위로 해석된다(Gudykunst 2003). 아랍권에서는 남성이 대화 중 서로의 손을 잡거나 어깨를 두드리는 것이 일반적인 친근함의 표현이지만 서구권에서는 이러한 행동이 불편함을 줄 수 있다. 한국과 일본에서는 타인과의 물리적 접촉을 최소화하는 것이 일반적인 반면 라틴 아메리카에서는 대화 중에 가벼운 신체 접촉이 흔하게 발생한다. 독일에서도 공식적인 상황에서는 엄격하게 개인 공간을 지키는 경향이 있으며 악수 외의 신체 접촉은 드물다(Lewis 2006). 반면 인도에서는 일상적인 대화 중에도 상대방과 비교적 가까운 거리를 유지하는 것이 자연스럽게 받아들여진다. 중국에서는 상대방과의 물리적 거리를 서구권보다는 좁게 유지하는 경향이 있으나 공식적인 상황에서는 신체접촉을 삼가고 존중을 표하는 방식을 선호한다(Lewis 2006). 태국에서는 머리에 손을 대는 행위가 매우 무례한 것으로 간주되며 신체 접촉은 일반적으로 자제하는 편이다. 그러나 친밀한 관계에서는 부드러운 접촉이 수용될 수 있다(Nisbett 2003). 인도네시아에서는 공식적 자리에서 신체 접촉을 피하는 것이 예의이며 대화 시 일정 거리를 유지하는 것이 존중을 나타낸다. 다만 친한 관계에서는 어깨를 두드리는 정도의 가벼운 접촉은 허용된다(Lewis 2006). 프랑스에서는 비교적 가까운 거리에서 대화하는 것이 일반적이며 친구나 친밀한 사이에서는 포옹이나 볼키스가 자연스럽게 이루어진다(Lewis 2006). 이와 달리 영국에서는 개인 공간을 존중하는 경향이 강해 공식적 상황뿐 아니라 사적인 자리에서도 일정 거리를 유지하는 것이 예의로 간주된다(Fox 2004). 따라서 국제 비즈니스 환경이나 외교적 자리에서 이러한 차이를 고려하지 않으면 불필요한 오해와 불편함을 초래할 수 있다.

2.2.4 글로벌 환경에서의 효과적인 대응 방안

글로벌 기업들은 직원들이 다문화 환경에서 효과적으로 협력할 수 있도록 문화적 차이를 고려한 비즈니스 매너 교육을 제공하고 있으며 국제 협상에서는 상대방의 문화적 특성을 반영한 소통 전략을 마련하고 있다. 문화적 차이에 따른 비언어적 표현을 이해하고 활용할 수 있도록 다문화

트레이닝을 진행하며 국제 비즈니스 환경에서는 지역별 비언어적 커뮤니케이션 가이드를 제공하는 사례가 많다(Gesteland 2012). 개인 차원에서도 비언어적 표현이 가지는 문화적 맥락을 이해하고 상대방의 의도를 정확히 해석하는 능력을 기르는 것이 중요하다. 글로벌 환경에서 효과적인 커뮤니케이션을 위해서는 상대방의 문화적 배경을 존중하고 서로 다른 비언어적 표현을 이해하는 열린 태도를 가지는 것이 필수적이다. 비언어적 표현은 언어보다 본능적이고 즉각적인 소통 수단이지만 문화적 차이에 따라 그 의미가 상이하게 해석될 수 있다. 따라서 글로벌 환경에서 원활한 소통을 위해서는 비언어적 차이에 대한 이해와 적응력이 필요하며 이를 통해 국제 협력과 관계 형성이 더욱 원활하게 이루어질 수 있다.

글로벌 소통에서 비언어적 표현의 차이를 이해하고 효과적인 상호작용을 하는 데 도움이 되는 방안으로 문화 동화장치(culture assimilators)를 활용할 수 있다. 문화 동화장치는 학습자에게 오해될 가능성이 있는 문화 간 상호작용의 결정적인 사건들을 간결하게 기술하는 것으로 이는 외국 문화의 적응을 촉진시키기 위해 사회 심리학자들에 의해 개발되었다. 해당 상황 기술 후 학습자에게 네 가지 가능한 해석이 제시되고 학습자는 이 중 하나를 선택하게 된다. 만약 정답을 선택하지 못할 경우 올바른 결론을 유도할 수 있도록 부가적인 정보를 제공한다(Brislin 1986). 문화 동화장치는 Albert(1983)에 의해 학습자들이 자신들의 문화 유형을 포기하고 다른 문화로 동화되는 것을 피하기 위해 "문화 감지 도구"(ICs: Intercultural Sensitizer)라는 이름으로 명명되었다. 이는 이문화를 배우기 위해 개발된 프로그램화된 문화 훈련법을 의미한다(Hughes 1986). 문화 감지 도구는 학습자가 목표 문화권에서 경험할 수 있는 전형적인 사례를 제시하고 해당 상황에 대한 반응으로 선택 가능한 3~4개의 문항을 제공하는 방식이다.

다음은 인사(소개) 상황의 비언어 표현에 대한 문화 감지 도구의 예를 들 수 있다.

〈문화 감지 도구 문항의 예〉

〈상황〉 나는 문화체험을 하기 위해 한국을 방문한 외국인이다.

1. 한국인은 인사할 때 멀리 떨어져서 고개를 숙이며 인사한다. 그 이유는 무엇일까?
   ⓐ 나에게 가까이 오고 싶어 하지 않는다.
   ⓑ 한국, 일본 등의 동양사람들은 인사할 때 예의를 갖추기 위해 거리를 두고 고개를 숙여서 인사한다.
   ⓒ 고개를 숙이는 모습으로 보아 자신감이 없거나 숨기는 것이 있다.
   ⓓ 기타

문화 감지 도구를 사용하는 데 있어서 중요한 것은 이러한 문항을 읽은 당사자가 각각의 선택 문항에 대해 적절한 피드백을 받아 그러한 사례에 대해 다양한 각도에서 문화 차이를 인식할 수 있게 하는 것이다. 다음은 위에 제시된 사례에 대해 당사자에게 제시될 피드백의 예이다.

〈문화 감지도구 피드백의 예〉

다음은 위 문항 1의 선택지에 대한 설명입니다.

선택지 ⓐ: 나에게 가까이 오고 싶어 하지 않는다.
　　　　정답이 아닙니다. 한국을 비롯한 동양인은 인사할 때 대인거리가 라틴아메리카인, 아프리카인, 인도네시아인, 흑인계 미국인보다 길기 때문이지 가까이 가고 싶지 않다는 의미는 아닙니다.

선택지 ⓑ: 한국, 일본 등의 동양 사람들은 인사할 때 예의를 갖추기 위해 거리를 두고 고개를 숙여서 인사한다.

> 정답입니다. 한국을 비롯한 동양인들은 사회적 지위와 나이를 고려한 비언어
> 표현을 인사에 반영하는데 이에 해당되는 비언어가 대인거리와 고개를 숙이는
> 행위입니다. 연장자나 사회적 지위가 높은 사람에게 인사할 때 거리를 두고 고
> 개를 숙여서 인사합니다.
>
> 선택지 ⓒ: 고개를 숙이는 모습으로 보아 자신감이 없거나 숨기는 것이 있다.
> 정답이 아닙니다. 한국인을 비롯한 동양에서 고개를 숙여서 인사하는 비언어
> 표현은 상대방에게 예의를 갖추기 위한 행동이지 자신감 결여나 숨기는 것이
> 있어서가 아닙니다.

글로벌 소통환경에 놓인 사람들은 이러한 피드백을 통해 목표문화에 대한 이해를 발전시켜 나갈 수 있으므로 피드백의 내용은 개인의 주관성을 가능한 한 탈피하여 객관성을 지닐 수 있도록 충분히 검토되어야 한다. 문화 감지 도구는 다양한 자료를 통해 직접적인 문화 정보를 제공하는 데 활용되기도 하지만 언어와 문화의 통합적인 수업을 지향하는 교육 현장에서 다양한 활동과 연결하여 사용될 수도 있다.

2.3 문화적 가치와 관습 차이로 인한 갈등

문화적 가치와 관습 차이는 글로벌 소통에서 주요한 갈등 요인 중 하나로 작용한다. 이는 언어적 차이에서 비롯되는 것이 아니라 사회적 규범과 전통적 사고방식이 다르기 때문에 발생한다. 대표적인 문화적 차이로는 개인주의와 집단주의, 시간 개념, 의사결정 방식, 권위와 위계질서에 대한 태도 등이 있으며 이러한 차이는 협업과 소통을 어렵게 만들 수 있다(박재훈 2021:154). 이러한 문화적 차이는 의사소통 방식의 차이를 넘어 기업 경영, 사회적 상호작용, 교육 방식, 정치적 의사결정 등 다양한 영역에서 영향을 미친다.

2.3.1 개인주의와 집단주의의 차이

문화적 차이를 설명할 때 가장 많이 언급되는 것이 개인주의(individualism)와 집단주의(collectivism)의 구분이다. 개인주의 문화에서는 개인의 성취와 독립성이 강조되는 반면 집단주의 문화에서는 조직과 집단의 조화가 우선시된다(Triandis 1995:33). 미국과 독일은 개인주의 문화가 강한 대표적인 국가다. 이들 국가에서는 개인의 능력과 성과가 중시되며 의사결정 또한 개별적으로 이루어지는 경우가 많다. 기업 환경에서도 직원들이 자신의 의견을 자유롭게 표현하는 것이 장려되며 독립적인 업무 수행이 일반적이다. 따라서 기업 내에서도 성과에 대한 보상이 개인 단위로 이루어지는 경우가 많고 프로젝트 진행 시에도 각자가 맡은 역할을 독립적으로 수행하는 경향이 크다(Hofstede 2001). 반면 한국, 일본, 중국 등 동아시아 국가들은 집단주의 문화가 강하며 개인보다는 조직과 팀의 조화를 우선시하는 경향이 있다. 기업 운영에서도 이러한 차이가 반영되어 한국과 일본에서는 팀워크와 협력이 강조된다. 예를 들어 미국 기업에서는 직원들이 자신의 의견을 직접 표현하는 것이 중요하지만 일본에서는 회의에서 직접적으로 반대 의견을 내기보다는 간접적으로 전달하는 방식을 선호하는 경우가 많다. 이는 조직 내 갈등을 줄이고 조화를 유지하려는 집단주의적 사고에서 비롯된 것이다(Matsumoto 2007:62). 국제협력이나 비즈니스 상황에서 이러한 차이는 상당한 갈등을 유발할 수 있다.

2.3.2 시간 개념의 차이

시간을 대하는 태도 또한 문화적 차이에서 중요한 요소다. 시간을 엄격하게 관리하는 문화와 유연하게 활용하는 문화는 상당한 차이를 보이며 이는 비즈니스 협상과 국제 협력에서 신뢰 형성에 영향을 미칠 수 있다(Hall 1983). 독일과 스위스는 철저한 시간 엄수를 강조하는 대표적인 국가들이다. 이들 문화에서는 회의나 약속 시간을 정확히 지키는 것이 기본이며 시간 관리를 철저하게 준수하는 것이 신뢰의 요소로 작용한다. 반면 브라질이나 중동 국가들은 유연한 시간 개념을 가지고 있다. 이들 문화권에서는 회의가 지연되거나 일정이 변경되는 경우가 많으며 인간관계 형성이 업무보다 우선시되는 경우가 많다. 브라질에서는 중요한 비즈니스 미팅이라도 식사와 사적인 대화를 통해 친밀감을 형성하는 과정이 필수적이다. 반면 서구권의 비즈니스맨이 브라질에서 지나치게 엄격한 일정 준수를 요구할 경우 이를 배려 부족이나 신뢰 부족으로 받아들일 수도 있다(Gudykunst & Kim 2003). 이러한 차이는 기업 간 협업에서 문제를 야기할 수 있다. 미국이나 독일의 비즈니스맨들은 정해진 일정에 따라 업무를 수행하는 것이 중요하다고 여기지만 이탈리아나 멕시코에서는 회의 시간이 유동적으로 운영되는 경우가 많아 충돌이 발생할 가능성이 높다. 따라서 글로벌 협력에서는 상대 문화의 시간 개념을 이해하고 이에 적응하는 태도가 필요하다.

2.3.3 의사결정 방식의 차이

의사결정 방식 또한 문화적 차이에 따라 크게 다를 수 있다. 서구권에서는 개인의 권한과 책임이 강조되며 수직적인 의사결정보다는 직원 개개인의 판단이 존중되는 경향이 있다. 스웨덴과 같은 북유럽 국가에서는 직원들의 자율성과 창의성을 중요하게 여겨 의사결정 과정에서 개개인의 의견이 더 많이 반영된다(Gesteland 2012:147). 반면 아시아 문화권에서는 조직 내 위계질서를 존중하며 의사결정 과정에서 팀이나 조직 전체의 의견을 고려하는 방식이 일반적이다. 일본의 기업 문화에서는 의사결정을 내리기 전에 충분한 합의 과정을 거치는 것이 일반적이며 결정이 내려지는 속도가 상대적으로 느린 편이다. 반면 미국에서는 신속한 의사결정이 강조되며 시간이 지체되는 것을 비효율적인 것으로 간주하는 경향이 있다 (Matsumoto 2007:98). 이러한 차이는 국제협력에서 중요한 영향을 미칠 수 있으며 글로벌 프로젝트 진행 방식에도 차이를 만든다. 미국 기업에서는 의사결정을 빠르게 내리고 실행에 옮기는 것이 중요하지만 일본 기업에서는 충분한 내부 협의를 거친 후 의사결정을 내리는 것이 신뢰를 구축하는 방법으로 여겨진다.

2.4 다른 의사소통 스타일 이해 부족

의사소통 스타일은 문화마다 고유한 특성을 가지며 이는 사회적 배경, 역사적 경험, 가치관, 교육 방식 등의 영향을 받는다. 이러한 차이를 이해하지 못하면 글로벌 환경에서 오해와 갈등이 발생할 수 있으며 이는 국제 비즈니스, 외교, 다문화 협력, 교육 및 일상적인 대인관계에서도 중요한 영향을 미칠 수 있다(정현주 2019). 특히 다른 문화권 사람들과 효과적으로 소통하기 위해서는 각 문화가 선호하는 의사소통 스타일을 이해하고 존중하는 태도가 필수적이다. 문화적 차이에 따른 의사소통 방식의 차이는 언어적 차이를 넘어 상대방의 의도를 해석하는 방식과 표현 방식에서 큰 차이를 보인다. 대표적으로 직접적(Direct) 의사소통 스타일과 간접적(Indirect) 의사소통 스타일 그리고 고맥락(High-context) 문화와 저맥락(Low-context) 문화의 구분이 중요한 개념으로 사용된다(Hall 1976). 이러한 구분을 이해하지 못할 경우 상대방의 말과 행동을 오해하거나 불필요한 갈등이 초래될 수 있다. 본 절에서는 이 둘을 살펴보고 서로 다른 의사소통 스타일 이해 부족으로 발생하는 갈등과 이를 해소하는 소통 전략을 살펴보고자 한다.

2.4.1 직접적(Direct) vs. 간접적(Indirect) 의사소통 스타일

직접적인 의사소통 스타일을 선호하는 문화에서는 명확하고 솔직한 표현이 강조되며 상대방의 의견과 감정과 상관없이 객관적이고 논리적인 대화 방식이 중요하게 여겨진다. 미국, 독일, 네덜란드, 호주와 같은 서구권 국가들이 이러한 스타일에 해당된다. 미국에서는 비즈니스 회의에서 직원이 상사의 의견에 대해 직접적으로 반대 의견을 제시하는 것이 자연스러운 일이며 이를 토론의 일환으로 받아들인다(Pearson, Nelson, Titsworth, & Harter 2013:45). 독일에서는 계약 협상 과정에서 명확한 논리를 바탕으로 의견을 교환하는 것이 일반적이며 우회적인 표현이나 감정적인 요소를 배제하는 경향이 강하다(Schneider & Barsoux 2003:113). 반면에 간접적인 의사소통 스타일을 선호하는 문화에서는 암묵적인 의미를 파악하는 능력이 중요하며 직접적으로 반대 의견을 표명하기보다는 완곡한 표현을 사용하여 상대방의 체면을 고려하는 경향이 있다. 한국, 일본, 중국, 사우디아라비아 등의 국가들이 이러한 스타일을 따른다. 한국에서는 상대방의 감정을 존중하는 것이 중요하기 때문에 "아니요"라고 직접적으로 말하기보다는 "생각해 보겠습니다", "조금 어렵습니다"와 같은 간접적인 표현을 사용하는 경우가 많다(Kim, Y. Y. 2001:154). 일본에서도 "곤란합니다(難しいです)"라는 표현이 단순히 어렵다는 의미를 넘어서 사실상 거절의 의미를 내포하는 경우가 많다(Nishiyama 2000:87). 이러한 차이는 글로벌 비즈니스 협상에서 특히 중요하게 작용할 수 있다. 일본 기업과 협상할 때 미국 측 협상가가 직접적으로 "이 조건은 수용할 수 없습니다"라고 말할 경우

일본 측에서는 이를 너무 강경한 태도로 받아들여 협상이 실패할 가능성이 높다. 반대로 일본 협상가가 "이 부분은 조금 더 고려해봐야 할 것 같습니다"라고 말할 경우 미국 협상가는 이를 긍정적인 논의로 받아들일 수 있으나 실제로는 거절의 의미일 수 있다(Samovar, Porter, McDaniel, & Roy 2015:163).

2.4.2 고맥락(High-context) vs. 저맥락(Low-context) 문화

의사소통 스타일은 고맥락(High-context) 문화와 저맥락(Low-context) 문화의 차이로도 구분될 수 있다. 고맥락 문화에서는 대화의 내용뿐만 아니라 상황적 요소(맥락), 표정, 몸짓, 암묵적인 의미가 중요한 역할을 한다. 해당하는 국가는 한국, 일본, 중국, 인도, 아랍권 국가로 공식적인 자리에서 감정을 노골적으로 드러내지 않으며 대화의 흐름을 통해 의미를 파악해야 하는 특징을 보인다. 한국에서는 협상 중 직접적인 거절을 피하고 대화의 흐름을 통해 상대방이 스스로 의미를 파악하도록 유도하는 방식이 일반적이다(Hall 1976:113). 아랍권에서는 감정 표현이 풍부하게 사용되며 인간관계 형성이 협상의 중요한 요소로 작용한다(Gudykunst 2004:157). 일본에서는 직접적인 표현을 피하고 상대방의 의중을 파악하려는 자세가 중요시되며 이는 상대방에 대한 존중을 나타내는 것으로 여겨진다(Nishiyama 2000:64). 인도에서는 사회적 지위나 연령에 따라 간접적이고 신중한 의사소통 방식이 선호된다(Samovar, Porter, McDaniel, & Roy 2015:145).

저맥락 문화에서는 말 자체가 가장 중요한 정보 전달 수단이며 대화에서 명확한 표현과 사실 전달이 강조된다. 해당하는 국가는 미국, 캐나다, 독일, 스웨덴, 네덜란드 등이며 모호한 표현보다는 구체적인 사실과 데

이터 기반의 대화를 중요하게 여기는 특징을 보인다. 독일에서는 비효율적인 논의를 줄이고 의사결정을 신속하게 하기 위해 회의 중 불필요한 완곡한 표현을 줄이고 직접적인 의견 개진을 선호한다(Schneider & Barsoux 2003:134). 미국에서는 명확성과 효율성을 중시하여 비즈니스 회의나 계약 협상 과정에서도 의도를 분명하게 표현하는 것이 일반적이다(Samovar, Porter, McDaniel, & Roy 2015:122). 캐나다 또한 저맥락 문화의 특성을 지니며 토론과 의사결정 과정에서 명확하고 구체적인 언어 사용을 선호하는 경향이 강하다(Gudykunst 2004:165).

2.4.3 글로벌 환경에서의 갈등과 소통 전략

2.4.1과 2.4.2에서 살펴본 의사소통 스타일의 차이는 국제 협력과 다문화 조직에서 갈등을 초래할 수 있다. 국제 비즈니스 협상에서의 갈등의 예로 미국과 일본 간의 협상에서 미국 측은 신속한 의사결정을 원하지만 일본 측은 내부 합의를 중요시하여 시간이 더 걸릴 수 있다(Matsumoto, D. 2007:98). 독일과 프랑스 간의 협상에서는 독일 측이 구조적이고 체계적인 접근을 선호하는 반면 프랑스 측은 토론과 창의적인 아이디어 교환을 중시하여 협상의 진행 방식에 차이가 나타날 수 있다(Gesteland, R. R. 2012:98). 다국적 기업에서의 내부 의사소통 문제의 경우 미국 본사와 한국 지사 간의 회의에서 한국 직원들은 간접적인 표현을 사용하지만 미국 본사에서는 이를 이해하지 못해 의견이 제대로 전달되지 않는 경우가 발생할 수 있다(Hofstede, G. 2001:182). 영국 본사와 인도 지사 간의 프로젝트 협업에서는 영국 직원들이 명확한 책임 분담과 데드라인 준수를 강조하는 반면 인도 직원들은 관계 중심적 접근과 유연한 시간 개념을 선호하여 협업 방식에서 충돌이 생길 수 있다(Gesteland, R. R. 2012:165). 외교 및

국제 협력에서의 문제로는 동아시아 외교관과 서구권 외교관 간의 협상에서 동아시아 측은 우회적인 표현을 사용하지만 서구권에서는 이를 애매모호한 태도로 해석하여 협상 과정에서 신뢰 부족으로 이어질 수 있다(LeBaron, M. 2003:45). 남미 외교관과 북미 외교관 간 협상에서는 남미 측이 인간관계 구축을 협상의 필수 요소로 간주하는 반면 북미 측은 신속한 문제 해결과 계약 체결을 중시하여 협상 초기에 기대치 차이로 갈등이 생길 수 있다(Samovar, L. A., Porter, R. E., & McDaniel, E. R. 2015).

이러한 차이를 극복하기 위해 글로벌 기업과 국제 기구들은 다음과 같은 전략을 사용한다.

다문화 커뮤니케이션 교육을 제공하기 위해 글로벌 기업들은 직원들에게 각국의 의사소통 스타일을 이해할 수 있도록 교육 프로그램을 운영한다(Gesteland, R. R.2012). 또한 상대방의 문화적 배경에 맞는 소통 방식 적용을 위해 독일이나 미국과의 협상에서는 논리적인 근거와 명확한 표현을 강조하고 일본이나 한국과의 협상에서는 우회적인 표현을 적절히 활용하여 신뢰를 형성하는 것이 중요하다(Samovar, L. A., Porter, R. E., & McDaniel, E. R. 2015). 추가적으로 다양한 문화권 출신 팀원 간 효과적인 협업을 위해 글로벌 기업들은 문화적 중재자(cultural mediator)를 지정하여 오해를 예방하고 국제기구에서는 통역과 번역 전문가뿐 아니라 문화 자문관(cultural advisor)을 두어 상호 이해를 증진하는 전략을 채택하고 있다(Gesteland, R. R. 2012).

2.5 편견과 고정관념

편견과 고정관념은 글로벌 소통에서 가장 흔하게 나타나는 장애물 중 하나다. 특정 문화나 인종, 집단에 대한 선입견은 상호 이해를 방해하고 협력을 어렵게 만들 수 있다. 편견은 개인이나 집단에 대해 명확한 근거 없이 형성된 부정적이거나 긍정적인 태도를 의미하며 이는 주로 교육, 미디어, 역사적 경험, 사회적 환경 등에 의해 형성된다(Banaji & Greenwald 2013). 이러한 편견은 특정 문화권에 대한 왜곡된 인식을 초래하고 상대방을 객관적으로 평가하기보다 고정된 이미지나 고정관념(stereotype)을 통해 바라보게 만든다. 이러한 무의식적 편향은 취업, 교육, 의료 서비스 등 다양한 영역에서 차별을 유발할 수 있으며 사회 전반의 구조적 불평등으로 이어질 수 있다(Nosek, Banaji, & Greenwald 2007). 고정관념은 특정 집단에 대해 일반화된 믿음이나 인식을 바탕으로 형성되며 개인을 있는 그대로 평가하기보다는 그들이 속한 집단의 특성에 따라 판단하는 경향을 포함한다(Hamilton & Trolier 1986). 예를 들어 서구에서는 아시아인들이 수학과 과학에 강하다는 고정관념이 있으며 반대로 아시아에서는 서구인들이 개인주의적이며 감정을 솔직하게 표현한다고 보는 경향이 있다. 그러나 이러한 인식은 반드시 사실이 아닐 수 있으며 개인의 특성과 상황을 무시한 채 특정 성향을 부여하는 문제가 발생할 수 있다. 본 절에서는 편견과 고정관념의 부정적 영향과 글로벌 사회에서 편견과 고정관념 극복 방안에 대해 살펴보고자 한다.

2.5.1 편견과 고정관념의 부정적 영향

편견과 고정관념은 다양한 사회적 맥락에서 부정적인 영향을 미칠 수 있다. 다문화 사회에서는 이러한 인식이 인종차별, 성차별, 직장 내 차별, 교육 기회의 불균형 등의 문제로 이어질 수 있으며 국제 비즈니스와 외교에서도 상호 이해를 저해하는 요인이 된다(Sue, D. W., 2010). 예를 들어 서구 기업이 아시아 시장에 진출할 때 '아시아 기업들은 혁신보다는 복종을 중시한다'는 고정관념을 가진다면 현지 직원들의 창의성과 역량을 제대로 평가하지 못하고 효과적인 협업이 어려워질 수 있다. 이는 아시아 문화권을 바라보는 흔한 오해 중 하나로 집단주의 문화가 개인의 독창성을 억압한다는 잘못된 해석에서 비롯된다(Triandis, H. C. 1995).

그러나 한국과 일본의 대기업들은 직원들에게 창의성을 발휘할 기회를 제공하며 특히 IT 및 스타트업 산업에서는 혁신적인 사고가 적극적으로 장려된다. 한국에서는 삼성, 현대, LG 등 대기업들이 연구개발(R&D)에 막대한 투자를 하며 사내 창업 프로그램과 개방형 혁신(Open Innovation) 모델을 통해 신사업을 추진하고 있다(Lee, K. 2015). 삼성전자는 'C-Lab'이라는 사내 벤처 프로그램을 통해 직원들이 자율적으로 혁신 아이디어를 기획하고 실제 사업화할 수 있도록 지원하고 있으며(Samsung Electronics 2023) 현대자동차는 '제로원(ZER01NE)' 플랫폼을 통해 스타트업과의 협업 및 사내 혁신 생태계 구축에 힘쓰고 있다(Hyundai Motor Company 2022). 스타트업 생태계도 활발하게 조성되어 있으며 정부 차원의 지원과 민간 투자 활성화를 통해 혁신적인 기업들이 빠르게 성장하고 있다. 카카오(Kakao)나 네이버(Naver)와 같은 IT 기업들은 전통적인 대기업 구조에서 벗어나 창의적이고 유연한 조직 문화를 형성하여 직원들의 아이디어 공유를 적극 장려하고 있는데 카카오는 '수평적 커뮤니케이션'을 강화하기 위해 직급 대신 별명을 사용하고 유연근무제를 전면 도입해 자율성을 높이고 있으며(Kakao Corp. 2023) 네이버는 '프로젝트형 조직체계'를 운영해 구성원들이 다양한 팀 간 협업과 전환을 통해 능동적으로 일할 수 있도록 장려한다(NAVER Corp. 2023). 일본 또한 소프트뱅크(SoftBank), 라쿠텐(Rakuten), 유니클로(Uniqlo) 등 글로벌 기업들이 혁신을 주도하고 있으며 최근에는 기존의 보수적인 기업 문화를 탈피해 스타트업과의 협업을 강화하는 흐름을 보인다. 소프트뱅크는 'SoftBank Vision Fund'를 통해 글로벌 스타트업에 대규모 투자를 단행하며 첨단 기술 분야에서의 혁신을 선도하고 있고 라쿠텐은 사내 혁신팀을 중심으로 인공지능 및 핀테크 기술 개발을 추진하고 있으며 유니클로는 '디지털 트랜스포메이션 센터(DX Center)'를 운영해 고객 경험 혁신과 스마트 리테일 전략을 실행하고 있다(Morikawa, M. 2019).

이처럼 특정 문화에 대한 고정관념은 실제 조직 내 다양성과 역동성을 간과하게 만든다. 편견은 개인과 조직의 가능성을 축소시키고 혁신과 협력을 저해할 수 있다. 따라서 다문화 사회와 글로벌 환경에서는 열린 태도와 정확한 정보에 기반한 이해가 필수적이다. 고정관념을 극복하려는 지속적인 노력은 더 포용적이고 창의적인 사회를 만들어가는 데 핵심적인 역할을 한다.

2.5.2 글로벌 사회에서 편견과 고정관념 극복 방안

글로벌 사회에서 편견과 고정관념은 종종 특정 문화나 집단을 단일한 시각으로 바라보게 만든다. 이러한 단편적인 인식은 오해를 낳고 국제 협력과 상호 이해를 저해할 수 있다. 예를 들어 아랍 문화권에서는 '여성은 경제 활동에 적극적으로 참여하지 않는다'는 고정관념이 존재하지만 이는 현대 아랍 국가들의 변화와는 거리가 먼 인식이다. 아랍에미리트(UAE)에서는 여성의 경제적 참여가 꾸준히 증가하고 있으며 주요 정부 기관과 기업에서도 여성 리더들이 활약하고 있다. 실제로 UAE는 여성의 경제적 기회 및 참여 지수에서 중동 지역 내에서 가장 높은 점수를 기록하며 성평등 진전을 보였다(World Economic Forum 2021). 서구 기업이 이러한 편견을 가지고 협력한다면 현지 비즈니스 환경을 정확히 이해하지 못하고 중요한 인재를 놓칠 가능성이 크다. 또한 라틴아메리카 국가들에 대해 '시간 엄수를 중요하게 생각하지 않는다'는 고정관념이 있는데 이는 일부 문화적 요소에서 비롯된 오해일 수 있다. 브라질이나 멕시코에서는 인간관계를 중시하는 문화적 특성상 일정이 유연하게 운영될 수 있지만 이는 신뢰와 유대감을 쌓기 위한 과정의 일부로 볼 수도 있다. 라틴아메리카 국가들은 관계 중심 문화가 강하고 장기적인 인간관계를 중요시하는 경향이 있으며 이는 시간 개념에도 영향을 준다(Hofstede, G. 2001). 반면 공식적인 비즈니스 미팅이나 국제협력에서는 엄격한 일정 준수를 요구하는 경우도 많다. 따라서 무조건적인 고정관념을 적용하는 것은 바람직하지 않다. 이처럼 글로벌 소통에서 편견과 고정관념은 협력과 이해를 저해할 수 있으며 각국의 문화적 특성을 제대로 파악하고 열린 자세로 접근하는 것이 중요하다. 편견을 극복하기 위해서는 다문화 교육과 문화적 감수성을 기르는 노력이 필요하다. 다문화 교육은 다양한 문화적 배경을 이해하고 수용하는 능력을 길러주며 서로 다른 가치관을 존중하는 태도를 형성하는 데 기여할 수 있다(Bennett, M. J. 1993). 문화적 감수성은 특정 문화에 대해 열린 자세를 유지하고 상대방의 문화적 배경을 고려하며 소통하는 능력을 의미한다. 이를 통해 사람들은 자신이 가진 무의식적 편견을 인식하고 수정할 수 있으며 상호 존중과 배려를 기반으로 한 커뮤니케이션을 형성할 수 있다.

　기업과 교육 기관에서는 편견을 극복하기 위한 반편견 교육과 다문화 커뮤니케이션 훈련을 시행하고 있다. 다국적 기업들은 포용적인 조직 문화를 조성하기 위해 직장 내 다양성과 포용성(Diversity & Inclusion, D&I) 프로그램을 운영하며 다양한 문화적 배경을 가진 직원들이 차별 없이 협력할 수 있도록 지원하고 있다. Scott E. Page는 다양한 배경의 개인들이 협력할 때 더 나은 문제 해결 능력을 발휘할 수 있다고 강조한다(Page, S. E. 2007). 일부 글로벌 기업들은 문화적 다양성을 존중하는 정책을 채택하고 정기적인 다문화 이해 교육을 제공함으로써 글로벌 팀워크를 강화하고 있다. 국제기구와 연구 기관들도 편견을 줄이고 글로벌 협력을 강화하기 위한 다양한 연구와 정책을 추진하고 있다. 유네스코(UNESCO)는 문화 간 대화 촉진을 위한 교육 및 정책을 지원하며 세계 여러 나라에서 다문화 공존을 위한 프로그램을 운영하고 있다(UNESCO. n.d.). 유럽연합(EU)과 유엔(UN) 등 국제기구들은 다문화 사회에서의 편견과 차별을 방지하기 위한 법적·사회적 장치를 마련하며 정책 입안자들에게 문화적 포용성을 촉진하는 정책을 수립하도록 권장하고 있다. 이처럼 다양한 차원의 노력이 병행될 때 글로벌 사회에서 편견과 고정관념은 점차 줄어들 수 있다. 개인의 인식 변화에서부터 제도적 대응까지 모든 수준에서의 협력과 실천이 필요하다. 따라서 문화적 차이를 있는 그대로 존중하고 다양성을 사회적 자산으로 바라보는 관점이야말로 지속 가능한 글로벌 공존의 출발점이 될 수 있다.

생각해볼 과제

과제 1 나는 새로운 문화권의 사람과 소통할 때 어떤 '문화적 렌즈'를 쓰고 있는지 생각해 봅시다.
- 자신이 타문화를 접했을 때 가졌던 관점이 이분법적이었는지 비교문화적 이었는지를 되돌아 보기
- 이러한 관점이 그 상황에서 소통에 어떤 영향을 주었는지 설명해 보기
- 이를 통해 더 효과적인 문화 이해 방식을 제안해 보기

과제 2 내가 관찰한 문화 메타포: 어느 나라 혹은 특정 공동체의 특징을 비유적으로 설명해 봅시다.
- 자신이 알고 있는 한 국가의 문화를 메타포(은유)로 표현해 보기
  예 일본 = '정원', 독일 = '기계', 한국 = '한복' 등
- 왜 그런 메타포가 적절하다고 생각하는지 구체적인 이유를 들어 설명해 보기
- 이 메타포를 바탕으로 어떤 소통 전략을 세울 수 있을지 생각해 보기

과제 3 내가 겪었거나 목격한 '글로벌 소통의 갈등' 사례를 분석해 봅시다.
- 언어, 비언어 표현, 문화적 가치관 차이, 편견 등으로 인해 소통에 문제가 생겼던 구체적인 사례를 제시해 보기
- 갈등이 발생한 원인을 목차 3.1~3.5 중 하나 이상과 연결지어 설명해 보기
- 그 갈등이 어떻게 해결되었거나 해결될 수 있을지 자신만의 전략을 제시해 보기

참고문헌

1. 글로벌 소통을 위한 문화 이해 방법

김문석. (2018). 비교문화의 이해. 서울: 학지사.

김종미. (2010). 중국의 중추절은 '신라 명절'을 수입했다. 월간중앙.

유네스코 협동학교. https://aspnet.unesco.org

Barry, T. & Susan, S. (1993). Cultural Awareness. Oxford: Oxford University Press.

Berry, J. W. (1997). Immigration, Acculturation, and Adaptation. Applied Psychology: An International Review, 46-1, 5-68

CNN. (2023, April 11). Thailand's Songkran: The world's biggest water fight returns. CNN Travel.

Council of Local Authorities for International Relations(CLAIR). (2022). JET Programme: Enhancing International Exchange in Japan. Tokyo: CLAIR.

European Commission. (2023). Erasmus+ Programme Guide: Enhancing Education, Training, and Mobility in Europe. Brussels: European Union.

French Ministry of Education. (2023). Assistant de Langue Programme: Promoting Language and Cultural Exchange in French Schools. Paris: Ministry of Education.

Gannon, M. J., & Pillai, R. (2015). Understanding global cultures: Metaphorical journeys through 34 nations, clusters of nations, continents, and diversity (6th ed.). SAGE Publications.

Geertz, C. (1973). The Interpretation of Cultures. Basic Books.

Gönül Paksoy. 2012. Turkish Coffee: From the Ottoman Empire to the Present. Blue Dome Press. https://en.visiterlyon.com/out-and-about/major-events/lyon-street-food-festival2

Hall, E. T. (1976). Beyond Culture. Anchor Books.

Hofstede, G. (1980). Culture's Consequences: International Differences in Work-Related Values. Sage.

Hofstede, G. (2001). Culture's Consequences: Comparing Values, Behaviors, Institutions and Organizations Across Nations. Sage.

Hofstede, G., Hofstede, G. J., & Minkov, M. (2010). Cultures and organizations: Software of the mind (3rd ed.). McGraw-Hill.

Intercultural Education Association. (2022). Cross-Cultural Awareness Program: Fostering Global Understanding in Education. New York: IEA.

Japan Guide. (2023). Tsukiji Outer Market - Tokyo Travel. https://www.unesco.org/

en/aspnet

McMahon, P. (2020). Cultural Exchange Programs in U.S. Higher Education: Enhancing Global Understanding. New York: Routledge.

Samovar, L. A., Porter, R. E., McDaniel, E. R., & Roy, C. S. (2016). Communication between cultures (9th ed.). Cengage Learning.

Schmidt, R. (2023, December 31). The rituals of American football reflect our society. Iowa Capital Dispatch. https://iowacapitaldispatch.com/2023/12/31/the-rituals-of-american-football-reflect-our-society/

Secretaría de Cultura. (2017). Festeja el Día de la Candelaria en la XXV Feria del Tamal. Retrieved from gob.mx

Sezgin, M. (2016). Turkish coffee culture and traditions. Istanbul: Kültür Publications.

Smith, J. (2022). Cultural Exchange and Awareness Initiative: Promoting Cross-Cultural Understanding in the U.S. Washington, D.C.: Global Education Press

Tanaka, H. (2021). Multicultural Education in Japanese Universities: Theory and Practice. Tokyo: Springer.

Time. (2015, October 12). How Oktoberfest has weathered stormy times.

Visit Naples. (2019, September 13). Presented Napoli Pizza Village: The Food Festival N°1 in the world.

Yang Liu (2010). East meets West. Taschen.

2. 글로벌 소통의 장애물

권오현. (2003). 의사소통중심 외국어교육에서의 문화, 국어교육연구 12, 247-274.

김숙현 외. (2001). 한국인과 문화 간 커뮤니케이션, 서울: 커뮤니케이션북스.

김정은. (2007). 문화 간 의사소통에서의 갈등, 한국외국어교육학회 2007년 겨울 학술대회 자료집, 251-260.

나시다 히로코 엮음. (2005). 이문화간 커뮤니케이션, 서울: 커뮤니케이션북스.

박명석. (2006). 세계화와 동 서양 문화간 커뮤니케이션, 서울: 태학사.

박재훈. (2021). 글로벌 커뮤니케이션 이해. 서울: 한울아카데미.

사회언어학회 엮음. (2002). 문화와 의사소통의 사회언어학, 서울: 한국문화사.

유범. (1997). 영어 원어민에게 부정적 느낌을 주는 한국인의 말과 행동에 대한 연구. 사회언어학 5-2, 589-619.

임태섭 편저. (1997). 정, 체면, 연줄 그리고 한국인의 인간관계, 서울: 한나래.

정현주. (2019). 글로벌 커뮤니케이션. 서울: 커뮤니케이션북스.

최윤희. (2004). 비언어 커뮤니케이션. 서울: 커뮤니케이션북스.

Andersen, P. A. (1999). Nonverbal Communication: Forms and Functions. Waveland Press.

Banaji, M. R., & Greenwald, A. G. (2013). Blindspot: Hidden biases of good people. Delacorte Press.

Barry, T. & Susan, S.(1993), Cultural Awareness, Oxford: Oxford University Press.

Bennett, M. J. (1993). Towards ethnorelativism: A developmental model of intercultural sensitivity. In R. M. Paige (Ed.), Education for the intercultural experience 21-71. Yarmouth, ME: Intercultural Press.

Brislin, R. W. (1986). A culture assimilator: Training for cross-cultural sensitivity. In D. Landis & R. W. Brislin (Eds.), Handbook of Intercultural Training 45-62. New York, NY: Pergamon.

Cohen, R. (1997). Negotiating Across Cultures: International Communication in an Interdependent World. United States Institute of Peace Press.

Fox, K. (2004). Watching the English: The Hidden Rules of English Behaviour. London: Hodder & Stoughton.

Fox, K. (2004). Watching the English: The hidden rules of English behaviour. London: Hodder & Stoughton.

Gesteland, R. R. (2012). Cross-cultural business behavior: A guide for global management (5th ed.). Copenhagen: Copenhagen Business School Press.

Gudykunst, W. B. (2003). Cross-cultural and intercultural communication. Thousand Oaks, CA: Sage.

Gudykunst, W. B. (2004). "Bridging Differences: Effective Intergroup Communication." Sage Publications.

Gudykunst, W. B., & Kim, Y. Y. (2003). Communicating with strangers: An approach to intercultural communication (4th ed.). New York, NY: McGraw-Hill.

Hall, E. T. (1966). The Hidden Dimension. Anchor Books.

Hall, E. T. (1966). The hidden dimension. Garden City, NY: Doubleday.

Hall, E. T. (1976). Beyond Culture. Anchor Books.

Hall, E. T. (1983). The Dance of Life: The Other Dimension of Time. Anchor Books.

Hamilton, D. L., & Trolier, T. K. (1986). Stereotypes and stereotyping: An overview of the cognitive approach. In J. F. Dovidio & S. L. Gaertner (Eds.), Prejudice, discrimination, and racism 127-163. Academic Press.

Hofstede, G. (2001). Culture's Consequences: Comparing Values, Behaviors,

House, J. (2009). Translation. Oxford University Press.

Hughes, C. (1986). Training methods for intercultural learning. In D. Landis & R. W. Brislin (Eds.), Handbook of Intercultural Training 62-75. New York, NY: Pergamon.

Hyundai Motor Company. (2022). ZER01NE: Hyundai's open innovation platform. https://zer01ne.zone

Institutions, and Organizations Across Nations. Sage Publications.

Kakao Corp. (2023). '카카오의 수평적 문화' -직급 대신 별명 사용. https://www.kakaocorp.com/page/detail/7790

Kim, Y. Y. (2001). Becoming intercultural: An integrative theory of communication and cross-cultural adaptation. SAGE Publications.

Kim, Y. Y. (2017). Intercultural Communication. Cognella Academic Publishing.

Knapp, M. L., & Hall, J. A. (2010). Nonverbal Communication in Human Interaction. Wadsworth Cengage Learning.

LeBaron, M. (2003). Bridging Troubled Waters: Conflict Resolution from the Heart. Jossey-Bass.

Lee, K. (2015). Emerging Asian economies and the role of innovation: The Korean experience. In B. A. Lundvall, K. Lorenz, & S. Rasmussen (Eds.), Innovation, economic development and policy 131-150. Springer.

Levine, T. R. (2019). Nonverbal Communication and Deception. Annual Review of Psychology, 70, 1-20.

Lewis, R. D. (2006). When cultures collide: Leading across cultures (3rd ed.). Boston, MA: Nicholas Brealey International.

Lustig, M. W., & Koester, J. (2010). Intercultural Competence: Interpersonal Communication Across Cultures (6th ed.). Pearson.

Matsumoto, D. (2007). Culture and psychology (4th ed.). Belmont, CA: Thomson Wadsworth.

Morikawa, M. (2019). Innovation in Japanese enterprises: A view from microdata. RIETI Discussion Paper Series, 19-E-021. Research Institute of Economy, Trade and Industry.

NAVER Corp. (2023). 개발 직군 소개 -프로젝트 중심의 유연한 조직 운영. https://recruit.navercorp.com/naver/job/detail/developer?annoId=20007015

Nisbett, R. E. (2003). The geography of thought: How Asians and Westerners think differently and why. New York, NY: Free Press.

Nishida, H. (1999). A cognitive approach to intercultural communication based on

Nishiyama, K. (2000). Doing business with Japan: Successful strategies for intercultural communication. University of Hawaii Press.

Nosek, B. A., Banaji, M. R., & Greenwald, A. G. (2007). The implicit association test at age 7: A methodological and conceptual review. In J. A. Bargh (Ed.), Automatic processes in social thinking and behavior 265-292. Psychology Press.

Page, S. E. (2007). The difference: How the power of diversity creates better groups, firms, schools, and societies. Princeton, NJ: Princeton University Press.

Pearson, J., Nelson, P. E., Titsworth, S., & Harter, L. (2013). Human communication (5th ed.). McGraw-Hill.

Samovar, L. A., Porter, R. E., McDaniel, E. R., & Roy, C. S. (2015). Communication between cultures (9th ed.). Cengage Learning.

Samsung Electronics. (2023). C-Lab: Fostering in-house innovation. https://www.samsung.com/global/galaxy/what-is/c-lab/

schema theory. International Journal of Intercultural Relations, 23-5, 753-777.

Schneider, S. C., & Barsoux, J. L. (2003). Managing across cultures (2nd ed.). Pearson Education.

Sue, D. W. (2010). Microaggressions in everyday life: Race, gender, and sexual orientation. Wiley.

Ting-Toomey, S., & Chung, L. C. (2012). Understanding Intercultural Communication (2nd ed.). Oxford University Press.

Triandis, H. C. (1995). Individualism and collectivism. Boulder, CO: Westview Press.

UNESCO. (n.d.). Intercultural Dialogue. Retrieved from https://www.unesco.org/en/enabling-interculturaldialogue

World Economic Forum. (2021). Global Gender Gap Report 2021. Retrieved from https://www3.weforum.org/docs/WEF_GGGR_2021.pdf

사진자료 출처

브라질 삼바 - https://www.asiatoday.co.kr/kn/view.php?key=20220106010003204

김치 - https://blog.naver.com/wanloveya/223226594002

독일 자동차 - https://commons.wikimedia.org/

일본의 츠키지 수산시장 축제 - https://livejapan.com/ko/in-tokyo/in-pref-tokyo/in-tsukiji/article-a0000140/

태국의 송끄란 축제 - https://hub.zum.com/okthere/
멕시코시티 타말 축제 - https://kr.freepik.com/premium-photo/tamales-mexicanos-mexican
미국 문화교환의 밤 - https://chatgpt.com/c/687baa9d-f258-8009-9d8e-78c02400e20b

IV

세계시민이 갖추어야 할 역량

　오늘날 세계는 물리적 국경을 넘어서 언어, 문화, 기술이 복잡하게 얽힌 글로벌 네트워크 속에 놓여 있다. 이러한 시대에 세계시민으로 살아가기 위해서는 타 문화를 존중하는 수준을 넘어 실제로 타인과 효과적으로 소통하고 협력할 수 있는 실질적인 역량이 필요하다. 이는 지식이 아닌 실제 상황에서 발휘할 수 있는 행동과 태도의 문제다.
　IV장에서는 세계시민에게 요구되는 핵심 역량을 네 가지 측면에서 다룬다. 먼저 언어와 문화적 뉘앙스를 이해하고 이를 바탕으로 의사소통의 장벽을 줄이는 능력이 중요하다. 이어서 문화마다 다른 다양한 의사소통 스타일을 인식하고 그 차이를 수용하는 감각이 필요하다. 이는 오해를 줄이고 신뢰를 형성하는 데 결정적인 역할을 한다. 또한 국경을 초월한 협업 능력은 글로벌 사회에서 경쟁력 있는 인재가 되기 위한 필수 조건이다. 서로 다른 문화적 배경을 가진 사람들과 효과적으로 협업하려면 문화적 민감성과 유연한 사고가 전제되어야 한다. 마지막으로 디지털 환경이 일상화된 지금 다양한 플랫폼을 활용한 국제적 소통 기술 역시 세계시민의 핵심 역량으로 떠오르고 있다. 디지털 공간에서의 소통은 물리적 제약을 뛰어넘어 세계 각지의 사람들과 연결되는 중요한 수단이기 때문이다. 이

네 가지 영역을 중심으로 각 역량이 왜 중요한지 그리고 이를 어떻게 길러 나갈 수 있는지를 구체적으로 살펴본다.

1. 언어와 문화적 뉘앙스 이해

세계화 시대에서 세계시민으로서의 역할을 수행하기 위해서는 언어 능력을 넘어서는 문화적 감수성과 효과적인 의사소통 능력이 필수적이다. 언어를 유창하게 구사하는 것만으로는 충분하지 않으며 특정한 문화적 맥락에서 그 의미를 정확히 이해하고 적절히 활용하는 능력이 필요하다(김향희 2021). 이는 다양한 문화적 배경을 가진 사람들과 소통할 때 필연적으로 요구되는 요소이며 글로벌 사회에서 원활한 상호작용을 이루는 데 결정적인 역할을 한다.

언어는 해당 문화의 역사와 가치관을 반영하며 특정한 표현이나 관용구는 문화적 맥락 없이 이해하기 어렵다. 서구 문화권에서는 직설적인 표현이 일반적이지만 동양 문화권에서는 간접적이고 완곡한 표현이 선호되는 경향이 있다(정윤희외 2018). 이러한 언어적 차이는 단순한 말의 의미를 넘어 상대방의 의도를 파악하는 데 중요한 요소로 작용한다. 따라서 문화적 차이를 이해하지 못하면 상대방의 말을 오해하거나 반대로 자신의 의도가 왜곡되어 전달될 가능성이 높아진다. 또한 효과적인 의사소통을 위해서는 언어적 감각뿐만 아니라 비언어적 요소도 고려해야 한다. 사람의 말투, 억양, 표정, 몸짓과 같은 비언어적 표현은 문화에 따라 다르게 해석될 수 있으며 경우에 따라 의도와 다르게 받아들여질 수도 있다. 미국에서는 눈을 마주치는 것이 자신감과 정직성을 의미하지만 일부 아시아 국가에서는 지나치게 직선적인 눈맞춤이 무례한 행동으로 여겨질 수도 있다

(김수진 2021). 같은 몸짓이라도 문화권에 따라 정반대의 의미로 해석될 수 있다는 점을 고려할 때 세계시민으로서 문화적 차이를 반영한 세심한 의사소통이 필수적이다. 그러므로 효과적인 국제적 소통을 위해서는 문화적 감각을 익히고 다양한 문화적 차이를 이해하는 노력이 필요하다. 따라서 언어 학습과 더불어 문화적 뉘앙스를 파악하는 능력을 배양하는 것이 진정한 세계시민으로 성장하는 중요한 과정이 될 것이다.

1.1 언어 차이를 넘어선 효과적인 소통 기술

세계시민으로서 효과적인 소통을 하기 위해서는 다양한 문화적 배경을 고려한 의사소통 능력이 필요한데 이는 서로 다른 문화적 맥락 속에서 원활한 상호작용은 복합적인 역량으로 언어를 구사하는 것만으로는 충분하지 않기 때문이다(이은미 외 2017:460). 문화 간 의사소통 능력은 다문화적 인식, 문화적 민감성, 그리고 언어능력이 조화를 이루면서 발전한다. 다문화 교육 경험, 외국인 친구의 유무, 영어 능력, 해외 체류 경험 등이 이러한 능력 형성에 유의미한 영향을 미치는 것으로 나타났다(이은미 외 2017:465). 이는 실제 경험을 통한 학습이 효과적인 소통 역량을 기르는 데 필수적임을 시사한다. 문화적 차이를 존중하고 수용하는 태도는 효과적인 의사소통의 핵심 요소로 작용하며 효과적인 소통 기술을 개발하기 위해서는 다음과 같은 방법들이 도움이 될 수 있다.

1.1.1 다문화 교육 참여

다문화적 배경을 이해하고 이를 수용하는 태도를 기르기 위해서는 다양한 문화 교육 프로그램에 적극적으로 참여하는 것이 중요하다(김영심 외

2014). 현대 사회에서는 다양한 문화권의 사람들이 함께 살아가는 다문화적 환경이 점점 확산되고 있으며 이에 따라 문화적 감수성을 기르는 것이 필수적인 역량으로 강조되고 있다. 이론적 학습을 넘어 직접적인 체험과 교류를 통해 문화적 다양성을 경험하는 것이 효과적인 학습 방법으로 꼽힌다. 이를 통해 학생들은 이질적인 문화에 대한 거부감을 줄이고 상호 존중과 포용의 태도를 함양할 수 있다. 한국의 초등학교에서는 학생들이 다양한 국가의 문화를 직접 체험할 수 있도록 '다문화 체험의 날'을 운영하고 있다. 이 행사는 학생들이 직접 참여하고 경험할 수 있는 실습형 프로그램으로 구성되며 다양한 국가의 전통 의상을 입어보거나 해외 음식을 직접 조리하며 각국의 놀이와 예술을 체험할 기회를 갖는다. 이러한 활동을 통해 학생들은 직접 체험하면서 자연스럽게 다문화적 감수성을 키울 수 있다. 또한 해당 프로그램은 학부모와 지역사회 구성원도 함께 참여할 수 있도록 운영되어 지역 차원에서 다문화적 이해를 증진하는 계기를 마련하고 있다.

대표적인 다문화 교육 프로그램으로는 Fulbright Program(https://eca.state.gov/fulbright), Multicultural Campus Initiative(https://www.ed.gov), Global Leadership Program(students.marshall.usc.edu, nyu.edu) 등이 있다. 이 프로그램들은 학생들에게 국제적 경험을 제공하고 다문화 환경에서의 적응력을 높이는 데 중점을 둔다. 풀브라이트 프로그램은 국제적인 학술 교류를 촉진하는 프로그램으로 외국에서 학업이나 연구를 수행할 기회를 제공하며 다양한 문화적 배경을 가진 사람들과의 교류를 장려한다. 다문화 캠퍼스 이니셔티브는 대학 내에서 다문화 환경을 조성하고 학생들이 다양한 문화적 배경을 가진 사람들과 자연스럽게 교류할 수 있도록 돕는다. 글로벌 리더십 프로그램은 학생들이 국제 사회에서 필요한 리더십 역량을 기를 수 있도록 설계된 프로그램으로 해외 연수 및 문화 워크숍을 통해 학생들이 개방적인 사고를 형성하는 데 기여한다.

현대 사회에서 글로벌 시민으로 살아가기 위해서는 다양한 문화적 배경을 가진 사람들과 원활하게 소통할 수 있는 능력이 필수적이며 이를 위해 다문화 교육 프로그램의 지속적인 운영과 참여가 필요하다. 그러므로 다문화 교육은 학습을 넘어 사회적 통합을 촉진하고 국제적인 협력 역량을 기르는 데 필수적인 요소로 작용한다.

1.1.2 해외 체험 프로그램 활용

교환학생, 해외 인턴십, 국제 봉사활동과 같은 해외 체험 프로그램을 통해 학생들은 직접적인 다문화 경험을 쌓을 수 있으며 이는 언어 습득을 넘어 문화적 적응력을 향상하는 데 중요한 역할을 한다(김아람 2015). 해외 인턴십 프로그램을 통해 미국 실리콘밸리의 한 스타트업에서 6개월간 근무한 학생은 다양한 국적의 동료들과 협업하는 경험을 쌓았다. 그는 한국식 업무 문화와 미국식 업무 문화의 차이를 직접 체험하며 다양한 문화적 배경을 가진 사람들과 효과적으로 협력하는 방법을 익혔다. 특히 수평적인 조직 문화와 적극적인 의사소통 방식이 강조되는 미국 기업 환경에서의 경험은 글로벌 기업이 요구하는 다문화적 감각과 적응력을 기르는 데 큰 도움이 되었다(전재은 외 2017). 또한 국제 봉사활동 프로그램을 통해 아프리카의 한 지역에서 3개월간 봉사한 학생은 현지 공동체와 협력하여 교육 및 보건 프로젝트를 수행하면서 문화적 차이를 존중하는 태도를 배울 수 있었다. 그는 영어뿐만 아니라 현지어까지 익히며 효과적인 의사소통 방식을 터득하였고 이를 통해 상호문화적 이해력과 공감 능력이 크게 향상되었다(김영은 2015). 이처럼 해외 체험 프로그램은 학생들이 다양한 문화적 환경에서 직접 생활하고 협력하는 기회를 제공함으로써 단순한 지식 습득을 넘어 실질적인 다문화 적응력과 글로벌 소통 역량을 배양하는 데 기여한다.

1.1.3 언어능력 향상을 위한 지속적인 학습

언어 학습은 실제 환경에서 언어를 적용하며 활용하는 경험을 지속적으로 늘리는 것이 중요하다. 원어민과의 실질적인 대화를 통해 표현력을 기르는 것은 효과적인 학습 방법으로 여겨진다. 이는 교재를 통한 학습만으로는 익히기 어려운 자연스러운 언어 사용 능력을 습득할 수 있도록 돕기 때문이다(Ellis 2008). 언어 습득 이론에서도 상호작용이 학습에 미치는 긍정적인 영향이 강조되며 몰입형 학습 환경에서의 직접적인 경험이 언어능력 향상에 효과적이라는 연구 결과가 제시되고 있다(Lee & VanPatten 2003). 일본에서 유학 중인 한 학생은 대학 내 일본어 수업을 듣는 것에 그치지 않고 지역사회 활동에 적극적으로 참여하며 실력을 키웠다. 그는 일본인 친구들과 정기적으로 지역 문화 행사에서 자원봉사자로 활동하면서 실생활에서 일본어를 사용할 기회를 지속적으로 늘렸다. 이러한 과정에서 그는 교과서에서 배운 형식적인 일본어와 실제 원어민들이 사용하는 자연스러운 구어체 표현의 차이를 점점 더 잘 이해하게 되었고 더 유창하고 자연스러운 대화를 구사할 수 있게 되었다(Taguchi 2008).

미국에서 교환학생으로 공부한 한 학생은 현지 카페에서 아르바이트를 하며 영어 회화 능력을 효과적으로 키울 수 있었다. 실무 환경에서 고객을 응대하고 동료들과 소통하는 과정에서 실시간으로 영어를 사용해야 했기 때문에 그는 자연스럽게 듣기와 말하기 실력을 향상시킬 수 있었다(Gass & Mackey 2007). 실제 업무 환경에서는 예상치 못한 상황이 발생할 수밖에 없으며 이에 적응하는 과정에서 더욱 빠르고 효과적인 언어 습득이 이루어진다는 점에서 이러한 경험은 매우 가치가 있다(Dewaele 2013). 이처럼 원어민과의 지속적인 대화를 통해 표현력을 기르는 것은 언어 학습에서 매우 효과적인 방법으로 평가된다. 따라서 언어 학습은 지식 습득에 머무르지 않고 실생활에서 적극적으로 언어를 사용할 수 있는 기회를 만들어가는 것이 중요하다.

1.1.4 다양한 문화적 배경을 가진 사람들과의 교류 확대

다양한 문화적 배경을 가진 사람들과의 교류는 세계화가 가속화됨에 따라 필수적인 요소가 되었다. 외국인 친구나 다문화 배경을 가진 사람들과 지속적으로 교류하면 자연스럽게 문화 간 소통 능력이 향상된다. 이러한 교류는 친분을 넘어 서로 다른 문화적 배경을 이해하고 공감하는 데 기여하며 궁극적으로 상호문화적 공감대를 형성하는 데 도움이 되며 세계시민으로서의 정체성을 형성하는 데 중요한 역할을 한다(Kim & Preston 2021). 다양한 문화적 배경을 가진 사람들과의 교류에 대해 교육기관, 글로벌 기업, 국제기구의 각각의 사례를 제시하면 다음과 같다.

교육 기관은 문화 간 소통 역량을 기르는 중요한 역할을 한다. 한국의 한 고등학교에서는 '국제 교류 프로그램'을 운영하여 학생들이 외국인 학생들과 일주일간 함께 생활하며 서로의 문화를 직접 경험할 기회를 제공하고 있다. 이를 통해 한국 학생들은 외국인의 식습관, 생활 방식, 종교적 신념 등을 직접 체험하며 문화적 다양성에 대한 이해를 넓히고 있다(Eden, Chisom, & Adeniyi 2024). 이러한 프로그램은 학생들이 다른 문화를 존중하고 열린 태도를 갖도록 유도하는 데 중요한 역할을 한다. 일본의 한 대학교에서는 'Global Campus Exchange' 프로그램을 운영하여 다양한 국가에서 온 학생들이 공동 프로젝트를 수행하고 정기적인 문화 교류 활동을 진행하고 있다(Mellet & Detey 2021). 이 프로그램을 통해 학생들은 문화적 가치와 세계관을 공유하며 글로벌 역량을 기르고 있다. 이러한 프로그램에 참여한 학생들은 문화적 개방성이 증가하고 다양한 시각에서 문제를 해결하는 능력이 강화되는 경향을 보였다.

현대 사회에서 글로벌 기업들은 다문화 환경에서의 협업 능력을 중요한 역량으로 간주하고 있다. 글로벌 기업에서는 다양한 국적의 직원들이 정기적으로 문화 교류 행사를 진행하는 '다문화 네트워크'를 구축하고 있다. 이를 통해 직원들은 서로 다른 문화적 배경을 존중하고 협업하는 방법을 익히며 다양한 관점을 공유하면서 창의적인 문제 해결 능력을 키울 수 있다(Eden, Chisom, & Adeniyi 2024). 세계적인 경영 컨설팅 기업인 McKinsey & Company에서는 다양한 문화적 배경을 가진 직원들이 협력하는 프로젝트를 수행하는 과정에서 문화 간 소통 능력이 중요한 역할을 한다는 연구 결과를 발표했다(McKinsey & Company 2021). 이 연구에 따르면 문화적으로 다양한 팀이 운영되는 조직은 그렇지 않은 조직보다 혁신적인 아이디어를 창출할 확률이 35% 더 높은 것으로 나타났다. 이는 문화 간 소통 능력이 기업의 경쟁력을 높이는 핵심 요소임을 보여준다.

국제기구에서 활동하는 전문가들은 문화적 차이를 이해하고 존중하는 능력을 바탕으로 원활한 협력을 이루어낸다. 세계보건기구(WHO)에서 일하는 한 연구원은 다국적 팀원들과 협업하며 각국의 문화적 배경을 반영한 보건정책을 수립한 경험이 있다(Park, Lee, & Chen 2012). 한 연구에 따르면 문화적 배경을 고려한 보건정책은 정책 수용률을 40% 이상 증가시키는 효과가 있었다(Smith 2020).

그러므로 세계시민으로서 효과적인 소통 역량은 언어 능력을 넘어서는 필수적 요소로 문화적 다양성을 이해하고 이를 바탕으로 원활한 상호작용을 이루는 개인은 국제사회에서 중요한 역할을 수행할 수 있다. 문화 간 소통 능력을 배양하기 위한 노력은 개인의 차원에서뿐만 아니라 교육기관, 기업, 국제기구 등 다양한 영역에서 체계적으로 이루어져야 한다.

1.2 다문화 상황에서 필요한 언어적 민감성

언어적 민감성은 다양한 문화적 환경에서 원활한 소통을 이루기 위해 필수적인 요소다. 이는 언어가 사용되는 맥락을 고려해 적절하게 해석하고 표현하는 능력을 의미한다. 같은 단어라도 사용되는 상황과 문화적 배경에 따라 의미가 달라질 수 있으며 이는 문화적 맥락을 이해하는 것이 왜 중요한지를 보여준다(이상혁 2012:277). 비언어적 의사소통 방식도 문화마다 다르게 해석된다. 같은 몸짓이나 표정이라도 문화에 따라 긍정적이거나 부정적인 의미를 가질 수 있으며 이를 이해하지 못하면 오해가 발생할 수 있다(이상혁 2012:279). 이러한 차이를 인식하고 배려하는 태도는 다문화 사회에서 원활한 의사소통을 위한 필수적인 요소다. 비판적 언어 인식(Critical Language Awareness, CLA)은 언어적 민감성을 키우는 데 중요한 역할을 한다. CLA는 학습자가 언어를 단순한 의사소통 도구가 아니라 사회적 맥락과 권력 관계 속에서 작용하는 요소로 인식하도록 돕는다(김은성 2013:42). 이는 세계시민 교육이 다루는 글로벌 불평등, 문화적 다양성, 사회 정의 등의 이슈와도 연결되므로 언어의 사회적 의미와 문화적 차이를 비판적으로 분석하는 능력을 기르는 것이 중요하다. 언어적 민감성을 향상시키기 위한 구체적인 방법들은 다음과 같다.

1.2.1 다양한 문화의 언어 사용 패턴 학습

언어에는 특정 문화의 가치관과 사고방식이 반영되어 있으므로 다양한 문화권에서 사용되는 표현 방식을 비교·분석하는 것은 언어를 깊이 이해하고 효과적으로 소통하기 위해 필수적이다. 한국어에서 '고생 많았다'라는 표현은 상대방의 노력과 수고를 인정하고 격려하는 의미로 자주 사용된다. 그러나 영어권에서는 'You had a hard time'처럼 직역하면 부정적인 뉘앙스를 띠기 때문에 'Great job!'이나 'Well done!'처럼 긍정적인 의미를 강조하는 표현으로 번역하는 것이 자연스럽다. 이는 한국 문화에서 노력과 인내를 중시하는 가치관이 반영된 반면 영어권 문화에서는 성취와 결과를 강조하는 경향이 있다는 점에서 비롯된 차이라 볼 수 있다 (엄정호 외 2020:147). 프랑스어의 'Bon appétit'는 식사를 즐기라는 의미이지만 영어권에서는 다소 불필요한 표현으로 여겨질 수도 있다 (Goddard, C. 2006: 69-70). 왜냐하면 영어권(미국, 영국 등)에서는 식사라는 행위를 개인적인 것으로 간주하는 경향이 있기 때문에 누군가가 식사를 시작할 때 굳이 "맛있게 드세요" 같은 말을 건네는 것이 상대의 식욕이나 기호에 개입하는 것으로 느껴질 수 있다. 프랑스의 'Bon appétit'는 사회적 유대와 식사의 즐거움을 공유하는 문화적 표현이지만 영어권에서는 개인주의적 식사 문화, 표현의 간결성 중시, 신체적 언어 회피 경향 때문에 다소 불필요하거나 어색한 표현으로 받아들여질 수 있다[1]. 따라서 효과적인 의사소통을 위해서는 해당 언어가 사용되는 문화적 맥락을 이해하고 존중하는 태도가 필수적이다. 다양한 문화권의 언어 사용 패턴을 학습함으로써 우리

---

1 영국에서는 "Enjoy your meal"을 레스토랑 종업원이 고객에게 말할 수는 있지만 사적인 자리에서 "Bon appétit"과 같은 인사는 거의 사용되지 않는다.

는 깊이 있는 상호이해를 이루고 글로벌 환경에서 원활한 소통을 할 수 있을 것이다.

1.2.2 비언어적 의사소통 신호에 대한 이해 증진

비언어적 의사소통은 언어적 표현만큼이나 중요한 역할을 하며 눈맞춤, 몸짓, 손짓과 같은 신호는 문화마다 다르게 해석될 수 있다. 이러한 차이를 인식하고 적절히 활용하는 것은 원활한 대인관계 형성과 효과적인 의사소통을 위해 필수적이다. "서구에서는 직장 내 상사와의 대화에서 적절한 눈맞춤이 능력과 신뢰감을 평가하는 기준이 되기도 하지만 동아시아 국가에서는 시선을 아래에 두는 것이 겸손과 존경의 표현으로 해석된다"고 설명하고 있다(Givens 2005:64). 손짓과 몸짓 역시 문화적 차이를 보인다. 미국과 유럽에서는 손가락을 사용해 숫자를 표현하는 방식이 일반적이지만 일본에서는 손바닥을 위로 향하게 하고 손가락을 하나씩 펴면서 숫자를 세는 방식이 더 익숙하다. 중동 지역에서는 왼손을 사용해 다른 사람에게 물건을 건네는 것이 불쾌감을 줄 수 있으며 이는 이슬람 문화에서 왼손이 부정적인 의미[2]를 가질 수 있기 때문이다. 중동 및 일부 아프리카 국가에서는 왼손을 공적인 자리에서 사용하는 것이 실례가 되

---

2 이슬람 문화에서는 왼손이 부정적인 의미를 가지는 이유가 주로 위생 관습과 종교적 전통에서 비롯된다. 많은 이슬람 국가에서는 화장실 사용 후 개인 위생을 왼손으로 처리하는 것이 일반적이다. 따라서 왼손을 음식이나 다른 사람과의 교류에서 사용하는 것은 비위생적이거나 무례한 행동으로 여겨진다. 또한 이슬람 문화에서 오른손은 깨끗하고 존중받는 손으로 간주된다. 무슬림들은 식사할 때, 악수할 때, 물건을 건넬 때 주로 오른손을 사용한다. 이는 이슬람 예언자 무함마드가 오른손을 사용하는 것을 장려한 것과도 관련이 있다. 따라서 이슬람 문화권에서는 왼손으로 음식을 집거나, 물건을 주거나, 악수하는 것이 실례가 될 수 있다. 무슬림과의 교류 시 이러한 문화를 존중하는 것이 중요하다(https://overseas.mofa.go.kr/).

며 특히 식사나 물건을 주고받을 때 이는 더욱 엄격하게 적용된다(Morris 2015:112). 이러한 문화적 차이를 이해하고 존중하는 것은 글로벌 환경에서 효과적인 의사소통을 위해 필수적인 요소다. 국제 비즈니스 회의나 다문화 협력 프로젝트에서는 비언어적 신호의 차이를 고려하지 않으면 불필요한 오해가 발생할 수 있다. 따라서 다양한 문화권의 비언어적 소통 방식을 학습하고 실천하는 것은 세계시민으로서 필수적인 역량이다.

1.2.3 문화적 맥락에 따른 언어 사용의 차이 인식

언어는 단순한 의사소통의 도구가 아니라 문화적 맥락과 사회적 규범을 반영하는 중요한 요소다. 같은 언어를 사용하더라도 공식적 상황과 비공식적 상황에 따라 언어 사용 방식이 달라진다. 이러한 차이를 이해하고 적절하게 구분하여 사용하는 능력은 원활한 대인관계를 형성하는 데 필수적이다(Kramsch, C. 1998). 영어권에서도 공식적인 상황과 비공식적인 상황에서 언어 사용 방식이 크게 다르다. 업무용 이메일에서는 "Dear Mr. Smith"와 같이 격식을 갖춘 인사말과 함께 "I hope this email finds you well." 등의 정중한 문구가 사용된다. 반면 친구 간의 메시지에서는 "Hey John! How's it going?"처럼 훨씬 자유롭고 친근한 표현이 일반적이다. 이러한 차이를 이해하지 못하면 상대방에게 부적절한 인상을 주거나 심한 경우에는 예의 없는 사람으로 비칠 수도 있다(Thompson, A. & Huensch, A. 2017: 37-52). 일본어에서는 정중한 표현과 겸양어, 경어 사용이 필수적이다. 고객 응대 시에는 상대방을 높이고 자신을 낮추는 표현이 중요한 역할을 한다. 백화점 직원이 고객에게 "이 상품은 어떠십니까?"라고 질문할 때 "Okyakusama wa dou omoi ni narimasu ka?"("お客様はどうお思いになりますか?")와 같은 극존칭 표현을 사용해야 한다. 반면 미국에서는 같은

상황에서도 "What do you think about this product?"처럼 보다 직설적인 표현이 선호된다. 이러한 문화적 차이를 인식하지 못하면 일본에서는 무례하게 보일 수 있으며 반대로 미국에서는 지나치게 형식적인 표현이 오히려 거리감을 형성할 수 있다(Scollon, R. & Scollon, S. W. 2001).

이처럼 언어 사용 방식은 각 문화의 사회적 규범과 가치관을 반영하며 상황에 따라 적절한 표현을 선택하는 것이 중요하다. 글로벌 환경에서는 다양한 문화적 배경을 가진 사람들과의 의사소통이 필수적이므로 각 문화의 언어적 특성을 이해하고 적절하게 적용하는 역량이 필요하다.

2. 다양한 의사소통 스타일 이해

세계화가 빠르게 진행되면서 서로 다른 문화적 배경을 지닌 사람들과 원활하게 소통하는 능력은 현대 사회에서 세계시민으로서 반드시 갖추어야 할 핵심 역량 중 하나가 되었다. 글로벌 환경에서는 문화적 차이로 인해 나타나는 의사소통 방식의 다양성을 이해하는 것이 갈수록 중요해지고 있다. 이는 각 문화가 지닌 고유한 사고방식, 가치관, 행동양식과 밀접하게 연결되어 있기 때문이다.

의사소통 방식은 개인이 속한 문화의 특성과 맥락에 따라 상당한 차이를 보인다. Edward T. Hall(1976)에 의하면 일부 문화는 명확하고 직접적인 표현을 선호하는 '저맥락(low-context)' 커뮤니케이션을 추구하는 반면 다른 문화는 간접적이고 암시적인 방식의 '고맥락(high-context)' 커뮤니케이션을 선호한다. 미국, 독일과 같은 저맥락 문화에서는 정보가 말이나 글로 직접 전달되는 반면 한국, 일본, 아랍권 국가와 같은 고맥락 문화에서는 상대방의 표정, 침묵, 분위기 등 비언어적 요소가 의사소통에 중요한 역할을 한다. 이처럼 문화적 맥락에 따라 의사소통 스타일이 다르다는 사실을 인식하지 못할 경우 의도치 않은 갈등이나 심각한 오해로 이어질 가능성이 크다. 문화 간 의사소통에서 발생하는 갈등의 주요 원인은 '상대방 문화의 사고방식과 가치체계에 대한 이해 부족'이므로 표현의 방식뿐 아니라 그 이면에 깔린 사회적 규범과 배경까지 고려하는 것이 중요하다. 따라서 세계시민으로서 효과적인 소통을 이루기 위해서는 직접적(Direct) 및 간접적(Indirect) 의사소통 방식의 특성과 그 차이를 깊이 있게 이해할 필요가 있다. 회의나 협상 과정에서 직접적 표현을 선호하는 서구권 인사에게 돌려 말하는 방식은 비효율적이거나 불성실하게 받아들여질 수 있고 반대로 간접적 표현을 중시하는 문화권에서는 직접적 표현이 무례하거나 공격적으로 여겨질 수 있다. 따라서 문화적 차이는 국가 간 외교, 국제 비즈니스 협력, 다문화 사회의 통합 등 다양한 영역에서 실제로 중요한 영향을 미치므로 다양한 의사소통 스타일을 이해하고 수용하는 태도는 세계시민으로서의 성숙함과 책임 있는 자세를 보여주는 척도라고 할 수 있다.

2.1 직접적 vs 간접적 의사소통 방식

직접적인 의사소통 스타일과 간접적인 의사소통 스타일은 단순한 말투의 차이를 넘어서 정보 전달의 방식과 피드백 처리에 있어 근본적인 차이를 보인다. 이는 각 문화권의 사회적 가치관, 인간관계에 대한 기대, 권위에 대한 인식 등과 밀접하게 연결되어 있다. 직접적인 의사소통을 선호하는 문화에서는 명확한 표현과 솔직한 피드백이 신뢰 형성의 기초로 여겨진다. 이들은 효율성과 정직성을 중시하며 충돌이 발생하더라도 갈등이 아닌 문제 해결의 과정으로 받아들인다. 이러한 커뮤니케이션 방식은 팀 간 협업을 강화하고 빠른 의사결정과 책임 있는 행동을 촉진하는 데 효과적이다(김성진외 2021:85). 미국과 독일은 직접적 의사소통 문화를 대표하는 나라다. 미국 실리콘밸리 기업에서는 팀원 간 코드 리뷰나 프로젝트 평가 시 개선이 필요한 점을 직접적으로 언급하고 피드백을 주고받는 문화가 자리 잡고 있다. 이는 문제를 신속히 개선하고 성과를 높이는 데 긍정적인 영향을 미친다(박영실 2019:29). 독일의 제조업 현장인 자동차 산업에서는 품질 회의 중 오류나 비효율이 발견되면 이를 바로 지적하고 구체적인 해결책을 제시하는 것이 일반적이다(김성진 외 2021:88).

반면 간접적인 의사소통 스타일을 선호하는 문화권에서는 명확한 정보 전달보다 상대방의 감정, 체면, 관계의 조화를 고려한 표현 방식이 중심이 된다. 갈등을 드러내기보다는 회피하거나 완곡한 표현을 통해 부정적 메시지를 우회적으로 전달하는 것이 일반적이다. 한국, 일본, 중국과 같은 동아시아 문화권에서는 이러한 방식이 인간관계의 안정과 조직 내 조화를 유지하는 데 효과적이라고 여겨진다(박영실 2019:27). 한국에서는 공식 회의나 발표 자리에서 반대 의견을 표현할 때 정면으로 반박하기보다는 "그 부분에 대해서는 다른 접근도 고려해볼 수 있을 것 같습니다"와 같이 대안 제시의 형식을 빌려 반대의 뜻을 완곡하게 전달하는 경우가 많다. 이는 직접적인 충돌을 피하면서도 자신의 관점을 전달하는 문화적 방식이다. 일본에서는 협상이나 비즈니스 미팅 중 상대의 제안에 동의하지 않을 때 "조금 더 내부적으로 논의해보고 연락드리겠습니다" 또는 "지금은 타이밍이 적절하지 않은 것 같습니다"라는 표현을 통해 거절이나 보류의 뜻을 우회적으로 전달한다. 이러한 방식은 체면을 손상시키지 않고 관계를 유지하는 데 목적이 있다. 태국과 인도네시아와 같은 동남아 문화권 역시 의견 충돌을 노골적으로 드러내지 않기 위해 비언어적 표현이나 간접적 암시를 자주 사용한다. 태국에서는 회의 중 반대 의견이 있더라도 미소를 짓거나 침묵으로 반응하는 경우가 많으며 이는 곧 동의하지 않지만 직접 말하지 않겠다는 신호로 해석된다. 인도네시아에서도 불편한 주제를 피하기 위해 대답을 회피하거나 화제를 돌리는 방식으로 의사를 표현하는 경우가 흔하다. 이는 조화를 중시하고 체면을 보존하려는 문화적 특성에서 비롯된 것이다(강윤주 2019). 이처럼 문화에 따라 의사소통의 스타일이 다르며 이를 정확히 이해하고 적절히 대응하는 능력은 다문화 환경에서의 갈등을 줄이고 효과적인 협력을 가능하게 하는 핵심 역량이다. 이러한 차이는 단순한 대화 방식에 그치지 않고 조직 내 커뮤니케이션 전략, 글로벌 비즈니스 협상, 외교적 대화, 교육 및 팀워크 운영 등 다양한 분야에서 실질적인 영향을 미친다(김성진 외 2021:92).

2.2 문화권별 의사소통 스타일 비교

의사소통 스타일의 차이는 사회적 관계, 개인의 역할, 상황의 맥락에 따라 표현 방식이 달라질 수 있으며 이는 문화별 커뮤니케이션 방식에 깊은 영향을 미친다(Hall 1976). 서구권 국가에서는 개인의 자율성과 표현의 자유가 강조되며 자신의 의견을 명확히 전달하는 것이 신뢰의 기반이라고 여겨진다. 미국에서는 회의 중 자유로운 의견 개진이 조직의 생산성과 투명성을 높이는 중요한 요소로 간주된다(World Business Culture n.d.). 반면 동아시아 문화권에서는 타인의 감정과 사회적 위계를 고려하는 것이 우선시되며 이에 따라 의사소통 방식도 간접적이고 조심스러운 경향을 보인다(Commisceo Global n.d.). 일본의 기업 회의에서는 직접적인 반대 의견 제시보다는 침묵이나 모호한 표현을 통해 입장을 전달하는 방식이 일반적이다. 이는 공동체 내 조화를 중시하는 문화적 배경에서 비롯된다. 한국에서는 상급자가 의견을 요청할 때 부정적인 입장을 직접적으로 말하기보다는 "조금 더 검토가 필요할 것 같습니다"처럼 완곡한 표현을 선호한다. 중국 비즈니스 환경에서도 "추후 검토해보겠다"는 식의 표현을 통해 거절 의사를 에둘러 전달하면서도 관계를 유지하려는 태도를 보인다. 이러한 간접적 표현 방식은 대화를 부드럽게 이어갈 수 있게 하지만 문화적 차이를 모르면 오해나 비효율을 초래할 수 있다.

미국과 일본의 비즈니스 미팅 방식을 비교해보면 미국에서는 회의가 명확한 시간 안에 핵심 쟁점을 중심으로 진행되며 직접적인 피드백과 빠른 의사결정을 통해 실행 중심의 결과를 도출한다(World Business Culture n.d.). 이와 달리 일본에서는 결론에 이르기까지 시간이 오래 걸리는 경우가 많으며 모두의 합의(consensus)를 도출하는 데 초점을 맞춘다. 회의에서는 직접적인 논박보다 암묵적 동의와 관계 유지를 고려한 커뮤니케이션이 선호된다(JETRO n.d.). 커뮤니케이션 수단 자체에도 문화적 선호 차이가 존재한다. 서구권에서는 이메일이나 전화와 같은 비대면 커뮤니케이션이 효율성과 시간 절약을 위해 흔히 사용된다(Paubox n.d.). 반면 동아시아권에서는 대면 접촉을 통해 신뢰를 형성하는 과정을 더 중시하며 처음부터 메시지를 강하게 전달하기보다는 관계 구축 이후 의견을 조율해 나가는 방식이 일반적이다(Commisceo Global n.d.). 프랑스에서는 논리적이고 구조화된 표현을 중시하는 문화적 특성이 강하다. 토론이나 회의에서 의견을 개진할 때 화자는 자신의 입장을 명확히 밝히되 논리적 근거와 철저한 분석을 바탕으로 설득하려는 경향이 강하다(Cultural Atlas – France n.d.). 반면 브라질과 같은 라틴 아메리카 국가에서는 상대방과의 관계 형성을 우선시하며 감정 표현이 더 자연스럽고 빈번하다. 브라질인들은 회의 중에도 농담이나 감정적 표현을 자주 사용하며 이는 긴장을 풀고 유대감을 형성하는 수단으로 작용한다(Cultural Atlas - Brazil n.d.). 태국에서는 '조화(harmony)'와 '체면(face)'을 중시하는 문화적 특성상 의견을 표현할 때 간접적인 방식이 일반적으로 사용된다(Lee 2021). 회의 중 상사의 의견에 반대할 때는 즉각적으로 반박하기보다는 "다른 방안도 고려해 보면 어떨까요?"와 같이 완곡한 표현을 선호한다. 이는 태국 문화에서 갈등을 드러내는 것을 피하고 집단 내 조화를 유지하려는 성향과 맞물려 있다. 인도네시아 역시 고맥락(high-context) 문화로 분류되며 관계 중심적 커뮤니케이션이 주를 이룬다. 비즈니스 상황에서도 직접적인 표현보다는 암시나 눈치에 의존한 간접적 소통 방식이 일반적이다. 부정적인 의견을 전달할 때도 '재검토가 필요하다'는 식으로 완곡하게 표현하며 공개적인 자리보다는 비공식적인 대화를 선호한다(Riana & Suutari 2018). 사우디아라비아와 같은 중동 문화권에서는 위계질서를 중시하고 의사결정이 상위 권력자 중심으로 이뤄지는 경우가 많다. 의사소통 역시 직접적인 표현보다는 간접적이고 정중한 방식이 선호되며 공개적인 비판은 매우 드물다(Cultural Atlas - Saudi Arabia n.d.; One IBC n.d.). 이처럼 문화별 커뮤니케이션 스타일은 가치관, 종교, 정치 구조 등 다양한 요소와 연결되어 복합적으로 작용한다. 그러므로 문화별로 의사소통 방식은 명확히 다르며 이를 제대로 이해하지 못하면 글로벌 비즈니스나 외교적 상황에서 중대한 오해나 신뢰 훼손으로 이어질 수 있다. 문화권별 의사소통 스타일을 표로 정리해보면 다음과 같다.

〈표 1〉 문화권별 의사소통 스타일

국가	의사소통 스타일	회의시 피드백 특징	문화적 배경
미국	직접적이고 개방적인 표현	- 자유로운 의견 개진 - 신속한 피드백과 의사결정	개인의 자율성과 표현의 자유 중시
일본	간접적이고 암묵적인 표현	- 합의도출 중심 회의 - 침묵, 모호한 표현 선호	조화와 사회적 관계 중시
한국	완곡한 표현	직접적인 반박보다 부드러운 의견 전달	상하관계와 예의 강조
중국	간접적인 표현	'추후검토' 등 관계 유지 표현 선호	관계유지와 체면중시
프랑스	논리적이고 구조화된 표현	명확한 입장과 논리적 근거 중시	논리적 설득력 강조
브라질	감정표현이 풍부하고 관계중심적인 표현	회의중 농담과 감정표현 빈번	관계형성과 분위기 조성 중시
태국	간접적이고 조화 지향적인 표현	완곡한 제안 표현 빈번	체면과 갈등회피 문화
인도네시아	암시적이고 간접적인 표현	공식회의보다 비공식 대화 선호	높은 맥락문화와 관계중심
사우디아라비아	간접적이고 정중한 표현	- 공개적 비판 회피 - 신중한 언어 사용	위계질서와 존중 강조

3. 다국적 협업 능력

오늘날의 일터는 더 이상 국경이라는 경계를 뚜렷하게 의식하지 않는다. 디지털 기술의 비약적인 발전과 글로벌 시장의 확대는 서로 다른 국가와 문화권의 사람들이 하나의 팀으로 협력하는 환경을 일상적인 업무 방식으로 만들었다. 이처럼 다국적 협업은 현대 사회에서 보편적인 업무 형태로 정착되었으며 다양한 문화적 배경을 이해하고 존중하는 태도는 이제 선택이 아닌 필수가 되었다. 3.1에서는 다국적 협업 능력이 왜 중요한

지를 다루고 3.2에서는 다국적 협업 과정에서 반드시 고려해야 할 문화 요소들을 구체적으로 살펴본다. 3.3에서는 이러한 문화적 차이를 어떻게 극복하고 다국적 팀 안에서 효과적인 협업을 이끌어낼 수 있는 전략에 대해 제시한다.

3.1 다국적 협업의 중요성

현대 사회는 빠르게 글로벌화 되고 있으며 다양한 국적과 문화적 배경을 지닌 사람들과 협력하는 능력은 더 이상 선택이 아닌 필수 역량으로 자리 잡고 있다. 경제, 정치, 사회 전반에서 국가 간 협력의 필요성이 증가하면서 다국적 협업의 중요성은 더욱 강조되고 있다(Georgieva 2023). 기업뿐만 아니라 학문, 연구, 창업 등 다양한 분야에서 다국적 협업이 활발히 이루어지고 있으며 이에 따라 협업 역량을 갖춘 개인과 조직은 글로벌 시장에서 높은 경쟁력을 확보하게 된다(World Economic Forum 2022). 다국적 협업은 경제 성장과 기술 혁신의 핵심 동력으로 작용하고 있다. 글로벌 기업들은 세계 각지에서 전문 인재를 채용하고 있으며 이를 통해 기업 간 국가 간 기술 교류와 공동 연구 개발이 활발히 진행되고 있다(Meer 2024). 이러한 환경에서 다국적 협업의 효율성은 기업 성과에 직접적인 영향을 미치며 창의적이고 혁신적인 결과를 창출하는 데 결정적인 역할을 한다. 학문 분야에서도 다양한 문화적 배경을 지닌 연구자들과의 협력은 새로운 시각과 아이디어를 이끌어내는 데 기여하고 있으며 국제 공동 연구의 중요성도 꾸준히 증가하고 있다(ResearchGate 2022).

다국적 협업은 경제적 측면을 넘어 문화적 이해와 상호 존중을 증진하는 데에도 중요한 역할을 하므로 서로 다른 가치관과 문화적 차이를 수용하고 조율하는 태도가 필수적이며 이를 통해 더욱 지속 가능하고 조화로운 협력 관계를 구축할 수 있다(AIMS International 2025). 따라서 성공적인 다국적 협업을 위해서는 문화적 차이에 대한 이해와 존중, 그리고 이를 바탕으로 한 실질적인 협업 전략이 요구된다(JointheCollective 2024). 다국적 협업 환경에서는 서로 다른 커뮤니케이션 방식에 대한 이해가 필수적이다. 어떤 문화에서는 명확하고 직접적인 표현을 선호하는 반면 다른 문화에서는 간접적이고 암시적인 의사소통을 중시할 수 있다. 협업 참여자들은 이러한 차이를 인식하고 유연하게 조율할 수 있는 역량을 갖추어야 한다(Diversity Resources 2023). 또한 조직 구조나 리더십 스타일의 차이도 협업 방식에 영향을 미친다. 권위적인 조직 문화를 가진 국가에서는 상사의 지시를 중시하는 경향이 강한 반면 수평적 조직 문화를 가진 국가에서는 자율성과 상호 의견 교환이 강조된다(Vorecol 2024). 시간 관리와 업무 방식의 차이도 주요 고려사항이다. 서구 문화권에서는 명확한 일정과 목표 중심의 업무 처리를 중요시하는 반면 다른 문화에서는 유연성과 상황 적응력을 중시하는 경향이 있다. 이러한 차이를 고려하지 않을 경우 일정 지연이나 갈등이 발생할 수 있으므로 효과적인 프로젝트 관리와 일정 조율 전략이 요구된다.

3.2 다국적 협업 시 고려할 문화 요소

다국적 협업에서는 참여자 간의 다양한 문화적 차이를 충분히 고려해야 하며 이러한 차이를 정확히 이해하고 존중하는 것이 원활한 협업의 기본 전제가 된다. 문화적 차이는 의사소통 방식, 시간 개념, 조직 내 권위에 대한 인식, 개인주의와 집단주의의 성향, 불확실성 회피 정도 등 다양한 사회문화적 요소에 걸쳐 나타난다. 각 문화권은 고유한 가치관과 행동양식을 지니고 있으며 이러한 차이를 인식하지 못한 채 협업이 진행될 경우 팀 내 오해나 갈등, 심지어 프로젝트의 실패로 이어질 가능성도 배제할 수 없다. 다국적 협업 환경에서는 상대방의 말과 행동을 해석하는 기준 자체가 서로 다르기 때문에 표면적인 정보 이상의 맥락을 읽는 능력이 요구된다. 문화적 감수성[3]이 부족한 상태에서의 협업은 신뢰 형성을 방해하고 팀워크의 붕괴로 이어질 수 있다. 따라서 다국적 협업에 참여하는 팀원들은 서로의 문화적 배경을 이해하고 이를 바탕으로 적절한 협업 방식을 함께 구축해나가는 것이 필수적이다. 이 과정에서는 '틀린 것이 아니라 다른 것'이라는 관점을 바탕으로 한 개방적 태도가 중요하다. 서로의 문화적 특징을 존중하며 다름을 있는 그대로 수용하고 때로는 타협과 조율을 통해 공통의 기준을 형성하려는 노력이 필요하다. 문화적 차이를 무시하거나 일방적으로 자신의 기준을 강요하기보다는 공동의 목표를 달성하기 위한 최적의 방법을 문화적 다양성 속에서 함께 찾아가는 태도가 중요하다. 이러한 배경을 바탕으로 다국적 협업에서 고려해야 할 대표적인 문화적 요소인 의사소통 스타일, 시간 개념, 조직 내 권위와 계층구조에 대한 인식, 개인주의와 집단주의의 성향, 불확실성 회피 정도 등에 대해 살펴보고자 한다.

---

3 문화적 감수성(cultural sensitivity)은 다른 문화에 속한 사람들의 가치, 신념, 행동양식을 이해하고 존중하는 태도를 의미한다. 이는 문화 간 오해를 줄이고 효과적인 상호작용을 가능하게 하는 중요한 요소이다(Bennett, M. J. 1993).

3.2.1 의사소통 스타일

문화권마다 선호하는 의사소통 방식에는 뚜렷한 차이가 존재한다. 어떤 문화권에서는 명확하고 직접적인 표현을 통해 메시지를 분명하게 전달하는 것을 중요하게 여기지만 다른 문화권에서는 상대방의 체면을 고려하거나 갈등을 피하기 위해 완곡한 표현과 암시적인 커뮤니케이션 방식을 선호한다. 독일이나 미국처럼 저맥락(low-context) 문화에 속하는 국가에서는 커뮤니케이션이 주로 언어적 메시지에 의존하며 명확하고 구조화된 정보 전달이 강조된다. 반면 일본이나 한국과 같은 고맥락(high-context) 문화에서는 말보다는 말 외적인 요소—표정, 침묵, 맥락 등—가 중요한 커뮤니케이션 수단으로 작용하며 직설적인 표현보다는 간접적이고 함축적인 전달이 일반적이다(Kotabe & Helsen 2020:203). 이러한 커뮤니케이션 방식의 차이는 실제 기업 환경에서도 뚜렷하게 나타난다. 글로벌 IT 기업 내 다국적 팀한 사례를 들어 보면 미국 본사가 이끄는 프로젝트 회의에서는 각 팀원이 자신의 의견을 명확하게 표현하는 것이 권장된다. 이는 미국식 커뮤니케이션의 핵심 가치인 개방성과 자기표현(self-expression)에 기반한다. 반면 한국이나 일본의 팀원들은 팀 분위기나 상하관계, 그룹 내 조화를 고려해 의견을 직접적으로 제시하기보다 완곡하게 표현하거나 때로는 침묵을 선택하는 경우도 있다. 이로 인해 프로젝트 초반에는 의도하지 않은 오해나 비효율이 발생할 수 있다(Hofstede, Hofstede & Minkov 2010). 그러나 문화적 배경에 대한 인식을 바탕으로 적절한 피드백 방식과 커뮤니케이션 전략을 조율하면 오히려 이러한 다양성이 팀의 창의성과 문제 해결 능력을 강화하는 요소가 될 수 있다. 따라서 다국적 팀에서는 구성원 간의 커뮤니케이션 방식 차이를 단순한 스타일의 차이가 아닌 서로 다른 문화적 가치관의 표현으로 이해하고 존중하는 태도가 필수적이다.

협업 초기 단계에서는 명확한 커뮤니케이션 가이드라인을 설정하고 피드백은 구체적이며 문화적으로 수용 가능한 방식으로 제공하는 것이 바람직하다.

문화유형에 따른 의사소통 스타일 사례를 표로 정리하면 다음과 같다.

〈표 2〉 문화 유형별 의사소통 스타일 사례 비교표

문화 유형	의사소통 특징	대표 국가	기업 사례 및 특징	협업 시 유의점
저맥락문화 (Low-context)	직접적, 명확한 표현 언어 중심 커뮤니케이션	독일, 미국	문제를 즉시 지적하고 빠른 해결책 논의 선호 (독일 자동차 기업)	명확한 표현, 빠른 의사결정 선호. 돌려 말하기는 혼란 초래 가능
고맥락문화 (High-context)	간접적, 함축적 표현 비언어적 신호 중시	일본, 한국	갈등 회피, 팀 조화 강조 (일본 전자기기 기업)	직접적 피드백은 민감할 수 있음. 맥락과 분위기 고려 필요
혼합형 환경 (다국적 팀)	표현 방식 다양, 문화 차이로 오해 가능	미국 + 일본/한국 팀	미국은 개방적 표현, 동아시아 팀은 조심스러운 의견 조율 (글로벌 IT 기업)	커뮤니케이션 가이드라인 설정. 피드백 방식 조율 필요

3.2.2 시간 개념

문화에 따라 시간에 대한 인식과 접근 방식은 크게 다를 수 있다. 서구권 국가들은 일반적으로 '시간 엄수(punctuality)'를 중요한 가치로 여기며 약속, 일정, 마감 기한 등을 철저히 지키는 문화를 갖고 있다. 이들은 시간을 선형적이고 자원처럼 소모되는 개념으로 인식하며 업무 효율성과 생산성을 높이기 위해 정해진 계획을 중시한다. 반면 일부 남미, 아프리카 및 중동 국가들에서는 좀더 유연한 시간 개념을 가지고 있으며 사람 간의 관계, 상황의 유동성 등을 시간보다 더 중요한 요소로 간주하는 경향이 있다. 이들은 시간보다 인간 중심의 상호작용을 우선시하며 일정은 조정 가능한 것으로 인식한다(Hall 1983; Gelfand et al. 2017:117). 실제로 이러한 시간 개념의 차이는 국제적인 비즈니스 협업에서 중요한 변수로 작용한다. 독일과 미국의 기업들은 프로젝트 일정과 마감 기한을 엄격하게 준수하는 문화를 가지고 있다. 이들은 계획 수립 초기부터 상세한 타임라인을 설정하고 이를 기준으로 프로젝트를 진행하며 지연은 신뢰도에 영향을 미치는 문제로 여긴다. 반면 브라질이나 인도 기업들은 유연한 일정 관리 방식을 선호하며 예기치 못한 상황 변화에 따라 일정을 조정하는 것이 자연스럽다고 여긴다. 이러한 문화적 차이로 인해 다국적 협업에서 마감 기한을 설정할 때 서구권 기업들은 명확하고 고정된 일정을 요구하는 반면 남미나 중동 지역 기업들은 일정 지연 가능성을 전제하고 조정 가능한 계획을 선호하는 경향이 있다(Hampden-Turner & Trompenaars 2000). 이처럼 각 문화권의 시간 개념 차이는 협업의 흐름과 결과에 실질적인 영향을 미친다. 따라서 국제 협업에서는 일방적인 일정 강요보다 상대방의 시간 인식 방식을 이해하고 반영한 일정 조율이 필요하다. 초기 기획 단계에서 각자의 시간 인식에 대해 명확히 공유하고 현실적이고 융통성 있는 계획을 함께 수립하는 것이 갈등을 줄이고 협업의 효율을 높이는 핵심 전략이다. 문화권별 시간개념에 대한 사례를 표로 정리하면 다음과 같다.

〈표 3〉 문화권별 시간 개념에 대한 문화적 차이 사례 비교표

문화권	시간 인식 유형	주요 특징	기업 사례 특징	협업 시 유의점
독일, 미국 (서구권)	모노크로닉 (선형적)	시간 엄수, 계획 중시	일정·마감 철저 준수, 지연 시 신뢰도 하락	명확한 일정 설정 필수, 일정 변경에 민감
브라질, 인도 (남미·중동)	폴리크로닉 (유연형)	관계 중시, 일정 조정 가능	예기치 못한 변수로 일정 변경 빈번	유연한 일정 조율, 변화 대비 필요
한국, 일본 (동아시아)	장기지향 / 신중형	합의 중시, 준비에 시간 투자	느린 의사결정, 철저한 내부 검토 선호	중간 목표설정, 속도 기대 조율 필요
미국	속도 중심, 결과 지향	빠른 의사결정, 성과 중시	초기 성과 요구, 빠른 실행 선호	일본 등과 협업 시 속도 차이 인식 필요

3.2.3 조직 내 권위와 계층구조 대한 인식

조직 내 권위와 계층구조에 대한 인식은 문화에 따라 뚜렷하게 다르게 나타난다. 권력거리(Power Distance)는 조직 내에서 권력과 권위가 얼마나 불균등하게 분포되어 있으며 그 불균형을 구성원들이 얼마나 수용하는지를 보여주는 문화적 지표다(Hofstede 2010:76). 권력거리가 높은 문화권(한국, 중국, 러시아)에서는 상급자의 지시를 존중하고 위계질서를 중시하는 경향이 강하다. 이러한 문화에서는 상사의 결정이 최종적이며 구성원들은 이를 따르는 것이 조직 내 질서를 유지하는 방식으로 받아들여진다. 구성원들은 상사에게 도전하거나 반대 의견을 직접적으로 표현하기보다는 암묵적인 동의를 보이거나 비공식적인 경로를 통해 의견을 전달하는 경향이 있다. 반면 권력거리가 낮은 문화권(스웨덴, 덴마크, 네덜란드)에서는 조직 내 권위가 수평적으로 분산되어 있고 상하관계보다는 평등한 의사소통과 협업이 강조된다. 이러한 문화에서는 개인의 전문성과 논리적인 타당성이 더 중요한 의사결정 기준이 된다. 상사는 '명령자'라기보다는 '조

력자'로 인식되며 의사결정은 팀원들과의 활발한 논의를 통해 이루어진다 (Trompenaars & Hampden-Turner 2012). 이러한 문화적 차이는 실제 기업 환경에서도 분명하게 드러난다. 한국의 대기업에서는 상사의 지시와 판단이 업무 수행에 있어 중요한 기준으로 작용한다. 팀원들은 상사의 의견을 우선적으로 고려하고 이를 따르는 것이 조직 내에서의 신뢰와 충성의 표현으로 간주된다. 이는 조직 내 위계가 분명하고 연공 서열 및 직책에 따라 권한과 책임이 나뉘는 구조와 관련이 있다(Chen et al. 2009). 반면 덴마크의 IT 기업에서는 직급에 관계없이 모든 구성원이 자유롭게 의견을 개진할 수 있는 분위기가 조성되어 있으며 상사 역시 팀원들과 대등한 위치에서 토론하고 협업하는 스타일을 선호한다(Meyer 2014). 문화권별 계층구조와 권위의식 사례를 표로 정리하면 다음과 같다.

〈표 4〉 문화권별 계층 구조와 권위 인식에 대한 사례 비교표

문화권	권력 거리 수준	조직내 권위인식 특징	기업사례 특징
한국	높음	상사의 지시를 존중, 위계질서 중시. 구성원의 충성심 강조	대기업 중심 구조, 상사의 판단이 업무 기준. 상향식 피드백은 드물고, 수직적 소통 선호.
덴마크	낮음	수평적 관계 중시, 상하 간 의사소통 자유로움.	기업에서 직급 무관 자유로운 의견 개진. 상사는 '리더'보다는 '동료'에 가까운 역할 수행
미국	낮음	자율성, 개인 표현 중시. 빠른 의사결정 선호.	회의에서 자유롭게 의견 개진, 개인 책임 강조. 상사가 아닌 개인 역량 중심 문화.
일본	중간-높음	위계질서 존재하나, 집단 합의와 조화 중시	네마와시(사전 조율)를 통한 의사결정. 상사는 방향 제시자 역할, 결정은 집단 기반.

| 중국/
러시아 | 높음 | 강한 위계 구조. 상사의
권위와 지시에 의존. | 명확한 상명하복 구조, 직접
반대 의견은 드물며, 위에서
아래로 의사결정 전달. |
| 스웨덴/
네덜란드 | 낮음 | 평등한 구조, 협력과 의견
교환 강조. | 팀 기반 의사결정, 상사는
의견 조율자. 권위보다는
합리성과 투명성 중시. |

3.2.4 개인주의 vs 집단주의

개인주의 문화(미국, 영국)에서는 개인의 성취와 독립성이 핵심 가치로 강조된다. 이들 문화에서는 자신의 의견을 명확히 표현하고 개인의 기여를 드러내는 것이 중요한 사회적·조직적 규범으로 받아들여진다. 자기표현과 자율성은 개인의 역량을 나타내는 주요 지표로 작용하며 개인의 능력과 성과가 평가의 중심이 된다. 따라서 성과급 제도, 성과 기반 인사관리 등이 널리 활용된다(Hofstede et al. 2010). 미국의 실리콘밸리는 세계적으로 잘 알려진 개인주의 조직 문화의 상징이다. 이곳의 기업들은 직원 개개인의 창의성과 혁신성을 기업 성과의 핵심 요소로 간주하며 자율성과 책임을 기반으로 한 조직 운영 방식을 지향한다(Schein, E. H. 2010). 성과가 뛰어난 직원은 빠르게 승진하거나 고액 연봉, 스톡옵션, 독립적 프로젝트 기회 등을 통해 개별 보상을 받으며 자신의 기여를 적극적으로 홍보하는 능력 또한 성공의 중요한 요건이 된다(Meyer,E. 2014). 반면 집단주의 문화(한국, 일본, 인도네시아)에서는 공동체의 조화와 팀워크가 중심 가치로 강조된다. 이들 문화에서는 개인보다 집단의 이익과 목표 달성이 우선시되며 구성원 간 상호 의존성과 협력이 중요하게 작용한다(Triandis, H. C 2018:132). 개인이 독자적으로 행동하기보다는 집단 내 역할과 책임을 조율하면서 조직 전체의 조화와 안정성을 추구한다. 일본 대기업의 경우 의사결정 과정에서 개인의 의견보다 팀 내 합의를 중시하는 경향이 강

하며 이는 전통적인 '네마와시(根回し)' 문화와도 맞물려 있다. 일본 자동차 도요타의 생산방식은 팀 기반의 문제 해결, 지속적 개선, 그리고 집단 성과 지향이라는 집단주의의 특성이 잘 반영된 운영 모델이다(Liker, J. K. 2004). 한국 기업 문화에서도 집단주의의 영향은 뚜렷하다. 상명하달(top-down)식 구조가 여전히 존재하며 상급자의 지시와 팀워크, 조직 내 조화가 중요하게 여겨진다. 삼성전자의 R&D 프로젝트에서는 개별 연구자의 창의성보다는 팀 단위의 전략적 목표 달성과 협업을 중시하는 경향이 있다(Chang, S.-J.2011). 이러한 방식은 구성원 간 갈등을 줄이고 안정적인 조직 운영에 기여하지만 반대로 개인의 창의성과 자율성이 위축될 수 있다는 비판도 존재한다. 이처럼 개인주의와 집단주의는 단순히 의사소통 스타일이나 업무 방식의 차이를 넘어서 조직 운영, 리더십, 보상, 갈등 관리 등 전반적인 조직문화에 광범위하게 영향을 미치는 핵심 가치 체계이다. 따라서 글로벌 조직 환경에서는 이 두 문화가 충돌하기보다는 상호보완적 역할을 할 수 있도록 조율하는 것이 중요하다. 문화권별 개인주의와 집단주의 비교 사례를 표로 정리하면 다음과 같다.

〈표 5〉 문화권별 개인주의 vs 집단주의 사례 비교표

	개인주의 문화	집단주의 문화
대표 국가	미국, 영국, 캐나다	한국, 일본, 인도네시아
핵심 가치	개인 성취, 자율성, 자기표현	조화, 팀워크, 상호 의존성
조직 특징	성과 중심, 개별 평가 성과급 및 보상 제도 활용 자기 PR 중요	팀 중심 평가, 집단 목표 우선 합의와 협력 강조 개인 의견보다 조직 조화 중시
의사결정 방식	개인의 의견 존중 빠른 의사결정 선호	팀 내 합의 중시 '네마와시'(사전 조율) 강조

사례 기업	실리콘밸리 기업 (자율·창의 중시) 성과 기반 보상 (스톡옵션, 독립 프로젝트)	일본 도요타 (TPS, Kaizen)[4] 삼성전자 R&D(전략적 목표 중심 협업)
장점	창의성, 혁신, 경쟁력 강화	조직 안정성, 협력, 갈등 최소화
잠재적 단점	개인 간 경쟁 심화 팀워크 약화 가능성	개인 창의성 억제 의사결정 지연 가능성
글로벌 협업 전략	자율성 보장, 개인 책임 강조	조화 유지, 합의 중심, 간접 커뮤니케이션 중시

3.2.5 불확실성에 대한 태도

문화에 따라 불확실성과 변화에 대한 인식과 대응 방식은 크게 달라진다. 어떤 문화권에서는 예측 불가능한 상황이나 변화에 대해 긍정적으로 접근하며 이를 기회로 인식하고 유연하게 대응하는 경향이 있다. 이들은 즉흥성, 융통성, 적응력을 중요시하며 상황의 흐름에 따라 유동적으로 결정을 내리는 방식을 선호한다. 반면 다른 문화권에서는 불확실성을 리스크로 간주하고 이를 최소화하기 위해 명확한 규칙, 절차, 계획을 선호한다. 이러한 문화에서는 예외 상황보다 일관성과 안정성을 중시하며 가능한 한 변수를 제거한 상태에서 의사결정을 내리려는 경향이 강하다(Hofstede et al. 2010; Kirkman et al. 2016:224). 독일과 일본은 불확실성 회피 지수가 높은 국가들로 분류되며 사전 계획, 문서화, 절차 중심의 실행 방식을 선호한다(Hofstede et al. 2010). 이들은 일의 예측 가능성을 높이기 위해 단계적인 접근을 취하고 세부적인 사전 분석과 리스크 평가를 통해 불확실성을 통제하려 한다. 반면 브라질이나 인도는 불확실성에 대해 비교적 관대하며 즉흥적 판단, 유연한 계획 수정, 상황 적응을 자연스럽게 받아들이는 문화적 특징을 지닌다(Trompenaars & Hampden-Turner 2012).

---

4 TPS (Toyota Production System)/Kaizen: 지속적인 개선과 효율성 극대화

다음은 글로벌 자동차 제조업체 폭스바겐(Volkswagen)이 인도 시장에 진출하면서 겪은 문화적 충돌 예이다. 독일 본사는 철저한 사전 계획, 고도로 표준화된 절차, 그리고 정밀한 품질 통제 시스템을 중심으로 운영되는 경영 모델을 인도 현지 공장에 동일하게 적용하고자 했다. 그러나 인도의 산업 환경은 예상치 못한 변수가 많고 작업 현장에서는 유연한 의사결정과 현장 판단이 요구되는 경우가 많았다. 이에 따라 초기에는 생산 지연, 실행 혼선, 일정 변경 등 문제가 발생했으나 폭스바겐은 현지 팀과 협력하여 운영 방식을 부분적으로 수정하고 일부 관리 절차를 간소화하는 등 상황 적응형 전략을 도입함으로써 갈등을 해소할 수 있었다(Baliga 2019). 이 사례는 글로벌 기업이 본사의 체계를 일방적으로 주장하기보다는 현지의 문화적 기대와 현실에 맞게 조정할 필요성을 잘 보여준다. 이처럼 불확실성에 대한 문화적 태도 차이는 조직 구조, 리더십, 리스크 관리, 실행 속도 등 다양한 요소에 영향을 미친다. 따라서 다국적 협업에서는 불확실성을 두려움이 아닌 성장의 기회로 전환할 수 있는 문화적 감수성과 리더십이 글로벌 협업의 핵심 역량으로 작용한다(Gelfand et al. 2017). 문화권별 불확실성 태도 사례를 표로 정리하면 다음과 같다.

〈표 6〉 문화권별 불확실성에 대한 태도 사례 비교표

	불확실성 회피 문화 (High Uncertainty Avoidance)	불확실성 수용 문화 (Low Uncertainty Avoidance)
문화적 특징	명확한 규칙, 계획, 절차 중시 예측 가능성 확보, 리스크 최소화	유연성, 즉흥성, 적응력 중시 변화를 기회로 인식
대표 국가	독일, 일본	브라질, 인도, 미국
조직 운영 방식	단계적 실행, 사전 분석, 문서화 중시	빠른 의사결정, 실험적 접근, 현장 판단 수용

실제 사례	폭스바겐-인도 독일식 체계 적용 → 현지 유연성 부족으로 갈등 발생 → 일부 절차 간소화로 조율	일본-미국 협업 일본: 계획 중심, 미국: 빠른 실행 선호 → 상호 조정 통해 혼합형 협업 구조 형성
협업 전략	문화차이를 고려한 일정 계획 과도한 통제보다 상황 대응 여지 확보	구조화된 시스템 도입으로 안정성 보완 정보 공유와 피드백 강화

3.3 다국적 협업의 효과적 실행을 위한 전략

다국적 팀이 원활하게 협업하려면 단일한 접근 방식보다는 다양한 전략을 유기적으로 결합해 적용해야 한다. 글로벌 환경에서는 앞서 3.2에서 살펴본 바와 같이 문화적 차이, 의사소통 방식, 시간에 대한 인식, 조직 내 권위 구조 등 다양한 요소가 협업의 성패를 좌우한다. 따라서 이러한 요인들을 체계적으로 분석하고 팀의 특성과 환경에 맞는 구체적이고 실행 가능한 접근 방식을 마련하는 것이 필수적이다. 서로 다른 문화적 배경을 가진 팀원들 간에는 인식 차이에서 비롯된 오해나 갈등이 빈번히 발생할 수 있다. 이를 방지하기 위해서는 문화 간 차이에 대한 사전 인식과 민감성 교육이 선행되어야 하며 모든 팀원이 공유할 수 있는 명확한 역할 정의와 공동의 목표 설정이 필요하다. 따라서 팀원들은 상호 존중과 문화적 감수성을 기반으로 협력해야 하며 이를 위한 구체적인 실천 방안도 함께 마련되어야 한다. 이러한 기반 위에서 다음과 같은 전략들을 적용하면 다국적 협업의 효과를 극대화할 수 있다.

3.3.1 명확한 목표 설정

SMART 원칙(Specific, Measurable, Achievable, Relevant, Time-bound:

Doran, G. T. 1981)은 명확하고 실행 가능한 목표를 설정하는 데 있어 핵심적인 기준으로 실행력은 높이고 모호성은 줄이며 팀원 간의 기대치를 일치시키는 데 기여한다(MIT Sloan 2024). 글로벌 IT 기업에서 '3개월 내로 신제품의 프로토타입을 개발하고 사용자 테스트를 수행한다'는 목표는 구체적(무엇을 할지 명확히 제시), 측정 가능(프로토타입 개발 완료 여부와 사용자 테스트 시행 여부로 판단), 달성 가능(기간과 자원 대비 실현 가능), 관련성 있음(기업 전략과 직접 연계), 시간 제한 있음(3개월 내)이라는 다섯 가지 기준을 모두 만족시킨다. 이처럼 SMART 원칙을 따를 경우 팀은 방향성을 잃지 않고 효율적인 협업을 지속할 수 있다.

다국적 협업 환경에서는 이러한 목표 설정 과정에서 문화적 차이를 고려하는 것이 중요하다. 일본 기업은 전통적으로 장기적인 전략 수립과 신중한 의사결정, 체계적인 실행 계획을 중시한다. 이는 기업 문화 전반에 걸쳐 형식성과 절차적 정합성을 중시하는 특성과도 맞닿아 있다(Nonaka & Takeuchi 1995). 반면 실리콘밸리의 스타트업들은 '빠르게 실행하고 실패로부터 배우는' 문화에 기반해 단기 목표 설정과 유연한 전략 수정을 선호하는 경향이 강하다. 이러한 문화적 차이를 고려하지 않은 채 일률적으로 목표를 설정하면 협업 과정에서 오해나 충돌이 발생할 수 있다. 따라서 다국적 팀은 각 문화권의 업무 스타일, 시간 개념, 의사결정 방식 등을 충분히 이해하고 반영한 목표 설정이 필요하다.

3.3.2 효과적인 의사소통 구축

slack   Microsoft Teams

협업에서는 다양한 의사소통 도구(이메일, 화상회의, 메신저 등)를 적절히 활용해 명확하고 효율적인 커뮤니케이션을 유지하는 것이 중요하다. 원격 근무와 글로벌 협업이 일상화된 오늘날의 조직 환경에서는 이러한 디지털 커뮤니케이션 도구의 선택과 활용 방식이 조직 전체의 생산성과 팀워크에 직접적인 영향을 미친다. 글로벌 IT 기업들은 협업의 효율성을 높이기 위해 Slack이나 Microsoft Teams 같은 협업 플랫폼을 적극적으로 사용한다. 이들 도구는 실시간 메시지 공유, 파일 전송, 영상 회의 등의 기능을 제공함으로써 팀원 간 원활한 소통을 가능하게 하며 물리적 거리를 극복한 신속한 정보 공유를 지원한다. 특히 시차가 존재하는 다국적 협업 환경에서는 비동기식 커뮤니케이션 도구의 활용이 핵심이다. 비동기식 커뮤니케이션 도구는 참여자들이 시간과 장소에 구애받지 않고 메시지를 주고받을 수 있는 방식으로 이메일, 게시판, 협업 문서 등이 이에 포함된다(Ko & Rossen 2017). Google Drive, Notion, Confluence 등의 클라우드 기반 협업 도구를 통해 팀원들은 각자의 시간대에 맞춰 문서를 작성하거나 정보를 검토하고 업데이트할 수 있다. 이러한 방식은 실시간으로 업무 진행 상황을 공유하고 의사결정 과정에서 발생할 수 있는 시간 지연을 최소화하는 데 효과적이다. 또한 문화적 차이를 고려한 커뮤니케이션 전략도 중요한 요소이므로 각 문화권이 선호하는 소통 방식과 상호작용의 리듬을 이해하는 것이 필요하다. 서구권 기업들은 이메일을 통한 공식적인 커뮤니케이션을 선호하는 반면 아시아권 기업들은 메신저 앱이나 그룹 채팅 등 비공식적이고 즉각적인 방식에 익숙한 경향이 있다. 이러한 차이를 인지하지 못하면 의사소통의 단절이나 오해가 발생할 수 있으므로 다국적 팀에서는 이러한 문화적 차이를 이해하고 반영하여 팀 전체가 소통할 수 있는 균형 잡힌 커뮤니케이션 방식을 마련하는 것이 필요하다.

3.3.3 언어 장벽 극복

다국적 협업 환경에서 언어 장벽은 커뮤니케이션의 큰 장애물이 될 수 있다. 이를 해소하기 위해 조직은 공용어를 설정하고 통역 및 번역 지원을 적극적으로 활용해야 한다. 삼성전자는 글로벌 프로젝트를 수행할 때 영어를 공식 업무 언어로 지정하여 팀원 간의 의사소통을 표준화하고 있으며 필요한 경우 통역 서비스를 제공하여 커뮤니케이션의 정확성과 효율성을 높이고 있다(Samsung Newsroom 2020). 유니레버(Unilever)는 직원들에게 언어교육과 역량 강화 프로그램을 지속적으로 제공하는데 이는 단기적인 번역 서비스 제공을 넘어서 장기적으로 팀원 개개인의 소통 역량을 키워 조직 내 언어 장벽을 구조적으로 줄이는 전략이다(Unilever 2023). 구글(Google)은 자사의 화상회의 플랫폼인 구글 미트(Google Meet)에 실시간 자막 번역 기능을 도입했다. 이 기능은 회의 중 발언 내용을 자동으로 인식해 즉시 자막 형태로 번역해주며 영어, 프랑스어, 스페인어, 포르투갈어 등 여러 언어를 지원한다(Google Meet Support 2023). 비영리단체 역시 실질적인 언어 장벽 해소를 위해 다양한 전략을 구사하고 있다. 국제 NGO 국경 없는 의사회(Médecins Sans Frontières)는 현장에서 의료진과 환자 간의 소통을 원활하게 하기 위해 전문 통역사를 배치하고 다국어로 번역된 의료 가이드를 제공한다(MSF 2023). 그러므로 효과적인 다국적 협업을 위해서는 단순히 공용어를 설정하는 것에 그치지 않고 실시간 번역 기술과 전문 통역 지원을 병행하며 구성원들의 언어 역량을 체계적으로 강화하는 종합적인 접근이 필요하며 이러한 다층적인 전략이 언어 장벽을 넘는 협업 문화를 가능하게 한다.

3.3.4 유연성과 적응력 배양

IBM

Accenture

글로벌 협업 환경에서는 문화적 차이와 다양한 업무 스타일을 이해하고 이를 존중하며 유연하게 대처하는 능력이 필수적이므로 서로 다른 문화적 배경에서 비롯된 행동 방식이나 의사소통 스타일을 실제 업무에 효과적으로 반영할 수 있어야 한다. 이는 단순히 "다름을 인정"하는 차원이 아니라 조직의 전략과 일상 운영 전반에 문화적 적응력을 반영하는 실천적 태도를 요구한다. IBM은 여러 국가 출신의 직원들이 함께 일하는 환경에서 문화적 충돌을 줄이기 위해 '문화 감수성 훈련'을 도입하였다. 이 프로그램은 직원들이 서로의 가치관, 커뮤니케이션 방식, 의사결정 패턴

등을 이해하도록 돕는 데 중점을 두었고 그 결과 구성원 간 오해를 줄이고 협업 효율을 높이는 데 긍정적인 영향을 주었다(IBM n.d.). 다국적 금융 기업 HSBC는 각 지역의 고유한 업무 스타일을 존중하면서도 전사적으로 일관된 운영 체계를 유지하기 위해 지역 맞춤형 업무 정책을 수립하였다. 예를 들어 서구권에서는 개인의 독립적인 의사결정과 빠른 실행을 중시하는 반면 아시아권에서는 팀워크, 상하 간의 명확한 역할 구분, 신중한 의사결정을 선호하는 경향이 있다. HSBC는 이러한 차이를 고려해 지역별로 유연한 협업 모델을 설계하였으며 이를 통해 조직 전체의 통합성과 현지 적응력을 동시에 확보했다(HSBC n.d.). Accenture는 글로벌 프로젝트에서 팀의 유연성과 적응력을 높이기 위해 '문화 인텔리전스(Cultural Intelligence)'를 강조한다(Accenture n.d.). 이와 같은 사례에서 볼 수 있듯이 글로벌 협업 환경에서는 문화적 차이를 조직의 자산으로 전환할 수 있는 유연성과 적응력이 요구된다. 구성원들이 서로의 차이를 이해하고 수용하는 태도를 가질 때 조직의 업무 효율성과 생산성은 자연스럽게 높아질 수 있으며 이는 지속가능한 글로벌 성과 창출로 이어질 수 있다.

4. 디지털 시대의 글로벌 소통 기술

디지털 기술의 발전은 국경을 넘어선 소통을 현실로 만들었다. 인터넷과 모바일 기술의 혁신은 개인과 조직이 실시간으로 상호작용할 수 있는 기반을 마련했고 이는 글로벌 커뮤니케이션의 방식에 근본적인 변화를 일으켰다. 이제는 다양한 디지털 플랫폼과 소셜 미디어를 통해 지리적 제약 없이 전 세계 사람들과 즉각적으로 소통할 수 있는 시대가 되었다. 글로벌화가 가속화되면서 다문화 환경에서 효과적으로 소통할 수 있는 역량은 어느 때보다 중요해지고 있다. 문화적 배경과 언어의 차이를 이해하고 포용적인 커뮤니케이션을 실현하기 위해서는 디지털 플랫폼을 능숙하게 활용하는 기술이 필수적이다. 이 장에서는 디지털 플랫폼을 활용한 효과적인 소통 전략과 소셜 미디어를 통한 국제적 상호작용의 중요성을 살펴보고 이를 통하여 현대 사회에서 디지털 소통 기술이 어떻게 실제로 활용될 수 있는지를 제시하고자 한다.

4.1 디지털 플랫폼 활용법

디지털 플랫폼은 현대 사회에서 세계 시민들이 서로 연결되고 협력할 수 있도록 돕는 강력한 도구다. 이 플랫폼들은 정보 교류의 속도와 범위를 획기적으로 확장시켰고 지리적 제약 없이 사람들을 실시간으로 연결함으로써 국제적 협업의 가능성을 열었다. 다양한 형태의 디지털 플랫폼이 존재하며 이는 커뮤니케이션 방식의 다양화와 전문화 그리고 협업 구조의 진화를 이끌어내고 있다. 특히 인공지능(AI) 기반 협업 플랫폼은 텍스트, 음성, 영상 등 다양한 채널을 통합해 실시간 소통과 협업을 가능하게 하며 사용자 맞춤형 기능까지 제공하고 있다(Sarker, Xiao, Sarker & Ahuja 2012). 이러한 기술 발전은 글로벌 환경에서의 커뮤니케이션을 더욱 효율적이고 접근 가능하게 만들고 있으며 기업, 교육기관, 정부 조직, 비정부기구(NGO) 등 다양한 분야에서 적극적으로 도입되고 있다. McKinsey & Company의 보고서에 따르면 디지털 협업툴을 활용한 팀은 그렇지 않은 팀에 비해 생산성이 최대 25% 더 높다는 결과도 있다(McKinsey Global Institute 2012). 이는 디지털 플랫폼이 실제 업무 성과와 조직 효율성에도 직접적인 영향을 미친다는 것을 보여준다. AI 기술이 접목된 협업 플랫폼은 메시지 전달을 넘어 자동 번역, 데이터 분석을 통한 인사이트 도출, 스마트 일정 조정, 문서 자동화 등 고급 기능을 포함하고 있다. 이러한 기능들은 시차나 언어, 문화적 장벽을 줄이고 글로벌 팀 간 협업을 보다 직관적이고 생산적으로 만든다. 예를 들어 Zoom은 실시간 자막 기능 및 다국어 자동 번역 서비스를 제공해 회의 중 언어 장벽을 낮추고 있으며(Zoom 2024) Slack은 AI를 활용한 대화 요약 및 자동 응답 기능을 통해 팀 간 정보 전달의 명확성과 효율성을 높이고 있다(Slack 2024). 또한 디지털 플랫폼은 문화적 다양성을 존중하는 협업 환경 조성에도 기여하고 있다. Google Workspace, Microsoft Teams 등 주요 협업 도구는 다양한 국가 및 문화권 사용자들을 고려한 인터페이스와 기능을 지속적으로 개발하고 있다. 사용자가 자신의 문화적 배경에 맞게 소통할 수 있도록 언어 선택, 시간대 자동 조정, 이모지 및 반응 기능 등 세심한 기능들이 추가되고 있으며 협업 과정에서의 심리적 거리감을 줄이고 상호이해를 돕는 데 중요한 역할을 한다. 세계경제포럼은 디지털 플랫폼이 다양성과 포용성 증진에 기여할 수 있는 잠재력을 강조하며 "디지털 협업 도구는 글로벌 시민들이 상호 이해와 존중을 바탕으로 협력하는 기반을 제공한다"고 평가한 바 있다(World Economic Forum 2023). 따라서 디지털 플랫폼은 단순한 기술적 수단을 넘어 전 세계 구성원들이 함께 협력하고 성장하기 위한 글로벌 소통 핵심 인프라로 자리 잡았다. 다음은 이러한 디지털 플랫폼이 제공하는 주요 기능들이다.

4.1.1 실시간 번역

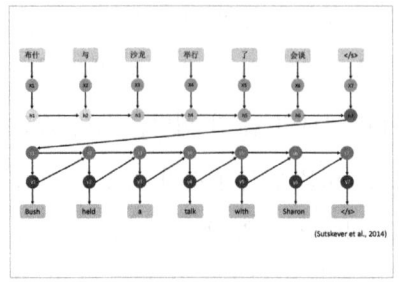
NMT

DeepL

AI 기반 번역 도구는 글로벌 사회에서 언어 장벽을 극복할 수 있는 핵심 기술로 주목받고 있다. 이들 기술은 단순히 단어를 직역하는 데 그치지 않고 문맥(Context)과 문화적 뉘앙스까지 고려해 자연스러운 커뮤니케이션을 가능하게 만든다. 신경망 기계 번역(Neural Machine Translation NMT) 기술을 기반으로 하는 DeepL은 단어 간의 문법적 관계뿐 아니라 문장의 전반적인 의미 흐름을 파악하는 데 뛰어난 성능을 보이고 있다 (https://www.deepl.com/translator). DeepL의 경우 기존의 통계 기반 번역 모델보다 깊이 있는 의미 분석과 자연스러운 표현을 생성해내는 것으로 평가된다. 로이터 통신은 DeepL이 "심층 신경망 모델을 활용해 문장의 의미를 정확하게 해석하고 번역의 품질을 획기적으로 높였다"고 보도했다(Reuters 2023.05.15.). Google 번역은 최근 몇 년 사이 NMT 기술을 도입하면서 문장의 맥락을 반영한 자연스러운 번역 품질을 제공하고 있으며 100개 이상의 언어를 지원해 전 세계적으로 가장 널리 사용되는 번역 도구 중 하나다(Google AI Blog 2020). 이와 같은 기술은 이메일, 보고서, 계약서 등 공식 문서의 정확한 번역이 필요한 업무 환경에서 특히 유용하다.

실시간 음성 번역 기능은 회의, 웨비나, 국제 포럼 등 다양한 글로벌 커뮤니케이션 환경에서 커다란 변화를 이끌고 있다. Microsoft Teams와 Zoom은 회의 중 실시간 자막 및 번역 기능을 제공하고 있으며 이를 통해 참석자들이 서로 다른 언어를 사용하더라도 자연스럽게 소통할 수 있도록 지원한다. Microsoft는 "Teams에 통합된 실시간 번역 기능은 40개 이상의 언어를 지원하며 다국적 회의에서 의사소통의 효율성을 획기적으로 향상시킨다"고 밝혔다(Microsoft 2022). Zoom 또한 2023년부터 AI 기반 실시간 번역 및 자막 서비스를 확장하면서 비즈니스 회의, 교육 세션, 온라인 세미나 등 다양한 영역에서 활발히 활용되고 있다(Zoom Blog 2023). 이러한 기술은 국제기구에서도 중요한 역할을 한다. 유엔(UN)은 이미 수년 전부터 공식 회의에서 AI 기반 실시간 통역 시스템을 도입해 다국적 대표들이 서로의 의견을 실시간으로 이해할 수 있도록 지원하고 있다. 유엔은 "기술이 통번역 업무의 효율성과 정확성을 높이는 데 기여하고 있으며 다국어 환경에서 중요한 의사결정 과정을 가능하게 한다"고 보고하고 있다(United Nations Department for General Assembly and Conference Management 2021). 뿐만 아니라 AI 번역 기술은 관광, 의료, 교육 등 일상생활의 다양한 분야로도 확장되고 있다. 일본 관광청은 외국인 관광객의 편의를 위해 AI 번역 챗봇 서비스를 공항과 주요 관광지에 도입했으며 이를 통해 실시간 다국어 안내 서비스를 제공하고 있다(Japan National Tourism Organization 2022). 의료 분야에서는 미국 메이요 클리닉(Mayo Clinic)과 같은 글로벌 의료 기관이 AI 기반 통역 서비스를 활용해 환자와 의료진 간의 언어 장벽을 해소하고 있다(Mayo Clinic 2021). 교육 분야에서도 국제 학생들을 위한 AI 번역 기반의 실시간 자막 시스템이 점점 더 널리 도입되고 있다. 이처럼 기술의 발전은 결국 언어의 장벽을 허물고 포용적인 글로벌 사회로 나아가는 데 기여하고 있다.

4.1.2 멀티 채널 소통

Trello

zoom

　디지털 플랫폼은 다양한 방식의 소통 수단을 제공함으로써 사용자들이 자신의 목적과 선호에 맞는 커뮤니케이션 방법을 자유롭게 선택할 수 있도록 한다(Smith 2019:54). 텍스트 기반 메신저, 음성 및 영상 회의, 파일 공유, 공동 문서 작성 등 여러 기능이 통합적으로 제공되며 이를 통해 실시간 소통뿐 아니라 비동기식 협업도 원활하게 이루어진다. 원격 및 하이브리드 근무 환경이 확산되면서 이러한 기능은 물리적 제약을 뛰어넘는 협업 방식으로 자리 잡고 있다. Slack은 기업과 스타트업 현장에서 널리 활용되는 대표적인 협업 도구로 실시간 메시지, 채널별 대화, 파일 공유 등의 기능을 제공하여 팀 내 커뮤니케이션의 속도와 효율성을 높여준다(https://slack.com). 사용자는 특정 주제별로 채널을 구성해 대화를 집중시킬 수 있으며 업무의 분산을 줄일 수 있다. 또한 Trello와 연동하면 프로젝트 일정과 업무 분담을 시각적으로 관리할 수 있고(https://trello.com) Zoom과 통합하면 메시징 환경에서 바로 화상 회의로 전환할 수 있어 협업의 연속성이 강화된다(Slack n.d.-a). 이처럼 Slack의 다양한 기능은 팀원 간 업무 진행 상황을 명확히 공유하고 유연하게 조율할 수 있도록 돕는다.

Microsoft Teams는 대기업과 교육기관에서 특히 널리 쓰이는 협업 플랫폼으로 문서 공동 작업과 화상회의 기능에서 강점을 보인다. Teams는 Word, Excel, PowerPoint 등 Office 365 애플리케이션과 긴밀히 연동되며 사용자는 같은 문서를 여러 명이 동시에 실시간으로 편집할 수 있다. AI 기반 회의록 자동 생성 기능은 회의 내용을 실시간으로 기록하고 요약해주어 참석자의 이해를 돕고 회의 이후 자료 정리에 드는 시간을 줄여준다(Microsoft n.d.). 이러한 기능은 시간과 공간의 제약이 큰 글로벌 기업이나 원격 근무 환경에서 협업의 효율성을 크게 높여준다. 또한 Zoom과 같은 화상회의 플랫폼은 팬데믹 이후 원격 근무와 온라인 교육의 핵심 도구로 자리 잡았다. 기본적인 화상회의 기능 외에도 최근에는 실시간 자막 및 자동 번역 기능이 추가되어 서로 다른 언어를 사용하는 참가자 간에도 원활한 소통이 가능해졌다(Zoom Video Communications n.d.). 이러한 기능은 특히 다국적 기업의 회의나 국제 비즈니스 미팅에서 효과적으로 활용되고 있으며 언어 장벽을 낮추고 협업의 범위를 전 세계로 확장하는 데 기여하고 있다.

4.1.3 조정된 작업 프로세스

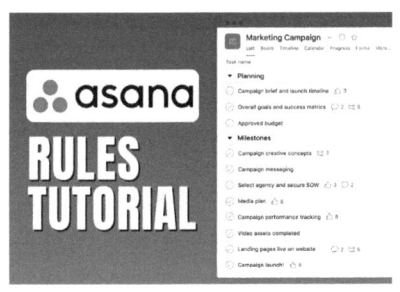
Asana

Clickup

AI 기반 도구는 글로벌 팀의 업무를 자동으로 조정하고 관리함으로써 복잡한 일정과 작업 분배를 효율적으로 처리할 수 있게 한다. 이러한 도구들은 다양한 기능을 통해 협업의 복잡성을 줄이고 특히 시공간적으로 분산된 팀의 생산성을 높이는 데 핵심적인 역할을 한다. Asana는 프로젝트별 작업을 세분화하고 각 작업에 담당자 및 마감 기한을 설정할 수 있도록 지원하여 프로젝트의 전반적인 구조를 명확하게 만든다. 특히 반복적인 업무의 경우 자동화된 규칙을 설정함으로써 수동 작업의 부담을 줄이고 일관된 워크플로우를 유지할 수 있게 한다(https://asana.com). Asana는 최근 AI를 기반으로 한 'Intelligent Work Graph'를 도입하여 복잡한 프로젝트의 흐름을 자동으로 분석하고 우선순위를 재조정하는 기능까지 제공하고 있다(TechCrunch 2021). 이러한 기능은 사용자의 업무 패턴을 학습하고 병목현상이 발생할 수 있는 지점을 미리 예측하여 관리자에게 알림을 제공함으로써 프로젝트 리스크를 줄이는 데 효과적이다. Trello는 카드 기반의 시각적 프로젝트 관리 시스템을 통해 팀원들이 현재 진행 중인 업무를 한눈에 파악할 수 있도록 설계되어 있다(Trello n.d.). 각 카드는 작업 단위를 의미하며 카드 내에 체크리스트, 파일 첨부, 댓글 작성, 멘션 기능 등을 포함하고 있어 소통과 문서화가 동시에 이뤄진다. 글로벌 팀의 경우 시차로 인해 실시간 회의가 어려운 상황에서도 Trello의 알림 시스템과 활동 피드를 활용하여 비동기적 협업이 가능하다. 또한 ClickUp은 비교적 최근 주목받고 있는 올인원 협업 플랫폼으로 AI 기반의 데이터 분석 기능을 통해 팀 내 업무 흐름과 작업 속도, 병목 지점 등을 자동으로 분석한다(https://clickup.com). 이 시스템은 개별 사용자의 작업량과 진행 상황을 실시간으로 추적하여 지연이 감지될 경우 관리자에게 알림을 보내고 우선순위 재조정을 제안한다. ClickUp은 다양한 보드, 간트차트(Gantt

Chart)[5], 캘린더 뷰를 제공하여 다양한 작업 스타일을 지원하며 Slack, Google Drive 등과의 통합 기능을 통해 외부 툴 간의 데이터 연계를 수월하게 만든다.

이처럼 AI 기반 협업 도구는 단순한 일정 관리 수준은 물론 실제 작업의 흐름을 분석하고 예측하며 자동으로 조정함으로써 글로벌 팀이 물리적 거리와 시간대 차이를 극복할 수 있도록 글로벌 소통을 위해 실질적인 도움을 제공한다. 이러한 기능은 원격 근무가 일상화된 기업 환경뿐만 아니라 전 세계적으로 협업이 필요한 원격 학습, 비영리 단체, 국제 공동 연구 등 다양한 분야에서 폭넓게 활용되고 있으며 점차 그 중요성이 커지고 있다.

4.2 소셜 미디어를 통한 국제적 상호작용

MeToo 운동   FridaysForFuture

소셜 미디어는 세계 시민들이 서로 연결되고 다양한 문화를 이해할 수 있도록 돕는 중요한 플랫폼이다. 페이스북, 트위터, 인스타그램, 틱톡 등

---

5 프로젝트의 일정 관리와 작업 진행 상황을 시각적으로 보여주는 도구로 각 작업의 시작일, 종료일, 기간, 그리고 작업 간의 관계를 막대그래프 형태로 나타낸 도식이다

은 지리적 경계를 뛰어넘어 서로 다른 문화적 배경을 지닌 사람들이 자유롭게 의견을 나누고 경험을 공유하며 상호작용할 수 있는 환경을 제공한다. 이러한 플랫폼을 통해 우리는 글로벌 이슈에 대한 인식을 높이고 사회적 변화에 능동적으로 참여할 수 있다(Johnson 2021:67). 디지털 시대에 소셜 미디어는 단순한 개인 간 소통의 도구를 넘어 글로벌 협력과 사회 변화를 이끄는 강력한 수단으로 자리 잡았다. 예를 들어 MeToo 운동은 2017년 미국에서 시작되었지만 소셜 미디어를 통해 전 세계적으로 확산되며 성폭력과 성차별 문제에 대한 국제적 연대를 형성했다(Ohlheiser, A. 2017). 해시태그 #MeToo는 수백만 명의 사람들이 자신의 경험을 공유하고 사회적으로 침묵 되었던 성폭력 피해를 공론화하는 계기가 되었다(UN Women 2023). 이러한 온라인 연대는 실제 정책 변화와 법적 개혁으로 이어졌고 많은 국가에서 성희롱 관련 법안 개정이 이루어졌다. 또한 환경보호를 위한 FridaysForFuture 캠페인은 스웨덴의 청소년 활동가 그레타 툰베리가 시작한 이후 소셜 미디어를 통해 세계적으로 확산되었다(https://fridaysforfuture.org). 이 운동은 트위터와 인스타그램 등에서 해시태그(#FridaysForFuture)를 중심으로 조직되며 기후 행동을 위한 청소년들의 글로벌 네트워크를 구축했고 이는 실제로 정치적 담론과 정책에 영향을 미쳤다(Marquardt 2021). 이는 디지털 네트워크가 청년층의 정치적 참여를 가능하게 하는 대표적 사례로 평가된다. 소셜 미디어는 긴급한 글로벌 이슈 발생 시 신속한 정보 공유와 협력을 가능하게 한다. 2020년 코로나19 팬데믹 기간 동안 각국 보건 당국과 세계보건기구(WHO)는 소셜 미디어를 통해 실시간으로 정보와 예방 수칙을 제공하며 '인포데믹(정보 감염)' 문제를 해결하고자 노력했다. WHO는 소셜 미디어가 정확한 보건 정보를 빠르게 전달하는 도구로 기능했으며 동시에 잘못된 정보와 싸우는 데 있어도 중요한 채널이었다고 평가했다(WHO 2020). 또한 자연재해 발생 시 소셜 미디어는 피해 지역의 상황을 실시간으로 전파하고 국제적 지원을 유도하는 데도 활용된다. 2023년 튀르키예-시리아 지진 당시 트위터와 인스타그램을 통해 구조 요청과 구호 활동이 빠르게 공유되면서 국제 사회의 신속한 대응을 이끌어냈다. 이러한 사례들은 디지털 플랫폼이 생명 구조와 국제 연대에 실제적인 영향을 미칠 수 있음을 보여준다. 따라서 소셜 미디어는 개인 간 소통을 넘어 국제적 협력과 문제 해결을 위한 핵심적인 도구로 기능하고 있으며 그 예들을 다음 3유형으로 제시하면 다음과 같다.

4.2.1 문화적 다양성 이해

인도 디왈리 축제

일본 오봉 축제

소셜 미디어를 통해 다양한 문화적 배경을 가진 사람들과 소통하며 서로의 차이를 이해하고 존중하는 태도를 기를 수 있다. 트위터, 인스타그램, 틱톡, 페이스북과 같은 소셜 미디어 플랫폼은 개별 사용자가 자신의 문화를 자유롭게 표현하고 다른 문화권의 사람들과 실시간으로 교류할 수 있도록 돕는다. 이러한 상호작용은 문화적 고정관념을 완화하고 상호 존중의 기반을 형성하는 데 중요한 역할을 한다. 트위터에서는 해시태그(#) 기능을 통해 특정 문화적 이슈나 전통을 세계적으로 알릴 수 있다. 한국의 '한복 챌린지'는 외국인 사용자들이 한복을 입은 사진을 공유하며 한국 전통 의상에 대한 관심과 인식을 높인 사례다(https://www.hanbokcenter.kr). 이는 케이팝 스타와 한국 문화 콘텐츠의 영향력이 결합되어 트위터와 틱톡을 통해 빠르게 퍼졌으며 문화 자긍심 고취와 글로벌 문화교류를 동시에 이루어냈다(Korea Herald 2021). 또한 블랙 히스토리 먼스(Black History Month)는 매년 2월 미국에서 진행되며 소셜 미디어를 중심으로 아프리카계 미국인의 역사와 문화를 조명하는 다양한 콘텐츠가 확산된다(https://www.loc.gov). UN은 이 캠페인이 인종 정의와 다양성 존중의 메시지를 전파하는 데 있어 중요한 역할을 한다고 평가하고 있다(UN 2024). 인스타그램과 틱톡 등에서는 역사 인물 소개, 예술 작품 공유, 전통 음식 소개 등을 통해 젊은 세대가 문화적 배경을 이해할 수 있도록 돕는다. 틱톡 역시 문화적 다양성을 널리 퍼뜨리는 데 기여하고 있다. 인도의 디왈리(Diwali) 축제[6], 일본의 오봉(Obon) 축제[7]와 관련된 콘텐츠는 전 세계 사용자들에게 널리 공유되며 해당 문화를 경험하려는 움직임을 불러일으키고 있다. 인스타그램과 같은 이미지 기반 소셜 미디어는 문화적 다양성을 시각적으로 경험할 수 있는 창구로 기능한다. 'Humans of New York' 프로젝트[8]는 세계 각국의 평범한 사람들의 삶과 이야기를 사진과 함께 소개함

---

[6] 디왈리(Diwali)는 인도에서 가장 중요한 힌두교 축제 중 하나로 빛의 승리를 상징하며 매년 가을에 5일간 진행되며 축제 기간 동안 사람들은 집을 청소하고 장식하며 램프를 밝히고 가족과 함께 축하하며 선물을 교환한다(https://www.britannica.com).

[7] 일본의 오봉(Obon) 축제는 매년 7월 또는 8월에 열리는 불교 행사로 조상의 영혼이 이승을 방문한다고 믿으며 이를 기리기 위해 묘소를 청소하고 등불을 밝히는 등의 의식을 행한다(https://www.britannica.com).

[8] Humans of New York'는 사진작가 브랜든 스탠턴이 2010년에 시작한 프로젝트로 뉴욕 시민들의 사진과 그들의 이야기를 담아내는 블로그다.

으로써 인간 중심의 문화 이해를 가능하게 한다. 이 프로젝트는 소셜 미디어를 통해 수백만 명의 사람들에게 문화 간 공감과 연대를 불러일으켰고 그 영향력은 도서 출판과 글로벌 확장으로 이어졌다(New York Times 2020). 이처럼 다양한 소셜 미디어 플랫폼의 활용은 다문화 사회에서의 공존과 협력을 촉진하고 서로 다른 문화에 대한 존중과 이해를 높이는 데 핵심적인 역할을 하고 있다.

Black history month

Humans of New York 프로젝트

4.2.2 글로벌 이슈 참여

Black Lives Matter 운동

Mahsa Amini 사건

소셜 미디어 플랫폼은 전 세계적인 문제에 대한 인식을 높이고 해결책을 모색하는 데 핵심적인 역할을 한다. 해시태그 운동이나 온라인 캠페인을 통해 환경 보호, 인권, 평등 등의 이슈에 대한 국제적 관심을 유도할 수 있으며 시민들은 이를 통해 자신의 목소리를 더욱 효과적으로 전달할 수 있다. 2020년 미국에서 발생한 조지 플로이드 사망 사건 이후 재점화된 BlackLivesMatter(BLM) 운동 역시 소셜 미디어의 힘을 보여주는 대표적 예다. 이 운동은 트위터와 페이스북, 인스타그램을 중심으로 '#BlackLivesMatter' 해시태그가 전 세계로 확산되면서 경찰 폭력과 인종 차별 문제에 대한 인식을 높이는 데 큰 영향을 미쳤다(https://thefeministwire.com). 미국에서는 미네소타주를 포함한 여러 주에서 경찰 개혁 법안이 통과되었고 영국, 캐나다, 호주 등지에서도 공권력 내 인종 편향 문제를 재검토하고 정책을 수정하는 흐름이 이어졌다(Jackson et al. 2020). 또한 2022년 이란에서 발생한 마흐사 아미니(Mahsa Amini) 사건이다. 히잡을 제대로 쓰지 않았다는 이유로 체포된 22세 여성이 경찰 구금 중 사망하면서 '#WomanLifeFreedom(여성, 생명, 자유)' 운동이 전 세계로 확산되었다(https://www.bbc.com). 이 운동은 인스타그램과 트위터를 중심으로 퍼지며 여성 인권과 종교적 강제 규범에 대한 문제를 국제적으로 부각시켰다. 수많은 이란 디아스포라 커뮤니티와 인권 단체들이 이를 지지했고 유엔을 포함한 여러 국제기구가 이란 정부의 탄압을 공식적으로 비판하였다(Amnesty International 2022). 미얀마에서 발생한 로힝야족 학살 사태와 관련한 온라인 캠페인도 국제 사회의 관심을 끌어올린 주요 사례다. 2017년 미얀마 군부의 탄압으로 수십만 명의 로힝야족이 방글라데시로 탈출하면서 심각한 인도주의 위기가 발생했고 이와 관련된 '#RohingyaGenocide' 해시태그가 트위터와 페이스북을 중심으로 확산되었다. 이 캠페인은 로힝야 난민들의 참상을 전 세계에 알리는 데 기여했고 유엔은 이를 '인종

청소'로 규정하며 국제사법재판소(ICJ)에 미얀마를 제소했다(Hussain & Sarwar 2020). 소셜 미디어는 언론 접근이 어려운 지역의 인권 실태를 외부 세계에 노출시키는 창구로 기능했다는 점에서 중요한 의미를 지닌다. 이처럼 소셜 미디어는 다양한 글로벌 이슈를 공론화하고 사회 변화를 촉진하는 강력한 도구로 작용하며 단순한 의견 교류를 넘어 시민들이 목소리를 모으고 실질적인 정책 변화와 제도 개선을 이끌어내는 데 있어 중대한 플랫폼으로 주목받고 있다.

4.2.3 네트워크 형성

LinkedIn　　　　　　GitHub　　　　　　TEDx

국제적인 네트워크를 형성하는 것은 글로벌 협업과 혁신 기회 창출의 핵심 요소다(Cleofas & Labayo 2023). 디지털 환경이 빠르게 발전하면서 전문가들은 다양한 소셜 네트워크와 협업 플랫폼을 통해 실시간으로 연결되고 있다. LinkedIn은 비즈니스 중심의 대표적인 플랫폼으로 전 세계 인재와 기업을 연결하는 데 중요한 역할을 하고 있으며 전문가들이 새로운 기회를 탐색하고 협력할 수 있도록 지원한다(https://about.linkedin.com/). 다국적 기업들은 LinkedIn을 활용해 다양한 국가의 인재를 채용하고 전문가들과의 네트워크를 바탕으로 글로벌 프로젝트를 진행하고 있다. IBM, Google, Microsoft와 같은 대기업은 특정 기술 역량을 갖춘 인재를

LinkedIn에서 직접 검색하고 채용 과정을 간소화하고 있다. 스타트업 기업들도 이 플랫폼을 통해 투자자 및 협력 파트너를 찾고 공동 프로젝트를 추진하면서 새로운 비즈니스 기회를 만들어가고 있다. GitHub와 같은 개발자 중심의 협업 플랫폼은 전 세계 소프트웨어 개발자들이 오픈소스 프로젝트에 참여하고 아이디어를 공유할 수 있도록 한다(https://github.com). 오픈소스 운영체제인 Linux는 글로벌 개발자들의 협업으로 지속적으로 발전해왔으며 이는 국제 협업의 대표적인 사례로 꼽힌다(https://www.linuxfoundation.org). 이처럼 네트워크 기반의 협업 플랫폼은 기업뿐 아니라 비영리 조직, 학술 기관 등에서도 활발히 활용되고 있다. 글로벌 컨퍼런스와 웨비나(Webinar) 플랫폼도 국제 네트워크 형성을 촉진하고 있다. TEDx와 같은 프로그램은 다양한 분야의 전문가들이 지식을 공유하고 토론하며 학문적·기술적 협력의 기회를 창출한다(https://www.ted.com). Zoom, Microsoft Teams, Google Meet 같은 화상회의 플랫폼은 이러한 협업을 실시간으로 가능하게 하고 자막이나 실시간 번역 기능을 통해 언어 장벽을 낮추는 데 기여하고 있다. 이처럼 국제 네트워크 형성은 단순한 인맥 구축을 넘어 글로벌 협업을 실현하고 혁신적인 프로젝트를 가능하게 하는 중요한 동력이 된다.

생각해볼 과제

과제 1 문화 간 언어 뉘앙스의 차이를 실제 사례를 통해 분석해 봅시다.
- 다음 중 한 가지 상황을 선택하고 한국어 표현과 외국어(영어, 일본어, 중국어 등) 표현의 뉘앙스를 비교 분석해 보기 (예 사과 표현, 거절 표현, 부탁할 때의 말투)
- 각 표현이 상대방에게 주는 인상과 문화적 배경을 설명하고 이로 인한 오해 가능성과 이를 극복할 소통 전략을 제시해 보기

과제 2 다문화 의사소통 스타일을 비교하고 오해를 줄이기 위한 방안을 제안해 봅시다.
- 직접적인 의사소통(예 미국, 독일)과 간접적인 의사소통(예 한국, 일본) 방식의 차이를 설명하기
- 본인의 경험이나 사례(뉴스, 영화, 소설 등)를 바탕으로 의사소통 충돌의 예를 제시하고 이를 해결할 수 있는 문화 간 조정 전략을 논의하기

과제 3 디지털 시대의 세계시민으로서 협업 기술을 갖추기 위한 자기 진단 및 실행 계획을 세워봅시다.
- 자신의 디지털 소통 및 다국적 협업 역량(언어 사용, 온라인 커뮤니케이션 경험, 타문화 이해 등)을 진단하고 강점과 약점을 파악하기
- 향후 글로벌 프로젝트에 참여한다고 가정하고 디지털 플랫폼(Zoom, Slack, Google Docs 등)을 활용한 협업 계획과 문화적 오해를 예방하기 위한 실천 전략 서술하기

참고문헌

1. 언어와 문화적 뉘앙스 이해

김수진. (2021). 의사소통장애의 이해. 서울: 학지사.
김아람. (2015). 교환학생 프로그램을 통한 한국 대학생의 미국 대학 수업참여 경험의 의미. 학습자중심 교과교육연구 15-15, 221-252.
김영심 외. (2014). 초등학교 창의적 체험활동을 활용한 의생활주제 다문화교육 프로그램의 효과 분석. 한국실과교육학회지 27-2, 173-195.
김영은. (2015). 국제 자원봉사 프로그램을 통한 상호문화 학습: 캄보디아에서 활동한 한국 대학생의 경험. Intercultural Education 26-3, 196-210.
김은성. (2013). 비판적 언어인식과 국어교육. 국어교육학연구 46, 139-181.
김향희. (2021). 신경언어장애. 서울: 학지사.
엄경호 외. (2020). 언어와 문화. 서울: 한국문화사.
이상혁. (2012). 언어적 및 비언어적 문화차이로 인한 의사소통장애에 관한 연구 – 한·미간의 문화를 중심으로. 영어영문학연구 38-2, 271-288.
이은미 외. (2017). 간호대학생의 다문화 인식, 문화적 민감성이 문화 간 의사소통능력에 미치는 영향. 한국산학기술학회논문지 18-4, 459-468.
전재은 외. (2017). 대학생의 해외 교환학생 프로그램 참여 효과에 대한 종단 분석. 한국교육학연구 23-2, 5-30.
정윤희 외. (2018). 식품 서비스 기업의 공유가치창출(CSV) 활동이 소비자의 구매 의도에 미치는 영향. 관광레저연구 30-6, 361-379.
플브라이트 프로그램. https://eca.state.gov/fulbright
미국 교육부. https://www.ed.gov/
마샬대. https://students.marshall.usc.edu/global-leadership-program
뉴욕대. https://www.nyu.edu/washington-dc.html
Dewaele, J.-M. (2013). Emotions in multiple languages. Palgrave Macmillan.
Eden, C. A., Chisom, O. N., & Adeniyi, I. S. (2024). Cultural competence in education: Strategies for fostering inclusivity and diversity awareness. International Journal of Applied Research in Social Sciences, 6-3, 383-392.
Ellis, R. (2008). The study of second language acquisition (2nd ed.). Oxford University Press.
Gass, S. M., & Mackey, A. (2007). Input, interaction, and output in second language acquisition. In B. VanPatten & J. Williams (Eds.), Theories in second language

acquisition (175–200). Lawrence Erlbaum Associates.

Givens, D. B. (2005). The Nonverbal Dictionary of Gestures, Signs & Body Language Cues. Retrieved from https://www.nonverbal.org/definitions.html

Goddard, C. (2006). "Ethnopragmatics: A New Paradigm." In Meaning and Universal Grammar, Vol. II, John Benjamins, 69–70.

Hall, E. T. (1976). Beyond Culture. New York, NY: Anchor Books.

Hofstede, G., Hofstede, G. J., & Minkov, M. (2010). Cultures and organizations: Software of the mind (3rd ed.). McGraw-Hill.

Kim, & Preston, L. R. (2021). "No difference between African American, immigrant, or White children! They are all the same.": Working toward developing teachers' raciolinguistic attitudes towards ELs. International Journal of Multicultural Education, 23-1, 1–20.

Kramsch, C. (1998). Language and Culture. Oxford University Press.

Lee, J. F., & VanPatten, B. (2003). Making communicative language teaching happen(2nd ed.). McGraw-Hill.

McKinsey & Company. (2021). Diversity wins: How inclusion matters.

Mellet, X., & Detey, S. (2021). Global citizenship education in Japanese higher education. In Global citizenship education in Japanese higher education. 123–140. Routledge.

Morris, D. (2015. Peoplewatching: The Desmond Morris Guide to Body Language. London, UK: Vintage.

Park, Lee, & Chen, Y. (2012). The effects of EMR deployment on doctors' work practices: A qualitative study in the emergency department of a teaching hospital. International Journal of Medical Informatics, 81-3, 204–217.

Scollon, R., & Scollon, S. W. (2001). Intercultural Communication: A Discourse Approach (2nd ed.). Blackwell Publishing.

Smith, J. (2020). Cultural dimensions in global health policy. WHO Journal, 45-2, 99–112.

Taguchi, N. (2008). The role of learning environment in the development of pragmatic competence. Studies in Second Language Acquisition, 30-4, 423–452.

Thompson, A. S., & Huensch, A. (2017). Linguistic politeness in English: A cultural comparison. Language and Intercultural Communication, 17-1, 37–52.

2. 다양한 의사소통 스타일 이해

강윤주. (2019). 동남아시아의 비즈니스 커뮤니케이션. 서울: 아시아문화사.

김성진 외. (2021). 글로벌 커뮤니케이션의 이해. 서울: 한울아카데미.

박영실. (2019). 문화 간 커뮤니케이션 전략. 서울: 커뮤니케이션북스.

Byram, M. (1997). Teaching and Assessing Intercultural Communicative Competence. Clevedon, UK: Multilingual Matters.

Commisceo Global. (n.d.). Why is cross-cultural training so important to those relocating to Asia? Retrieved from https://www.commisceo-global.com/blog/why-is-cross-cultural-training-so-importan t-to-those-relocating-to-asia

Cultural Atlas - Brazil. (n.d.). Brazilian culture - Communication. Retrieved from https://culturalatlas.sbs.com.au/brazilian-culture/brazilian-culture-communication

Cultural Atlas - France. (n.d.). French culture - Communication. Retrieved from https://culturalatlas.sbs.com.au/french-culture/french-culture-communication

Cultural Atlas - Saudi Arabia. (n.d.). Saudi Arabian culture -Communication. Retrieved from https://culturalatlas.sbs.com.au/saudi-arabian-culture/saudi-arabian-culture-communication

Hall, E. T. (1976). Beyond Culture. Garden City, NY: Anchor Press/Doubleday.

https://www.worldbusinessculture.com/

JETRO. (n.d.). Communicating with Japanese in Business. Retrieved from https://www.jetro.go.jp/ext_images/mexico/mercadeo/communicationwith.pdf

Lee, S. (2021). Thai communication culture in business settings. Intercultural Communication Studies, 30-2, 45-59.

One IBC. (n.d.). Business etiquette and culture in the Middle East. Retrieved from https://global.oneibc.com/gx/en/insights/articles/business-etiquette-and-culture-in-the-middle-east

Paubox. (n.d.). Low-context communication: A common concept in email. Retrieved from https://www.paubox.com/blog/low-context-communication-a-common-concept-in-e mail

Riana, I. G., & Suutari, V. (2018). Cultural values and communication styles in Indonesia. Journal of International Business and Cultural Studies, 12, 1-15.

World Business Culture. (n.d.). Japanese business meeting etiquette. Retrieved from https://www.worldbusinessculture.com/country-profiles/japan/business-meeting-etiquette

3. 다국적 협업 능력

Accenture. (n.d.). Getting to equal: The diversity imperative. Accenture. https://www.accenture.com/us-en/about/inclusion-diversity-index

AIMS International. (2025). Cultural diversity & global collaboration: Turning challenges into strengths. https://www.aimsinternational.com/en/news/cultural-diversity-and-global-collaborati on-turning-challenges-into-strengths/

Baliga, J. (2019). Volkswagen's Indian Journey: Learning to Manage Local Complexity. Harvard Business Publishing.

Chang, S.-J. (2011). Sony vs Samsung: The Inside Story of the Electronics Giants' Battle for Global Supremacy. Wiley.

Chen, C. C., Chen, X.-P., & Meindl, J. R. (2009). How can cooperation be fostered? The cultural effects of individualism-collectivism. Academy of Management Review, 23-2, 285-304.

Diversity Resources. (2023). Global communication styles in the workplace. https://www.diversityresources.com/global-communication-styles-in-the-workplace/

Doran, G. T. (1981). There's a S.M.A.R.T. way to write management's goals and objectives. Management Review, 70-11, 35-36.

FasterCapital. (2021). Why is cross-cultural training important in global businesses? https://www.fastercapital.com/topics/why-is-cross-cultural-training-important-in-global-businesses.html

Gelfand, M. J., Lyons, S. L., & Lun, J. (2017). Toward a psychological science of culture that recognizes cultural dynamics and bridges cultural divides. Current Directions in Psychological Science, 26-2, 114-119.

Georgieva, K. (2023). Working together keeps saving the world. TIME. https://time.com/6246064/kristalina-georgieva-working-together-saves-the-world/

Google Meet Support. (2023). Translated captions in Google Meet. https://support.google.com/meet/answer/10924850?hl=en

Hall, E. T. (1983). The dance of life: The other dimension of time. New York: Anchor Books.

Hampden-Turner, C., & Trompenaars, F. (2000). Building cross-cultural competence: How to create wealth from conflicting values. New Haven, CT: Yale University Press.

Hofstede, G. (1980). Culture's Consequences: International Differences in Work-Related Values. Beverly Hills, CA: Sage Publications.

Hofstede, G. (2001). Culture's consequences: Comparing values, behaviors, institutions, and organizations across nations. SAGE Publications.

Hofstede, G., Hofstede, G. J., & Minkov, M. (2010). Cultures and Organizations: Software of the Mind (3rd ed.). New York: McGraw-Hill.

HSBC. (n.d.). Diversity and inclusion. HSBC. https://www.hsbc.com/who-we-are/our-approach/diversity-and-inclusion

IBM. (n.d.). Diversity and inclusion. IBM. https://www.ibm.com/diversity

IUSM. (2023). Unilever's Catalyst program: Enhancing communication through art. https://iusm.co.kr/2023-unilever-catalyst

JointheCollective. (2024). Mastering cross-cultural communication for effective global collaboration. https://www.jointhecollective.com/article/mastering-cross-cultural-communication-for-effective-global-collaboration/

Kirkman, B. L., Lowe, K. B., & Gibson, C. B. (2016). A retrospective on culture's consequences: The 35-year journey. Journal of International Business Studies, 47-1, 12-29.

Ko, S. & Rossen, S. (2017). Teaching online: A practical guide (4th ed.). Routledge

Kotabe, M., & Helsen, K. (2020). Global Marketing Management (8th ed.). Hoboken, NJ: Wiley.

Liker, J. K. (2004). The Toyota Way: 14 Management Principles from the World's Greatest Manufacturer. McGraw-Hill.

Médecins Sans Frontières. (2023). Languages. https://www.msf.org/languages

Meer. (2024). The role of multinational corporations in global economy. https://www.meer.com/en/82735-the-role-of-multinational-corporations-in-global- economy

Meyer, E. (2014). The Culture Map: Breaking Through the Invisible Boundaries of Global Business. New York: PublicAffairs.

MIT Sloan Management Review. (2024). How SMART goals improve performance. Retrieved from https://sloanreview.mit.edu

Nonaka, I., & Takeuchi, H. (1995). The knowledge-creating company: How Japanese companies create the dynamics of innovation. Oxford University Press.

ResearchGate. (2022). Cross-cultural communication in multinational companies. https://www.researchgate.net/publication/365817767_cross-cultural_communication_in_multinational_companies

Samsung Newsroom. (2020, December 14). Bringing Together the World: A Look at Samsung Electronics' Global Culture. https://news.samsung.com/global/bringing-together-the-world-a-look-at-samsung-electronics-global-culture/

Schein, E. H. (2010). Organizational Culture and Leadership (4th ed.). Jossey-Bass.

Triandis, H. C. (2018). Individualism and Collectivism. Routledge

Trompenaars, F., & Hampden-Turner, C. (2012). Riding the waves of culture: Understanding diversity in global business (3rd ed.). Nicholas Brealey Publishing.

Unilever. (2023). Equity, diversity and inclusion. https://www.unilever.com/planet-and-society/equity-diversity-and-inclusion/

Unilever. (n.d.). Unilever Catalyst: Creating a culture of creativity and inclusion. https://www.unilever.com/about/who-we-are/our-history/catalyst

Vorecol. (2024). How do cultural differences impact communication styles and conflict resolution strategies in multicultural teams?. https://vorecol.com/blogs/blog-how-do-cultural-differences-impact-communication-styles-and-conflict-resolution-strategies-in-multicultural-teams-125606

World Economic Forum. (2022). How collaboration can help recover global economy. https://www.weforum.org/agenda/2022/05/how-collaboration-can-help-achieve-global-recovery/

4. 디지털 시대의 글로벌 소통 기술

Amnesty International. (2022). Iran: Lethal crackdown on protests over Mahsa Amini's death. https://www.amnesty.org/en/latest/news/2022/09/iran-lethal-crackdown-on-protests-over-mahsa-aminis-death/

Asana. (n.d.). Features. Retrieved from https://asana.com/features

BBC News. (2022, September 22). Mahsa Amini: Protests spread across Iran at death of woman in custody. https://www.bbc.com/news/world-middle-east-62998231

Britannica. (n.d.-a). Diwali. Retrieved from https://www.britannica.com/topic/Diwali

Britannica. (n.d.-b). Obon. Retrieved from https://www.britannica.com/topic/Obon

ClickUp. (n.d.). Product overview. Retrieved from https://clickup.com

DeepL. (n.d.). DeepL Translator. https://www.deepl.com/translator

Fridays For Future. (n.d.). What is Fridays For Future? https://fridaysforfuture.org

GitHub. (n.d.). Let's build from here. https://github.com/

Google AI Blog. (2020, March 6). A neural machine translation breakthrough. https://ai.googleblog.com/2020/03/a-neural-machine-translation.html

Hanbok Center. (n.d.). 한복 챌린지 캠페인. Retrieved from https://www.hanbokcenter.kr

Hussain, M., & Sarwar, B. (2020). Rohingya crisis and social media: A critical discourse analysis of Facebook posts. Journal of Media Critiques, 6-22, 129-143.

Jackson, S. J., Bailey, M., & Foucault Welles, B. (2020). Hashtag activism: Networks of race and gender justice. MIT Press.

Japan National Tourism Organization. (2022). Smart tourism initiatives. https://www.japan.travel/en/uk/inspiration/japan-tourism-technology/

Johnson, C. (2021). Digital activism and global citizenship. Oxford University Press.

Korea Herald. (2021, October 21). Foreigners take part in #HanbokChallenge. Retrieved from https://www.koreaherald.com/view.php?ud=20211021000789

Library of Congress. (n.d.). African American History Month. Retrieved from https://www.loc.gov/law/help/commemorative-observations/african-american.php

LinkedIn. (n.d.). About LinkedIn. https://about.linkedin.com/

Linux Foundation. (n.d.). About. https://www.linuxfoundation.org/

Marquardt, S. (2021). Youth activism in the digital age: The case of #FridaysForFuture. Humanities and Social Sciences Communications, 8-1, 1-9.

Mayo Clinic. (2021). Language services. https://www.mayoclinic.org/patient-visitor-guide/language-services

McKinsey Global Institute. (2012). The social economy: Unlocking value and productivity through social technologies. https://www.mckinsey.com/industries/technology-media-and-telecommunications/our-insights/the-social-economy

Microsoft. (2022, October 4). Real-time translation in Microsoft Teams. https://techcommunity.microsoft.com/t5/microsoft-teams-blog

Microsoft. (n.d.). Microsoft Teams. https://www.microsoft.com/en/microsoft-teams/group-chat-software

New York Times. (2020, January 14). 'Humans of New York' and the Stories We Tell. Retrieved from https://www.nytimes.com/2020/01/14/books/review/humans-of-new-york-brandon-stanton.html

Ohlheiser, A. (2017, October 19). The woman behind #MeToo knew the power of the phrase when she created it — 10 years ago. The Washington Post. https://www.washingtonpost.com

Reuters. (2023, May 15). DeepL advances AI translation quality. https://www.reuters.com

Sarker, S., Xiao, X., Sarker, S., & Ahuja, M. (2012). Understanding the role of communication in global virtual teams. Journal of Management Information Systems, 28-1, 273-309.

Slack Technologies. (n.d.-a). What is Slack? https://slack.com

Slack Technologies. (n.d.-b). Slack integrations. https://slack.com/integrations

Slack. (2024). New AI features for smarter collaboration. https://slack.com/blog

Smith, J. (2019). Digital collaboration: Strategies and tools for modern teamwork. TechWorld Press.

TechCrunch. (2021, May 18). Asana launches Intelligent Work Graph to automate project flow. TechCrunch. Retrieved from https://techcrunch.com/2021/05/18/asana-intelligent-work-graph

TED. (n.d.). TEDx Program. https://www.ted.com/about/programs-initiatives/tedx-program

The Feminist Wire. (2013, January 10). Herstory: The origins of the Black Lives Matter movement. https://thefeministwire.com/2013/01/blacklivesmatter-2/

Trello. (n.d.). Features. Retrieved from https://trello.com/en/features

UN Women. (2023). How #MeToo started and what's happened since then. , https://www.unwomen.org/en/news/in-focus/end-violence-against-women/metoo

United Nations Department for General Assembly and Conference Management. (2021). Language services and technology. https://www.un.org/dgacm

United Nations. (2024). UN marks Black History Month. Retrieved from https://www.un.org/en/observances/black-history-month

World Economic Forum. (2023). Collaboration in the digital age: Building inclusive platforms. https://www.weforum.org

World Health Organization. (2020). Novel Coronavirus (2019-nCoV): Situation Report . https://www.who.int/docs/default-source/coronaviruse/situation-reports

Zoom Blog. (2023). Expanding real-time translation in Zoom. https://blog.zoom.us

Zoom Video Communications. (n.d.). Zoom features. https://zoom.us/features

Zoom. (2024). Zoom AI Companion overview. https://explore.zoom.us

사진자료 출처

slack - https://slack.com/intl/ko-kr/enterprise

Microsoft Teams - https://saketa.com/blog/microsoft-teams-collaboration/

IBM - https://kr.cointelegraph.com/news/ibm-brings-utility-scale-quantum-computing

Accenture - https://www.investopedia.com/accenture-gets-a-boost-from-ai-but-warns-business-spending-is-slowing-8417944

NMT - https://medium.com/syncedreview/history-and-frontier-of-the-neural-machine-translation-dc981d25422d

DeepL - https://chatgpt.com/c/6835d274-4c5c-8009-96b1-816b372fabd4

Trello - https://appsumo.com/products/trello/

zoom - https://apps.microsoft.com/detail/xp99j3kp4xz4vv?hl=ko-kr&gl=KR

Asana - https://www.youtube.com/watch?v=BOnLpqTWRUk

Clickup - https://x.com/clickup/status/1630266607774695425

MeToo운동 - https://www.theguardian.com/world/2017/nov/12/metoo-march-hollywood-sexual-assault-harassment

FridaysForFuture - https://bundesfachschaft-landschaft.eu/fridaysforfuture/

인도 디왈리 축제 - https://m.blog.naver.com/indiaembassy_seoul/221389319408

일본 오봉 축제 - https://allabout-japan.com/ko/article/3413/

Humans of New York 프로젝트 - https://observer.com/2015/08/this-mans-thank-you-note-to-humans-of-new-york-going-viral/

Black Lives Matter운동 - https://koreadailytimes.com/index.php?mid=news&document_srl=54923&listStyle=viewer&page=19

Mahsa Amini 사건 - https://www.ndtv.com/world-news/iran-executes-man-for-killing-police-officer-during-mahsa-amini-protests-6276497

LinkedIn - https://pngtree.com/so/linkedin-icons

GitHub - https://www.0x00.kr/github_ssh_keygen_multiple

TEDx - https://tedxwinterpark.com/how-tedx-started/

한국인의 글로벌 소통을 위한 준비

오늘날 세계는 국경을 넘나드는 소통과 협력이 선택이 아닌 필수가 되었다. 기술의 발전은 지리적 거리를 무의미하게 만들었고 우리는 그 어느 때보다 다양한 문화, 가치, 언어와 마주하며 살아가고 있다. 이런 흐름 속에서 한국 사회 역시 더 이상 고립된 섬이 아니다. 세계와 연결된 현실 속에서 우리는 '글로벌 소통 능력'이라는 중요한 과제 앞에 서 있다.

V장은 '한국인의 글로벌 소통을 위한 준비'라는 내용으로 한국인이 갖추어야 할 태도와 역량이 무엇인지 구체적으로 짚어본다. 1장에서는 효과적인 글로벌 소통을 위해 한국인이 길러야 할 핵심 능력을 다룬다. 문화 간 차이를 이해하고 존중하는 감수성을 높이는 교육, 외국어를 실제 상황에서 유연하게 활용할 수 있는 능력, 그리고 국제교류 활동에 능동적으로 참여하는 자세는 단순한 언어 습득을 넘어 진정한 상호 이해의 출발점이 된다. 2장에서는 한국인이 세계시민으로서 어떤 의식을 가져야 하는지를 고민한다. 오늘날의 국제 이슈는 단지 먼 나라의 일이 아니라 우리 삶의 조건과 밀접하게 연결된 문제다. 상호 의존성과 연대 의식을 바탕으로 지속 가능한 발전 목표(SDGs)에 맞춘 실천 역량을 키우는 일이 중요하다. 동시에 다문화 사회로 변화하는 한국 내부에서 다양성을 수용하고 존

중하는 태도 역시 세계시민의 기본 자질이다. 따라서 한국인이 글로벌 무대에서 주체적으로 소통하고 의미 있게 기여하기 위해서는 다양한 문화를 이해하고 함께 살아갈 수 있도록 세계시민으로 성장해야 한다.

1. 한국인의 글로벌 소통 능력 배양

국제사회에서 한국의 위상은 과거와는 비교할 수 없을 만큼 높아졌다. 경제적 성장뿐 아니라 문화 콘텐츠, 기술, 교육 등 다양한 분야에서 한국은 이제 세계 무대의 중요한 구성원으로 자리매김하고 있다. 이러한 변화는 우리에게 새로운 역할을 요구한다. 단순히 세계와 연결되는 것을 넘어서 효과적으로 소통하고 협력할 수 있는 능력을 갖춘 '글로벌 시민'으로서의 준비가 필요하다. 글로벌 소통은 단순한 언어교환이나 정보 전달을 넘어선다. 서로 다른 문화와 가치, 사고방식을 이해하고 그 차이를 존중하며 협업할 수 있는 능력이 전제되어야 한다. 한국인이 이러한 소통을 주도할 수 있으려면 단순한 기술 습득이나 언어능력 이상의 준비가 필요하다. 이 장에서는 그 핵심 역량으로 '문화 간 이해', '외국어 활용 능력', '국제교류 참여'의 세 가지를 중심으로 살펴보고자 한다.

1.1 문화 간 이해 교육 강화

글로벌 소통의 본질은 단순한 정보 전달이 아니라 '이해'에 있다. 언어가 같다고 해서 서로를 온전히 이해하는 것은 아니며 언어가 다르다고 해서 반드시 소통이 불가능한 것도 아니다. 진정한 소통은 상대방의 배경과 가치, 사고방식을 이해하려는 태도에서 출발한다. 따라서 글로벌 소통은 관계 형성의 과정이며 이 과정의 중심에는 문화적 이해가 자리하고 있다. 그런 점에서 문화 간 이해 교육은 글로벌 소통 능력의 핵심 토대라 할 수 있다.

한국 사회는 오랫동안 단일 민족, 단일 언어, 단일 문화라는 정체성을 기반으로 형성되어 왔다. 이는 근대 국가 형성기부터 강조되어 온 국민 통합 전략으로 작동했고 사회 내부의 강한 결속과 공동체 의식을 가능하게 하는 힘이 되어 왔다. 동시에 외부 세계에 대한 민감성, 다양성에 대한 개방성은 상대적으로 낮게 형성될 수밖에 없었다. 글로벌화가 일상화된 오늘날 이러한 단일성 중심의 문화 인식은 더 이상 유지되기 어렵다. 이제는 이 틀에서 벗어나 다문화적 현실을 능동적으로 수용할 수 있는 인식의 전환이 필요한 시점이다. 다양한 문화적 배경과 생활양식을 이해하고 고정관념이나 편견 없이 타인을 받아들일 수 있는 감수성을 길러야 한다. 이러한 감수성은 개인의 성향에만 의존할 수 없으며 학습을 통해 충분히 개발될 수 있다. 교육이 그 출발점이 되어야 한다.

문화 간 이해 교육은 단순히 외국의 전통이나 문화를 소개하는 수준에 머물러서는 안 되며 세계 각국의 역사적 맥락, 사회 구조, 정치적 배경, 종교적 특성, 그리고 가치 체계 등을 통합적으로 이해하고 해석할 수 있도록 도와야 한다. 문화는 고정된 개념이 아니라 변화하고 상호작용하는 과정이기에 이를 가르치는 방식도 정적인 정보 전달에서 벗어나야 한다. 교육과정 안에서는 국제적 이슈나 갈등, 다문화 사회에서의 구체적인 사례들을 중심으로 한 토론과 비교 분석, 그리고 비판적 사고력 훈련이 적극적으로 이루어져야 한다. 학습자는 타문화의 관점을 단순히 수용하는 데서 그치지 않고 스스로 탐색하며 자신의 인식과 태도를 반성적으로 성찰할 수 있어야 한다. 이러한 교육적 접근은 실제로 학습자의 태도 변화를 유도할 수 있다는 점에서 의미가 크다. UNESCO는 "문화 간 역량은 개인이 다양한 문화적 배경의 사람들과 효과적이고 적절하게 상호작용할 수 있도록 돕는 지식, 기술, 태도, 가치의 조합이며 이는 평화롭고 포용적인 사회를 구축하는 데 핵심적이다"라고 밝히고 있다(UNESCO 2013). 즉 문화 간 이해는 단지 글로벌 시대의 생존 전략이 아니라 인류 공동체의 지속 가능성을 위한 필수 역량이다. 나아가 문화적 차이를 극복해야 할 '문제'로 보지 않고 협업하고 배울 수 있는 '기회'로 인식하는 태도 역시 중요하다. 문화 간 차이는 오해와 충돌의 원인이 되기도 하지만 동시에 창의성과 혁신의 원천이 되기도 한다. 다양한 문화가 함께할 때 기존의 시야로는 보지 못했던 문제 해결 방식이 등장하고 새로운 통찰이 만들어진다. 따라서 교육은 '다름'을 존중하고 활용하는 방법을 함께 가르쳐야 한다.

이러한 태도는 교육기관 안에서만 길러지는 것이 아니다. 기업, 공공기관, 언론, 문화 산업 등 사회 전반에서 다양한 문화에 대한 감수성을 높이고 이를 실제 조직 문화나 대중 콘텐츠 속에 반영하려는 노력이 병행되어야 한다. 예를 들어 다국적 기업에서는 다문화 역량을 인재 선발의 중요한 기준으로 삼고 있으며 정부 부처와 지방자치단체에서도 다문화 관련 공공 캠페인을 확대하고 있다. 이는 문화 간 이해가 특정 집단의 과제가 아니라 사회 전체의 과제임을 보여주는 사례다. 문화 간 이해는 앞으로 사회를 이끌어갈 구성원 모두가 갖추어야 할 기본 역량이다. 이는 국제교류를 잘하기 위한 수단이 아니라 상호 존중과 공존이 요구되는 복합적 사회를 건강하게 운영하기 위한 근본적인 조건이기도 하다. 따라서 문화 간 이해 교육은 필수적인 시민 교육으로 정착되어야 하며 이는 한국 사회의 지속 가능성과도 직결된 과제다. 한국인의 문화 간 이해 교육을 강화하기 위해서는 다음과 같은 방안을 고려할 수 있다.

1.1.1 학교 교육과정에 다문화 이해 및 세계시민교육 과목 도입

학교 교육과정에 다문화 이해와 세계시민교육 과목을 도입하는 것은 미래 세대가 다양한 문화적 가치와 관점을 자연스럽게 받아들이고 존중하는 태도를 기르는 데 필수적이다. 학생들이 어릴 때부터 세계시민으로서의 감수성과 책임의식을 함양할 수 있도록 교육 체계 전반에서 문화 간 이해를 체계적으로 다루어야 한다.

일부 초등학교에서는 '다문화 이해'라는 정규 수업을 통해 학생들이 직접 다문화 가정 출신 친구들과 소통하고 전통 음식 만들기, 민속놀이 체험 등 다양한 활동을 통해 문화적 다양성을 익히는 기회를 제공하고 있다. 이러한 체험 중심 수업은 타문화를 생활 속에서 긍정적으로 받아들이는 태도 형성에 효과적이다(중앙다문화교육센터 2021). 중학교에서는 교과 연계 다문화이해교육을 통해 학생들이 다양한 문화에 대한 이해를 높이고 있다. 사회과 수업에서는 세계 여러 나라의 역사와 문화를 비교·분석하는 프로젝트를 수행하고 국어 수업에서는 다양한 문화권의 문학 작품을 읽고 토론하는 활동을 포함하고 있다(중앙다문화교육센터 2016). 대학에서는 다문화 교육과 국제 관계 관련 강의를 적극적으로 개설하고 전공·비전공을 가리지 않고 다양한 학생들이 수강할 수 있도록 장려할 필요가 있다. 연세대학교는 '국제관계학전공'과 '다문화국제이해교육' 전공을 통해 학생들이 국제사회의 다양한 이슈와 문화적 차이를 학문적으로 이해하고 글로벌 사회에서 요구되는 소통 능력과 리더십을 기를 수 있도록 지원하고 있다(https://gse.yonsei.ac.kr). 이러한 고등교육 과정은 학생들이 단순히 외국 문화를 아는 데 그치지 않고 세계시민으로서 필요한 윤리적 감수성과 비판적 사고를 갖추도록 돕는 데 기여한다.

교육부는 '2022년 다문화교육 지원계획'을 통해 초·중등 교육과정에서 일반 교과 수업에 다문화교육 및 세계시민교육 요소를 반영하고 프로젝트 수업 형태로 지속적으로 다문화교육을 실시하도록 권장하고 있다(교육부 2022). 이러한 정책적 기반과 교육 현장의 실천이 결합될 때 학생들은 더 깊이 있는 세계시민의식을 내면화할 수 있다. 다문화 이해와 세계시민교육이 단순한 부가 활동이 아닌 학교 교육의 필수 요소로 자리 잡을 때 미래 세대는 다양성과 공존을 자연스럽고 당연한 가치로 인식하게 될 것이다.

1.1.2 지역사회와 연계한 문화 다양성 체험 프로그램 운영

지역사회 내 다문화 센터와 연계하여 다양한 문화 체험 활동을 제공하는 것은 문화 간 이해를 생활 속에서 실천할 수 있는 효과적인 방법이다. 학교 교육이 이론 중심의 학습을 제공한다면 지역사회의 체험 프로그램은 실제적이고 감각적인 경험을 통해 문화 다양성을 체득하게 하는 데 강점을 가진다. 지역 주민과 이주민 간의 자연스러운 만남과 협력을 유도함으로써 문화에 대한 열린 태도와 감수성을 기르는 기회를 제공한다. 서울시가 외국인 다문화센터 한울타리에서는 외국인과 지역 주민이 함께 참여하는 요리 교실, 전통 문화 체험, 다문화 예술 공연 등을 정기적으로 운영하고 있다(mcfamily.or.kr). 이 프로그램은 단순히 외국 문화를 소개하는 데 그치지 않고 참가자 간 상호작용을 통해 서로의 문화를 실제로 경험하고 이해할 수 있는 구조를 갖추고 있다. 요리 교실에서는 각국의 식문화를 배우고 직접 조리하면서 언어와 관습, 가치관의 차이를 자연스럽게 접하게 되며 예술 공연이나 민속 체험 등은 각국의 고유한 문화적 표현을 함께 즐기며 공유할 수 있는 장이 된다. 이러한 프로그램은 서울시 외국인다문화센터와 서울글로벌빌리지센터가 공동으로 기획·운영하며 지역주민과 외국인의 상호문화교류를 활성화하는 데 기여하고 있다(https://global.seoul.go.kr).

서울 이태원글로벌빌리지센터

서울시 외국인다문화센터

또한 경기도 수원의 다문화가족지원센터에서는 이주민과 지역 주민이 함께 스포츠 활동에 참여하는 '다문화 스포츠 교류 프로그램'을 운영하고 있다(https://www.liveinkorea.kr). 이 프로그램은 언어의 장벽 없이 신체활동을 통해 교류할 수 있다는 장점을 살려 참여자들이 부담 없이 소통하고 협력하는 과정을 경험하도록 설계되어 있다. 축구, 배드민턴, 줄다리기 등 간단한 팀 스포츠를 중심으로 구성된 이 활동은 경쟁보다는 협동과 관계 형성에 초점을 맞추고 있으며 이를 통해 참여자들은 문화적 차이를 넘어 하나의 공동체로 연결되는 경험을 하게 된다. 해당 프로그램은 경기도가 운영하는 '경기글로벌청소년센터'와 연계되어 지역사회 내 청소년 다문화 인식 개선에도 긍정적인 효과를 보이고 있다(경기복지재단 2023). 따라서 지역사회는 다양한 계층과 연령대의 주민이 참여할 수 있도록 프로그램의 접근성과 참여 방식을 지속적으로 개선해야 하며 교육기관, 지자체,

시민단체 간 협력을 통해 더 많은 기회를 발굴하고 확대해 나가야 한다.

1.1.3 미디어 리터러시 교육을 통한 글로벌 이슈에 대한 비판적 사고력 함양

오늘날 우리는 다양한 글로벌 이슈를 대부분 미디어를 통해 인식하고 이해하게 된다. 기후위기, 인권 문제, 정치적 갈등, 전쟁, 난민 문제와 같은 사회적·정치적 사안들은 뉴스, SNS, 유튜브 등 다양한 디지털 미디어를 통해 실시간으로 접할 수 있다. 그러나 이 과정에서 정보의 왜곡, 편향, 가짜 뉴스 등이 빈번하게 발생하며 이로 인해 올바른 판단과 이해가 어려워지는 문제가 나타난다. 이런 맥락에서 미디어 리터러시는 단순한 정보 해석 능력을 넘어서 비판적 사고력과 글로벌 시민의식 함양에 핵심적인 교육 요소로 떠오르고 있다.

미디어 리터러시(media literacy)란 다양한 형태의 미디어 메시지를 분석, 평가, 제작할 수 있는 능력을 의미하며 특히 정보의 출처를 식별하고 그 신뢰성을 검토하는 비판적 사고의 기반이 된다. 이러한 역량은 디지털 시대를 살아가는 시민에게 필수적이다. 미국의 비영리 단체인 News Literacy Project는 2008년부터 청소년들을 대상으로 미디어 리터러시 교육을 실시하고 있으며 학생들이 뉴스의 진위를 판단하고 신뢰할 수 있는 정보를 선별하며 언론의 역할을 이해하도록 돕고 있다(https://newslit.org). 이 단체는 'Checkology'[1]라는 온라인 플랫폼을 운영해 다양한 수업 콘텐츠와 실습 자료를 제공하고 있으며 수많은 미국 학교에서 정규 및 비교과

---

1   Checkology는 미국 비영리 단체인 News Literacy Project에서 개발한 무료 온라인 학습 플랫폼으로 학생들이 뉴스 리터러시를 향상시켜 신뢰할 수 있는 정보를 식별하고 허위 정보와 음모론을 구별하며 언론의 자유가 민주주의에서 수행하는 중요한 역할을 이해하도록 돕는다(https://get.checkology.org/).

과정으로 활용되고 있다(NLP 2023).

  핀란드는 전 세계적으로 미디어 리터러시 교육의 모범 사례로 꼽힌다. 핀란드 교육부는 미디어 리터러시를 정규 교육과정에 포함시키고 있으며 초등학교부터 고등학교까지 다양한 수준에서 학생들이 정보의 진위를 판단하고 온라인 환경에서의 윤리적 행동을 학습하도록 체계적인 교육을 실시하고 있다. 유네스코 보고서에 따르면 핀란드는 교육과정뿐 아니라 교사 양성 과정에서도 미디어 리터러시를 중점적으로 다루고 있어 교사들이 관련 수업을 효과적으로 이끌 수 있도록 지원하고 있다(UNESCO 2021).

  한국의 경우 아직까지 미디어 리터러시 교육이 일부 교과서나 비교과 활동에 한정되어 있으며 체계적이고 지속적인 교육은 부족한 실정이다. 최근에는 가짜 뉴스 확산과 혐오 표현, 정치적 편향 등 사회적 문제로 인해 미디어 리터러시 교육의 필요성이 더욱 부각되고 있다. 따라서 한국에서도 청소년들이 디지털 환경에서 접하는 정보를 스스로 분석하고 판단할 수 있도록 교육과정 전반에 걸쳐 미디어 리터러시를 강화해야 한다. 이를 위해 학교뿐 아니라 지역사회 단위에서도 미디어 리터러시 워크숍, 공공도서관 및 청소년센터를 통한 프로그램 운영 등이 병행되어야 한다. 학부모와 교사 대상의 연수도 함께 이루어져야 교육 효과가 지속될 수 있다. 이러한 교육은 단지 정보 해석 능력의 향상에 그치지 않고 세계시민교육의 실현에도 긴밀히 연결된다. 정병호(2022)는 "다문화사회의 세계시민교육은 기존 국가와 시민사회의 구분을 초월하는 동시에 시민의식의 패러다임을 변화시키는 전환적 의미를 내포하고 있다"고 강조하면서 문화 간 이해가 새로운 시민성을 형성하는 데 기여한다고 보았다. 그는 실제 사례로 유럽연합(EU)의 'Erasmus+' 프로그램을 제시하였다. 이 프로그램은 유럽 내 청소년들이 교환학생, 공동 연구, 문화 교류 프로젝트 등을 통해 타 문화를 직접 체험하고 이해하는 기회를 제공함으로써 지역적 정체성에서 벗어난 포괄적 시민의식을 형성하도록 유도하고 있다(European Commission 2022).

미국 News Literacy Project

(EU)의 'Erasmus+' 프로그램

캐나다의 경우 공교육 과정에서부터 원주민과 이민자 커뮤니티의 역사와 문화를 반영한 교재를 사용하고 있으며 전국 각지의 다문화 커뮤니티 센터를 통해 이민자와 지역 주민 간의 상호 이해와 교류를 촉진하고 있다. 이러한 정책은 다문화주의에 기반한 포용적 사회 형성뿐 아니라 다양한 배경을 가진 시민 개개인이 사회 구성원으로서 적극적인 역할을 수행하도록 뒷받침하는 데 큰 의미가 있다(Ghosh & Abdi 2013).

그러므로 미디어 리터러시 교육은 단순히 가짜 뉴스를 판별하는 기술을 넘어 전 지구적 문제에 대한 비판적 사고력과 문화 간 이해를 바탕으로 한 시민의식 형성에 중요한 기초가 된다. 세계시민으로서의 역할을 수행하기 위해서는 정보에 대한 비판적 수용 태도와 더불어 다양한 관점의 공존을 이해하고 존중하는 태도가 함께 길러져야 한다. 이를 위해 국가 차원의 정책적 뒷받침과 함께 학교와 지역사회 나아가 글로벌 교육 네워크의 연계가 요구된다.

1.2 실질적인 외국어 활용 능력 신장

글로벌 사회에서 효과적으로 소통하기 위해서는 실용적인 외국어 능력이 필수적이다. 문법과 어휘 중심의 전통적인 학습 방식에서 벗어나 실제 상황에서 활용할 수 있는 의사소통 능력을 길러주는 외국어교육이 요구된다. 이러한 실용 중심의 언어능력은 국제무대에서 활동할 수 있는 역량을 갖추는 데 결정적인 역할을 하며 궁극적으로는 국가의 경쟁력 제고에도 기여한다.

다수의 선진국들은 실질적인 외국어 활용 능력 신장을 위해 체계적이고 실천적인 접근을 취하고 있다. 핀란드는 1학년부터 영어 교육을 시작하도록 교육과정을 개정했다. 핀란드 교육부는 "실제 상황에서 사용할 수 있는 영어 능력을 조기에 기르는 것이 장기적으로 학습 동기를 유지하고 언어 습득을 촉진한다"고 강조한다(OECD Education Policy Outlook: Finland 2020). 이러한 정책은 학생들이 다양한 맥락에서 외국어를 자연스럽게 접하도록 유도하는 데 중점을 두고 있다. 유럽에서는 CLIL(Content and Language Integrated Learning) 방식이 널리 확산되고 있다. 이 방식은 과학, 수학, 사회 등 비언어 과목을 외국어로 가르치는 교육법으로 학생들은 언어를 목적이 아니라 도구로 사용하면서 깊이 있게 언어에 몰입하게 된다. 유럽연합(EU)은 CLIL 방식을 통해 언어교육을 전 과목과 연계시키는 다언어 사회 구축 전략을 추진 중이며 이를 통해 학생들의 외국어 습득 능력이 크게 향상되었다는 연구 결과도 다수 존재한다(Coyle, Hood & Marsh 2010). 한국 역시 이러한 글로벌 흐름에 발맞추어 외국어교육의 실용성을 강화하고 있다. 서울시 교육청은 2023년 AI 기반 외국어 학습 플랫폼 'AI 튜터'를 도입하고 학생들이 일상생활과 유사한 상황에서 실시간으로 피드백을 받을 수 있도록 시스템을 구축했다(서울특별시교육청 2023). 이 외에도 일부 초·중학교에서는 원어민 교사와 함께 영어 몰입 수업을 실시하고 있으며 디지털 기술을 활용한 VR 기반 언어 학습 콘텐츠도 점차 확대되고 있다. 이러한 시도는 학습자 중심의 실제 활용 능력을 키우는 데 목적이 있다.

글로벌 기업 환경에서도 실용적인 외국어 능력은 핵심 역량으로 간주된다. 삼성전자, LG전자, 현대자동차 등 국내 대기업들은 해외 시장에서의 경쟁력을 확보하기 위해 외국어 능력을 인재 선발 및 인사관리의 중요한 기준으로 삼고 있다. 삼성전자는 'Global Communication' 역량 강화를 위해 사내 영어 공용화 정책을 추진하고 있으며 일정 수준 이상의 영어 능력을 요구하는 내부 자격 기준을 운영 중이다. 이와 함께 매년 직원들을 대상으로 영어 및 제2외국어 교육 프로그램을 실시하고 있으며 이수 실적은 인사 평가에도 반영된다(삼성전자 지속가능경영 보고서 2022). 이처럼 다양한 국내외 사례들을 통해 확인할 수 있듯 실용적인 외국어교육은 세계와의 연결성을 높이고 미래 역량을 갖춘 인재를 양성하는 데 필수적인 요소다. 디지털 전환과 글로벌 협업이 가속화되는 시대일수록 언어는 전문성과 인문학적 소통 능력을 동시에 갖추는 주요 수단으로 작용한다. 따라서 외국어교육은 국가 차원의 전략적 과제로 다뤄져야 하며 실생활 중심의 외국어교육을 전 계층과 연령에서 확대해 나가는 정책이 요구된다. 아울러 교사 연수, 교과서 및 콘텐츠 개발, 디지털 기반 학습 시스템 구축 등 다각적인 접근을 통해 실용 외국어교육의 질을 고려할 필요가 있다. 실질적인 외국어 활용 능력을 키우기 위한 방안은 다음과 같다.

1.2.1 실생활 중심의 회화 교육 강화

외국어 학습에서 여전히 많은 학교가 문법 암기와 독해 중심의 전통적인 방식에 머무르고 있다. 이런 방식은 실제 상황에서 외국어를 활용해야 할 때 즉각적인 의사소통 능력을 키우는 데 한계를 보인다. 따라서 학생들이 외국어를 실질적인 소통 수단으로 활용할 수 있도록 실생활에 기반한 회화 중심의 교육을 강화하는 것이 시급하다.

핀란드의 공교육 시스템은 CLIL(Content and Language Integrated Learning) 방식을 광범위하게 적용하고 있다. 이 방식은 영어와 같은 외국어를 단순한 언어 과목으로 가르치는 것이 아니라 과학, 역사, 수학 등 다양한 교과 내용 자체를 외국어로 가르치는 것이다. 이를 통해 학생들은 특정 언어를 학문적인 맥락 안에서 자연스럽게 접하게 되며 언어를 기능적으로 습득할 수 있게 된다. 유럽연합에서도 CLIL 방식은 다국어 능력 함양을 위한 효과적인 접근법으로 평가받고 있다(Eurydice 2006). 일본 역시 영어 회화 중심의 교육을 실현하기 위해 일부 학교에서 'English Immersion Program'을 운영 중이다. 이 프로그램은 원어민 교사와 학생 간의 상호작용을 중심으로 구성되며 단순한 문법 설명을 넘어서 실제 생활 속 대화를 중심으로 수업이 이루어진다. 학생들은 수업을 통해 실제 상황에서 필요한 표현과 발음을 익히고 반복적인 대화를 통해 언어에 대한 감각을 자연스럽게 체득하게 된다(文部科学省 2022). 한국에서도 일부 초·중·고등학교를 중심으로 영어 몰입 교육이 시범적으로 도입되고 있으며 기술의 발전과 함께 AI 기반 언어 학습 플랫폼도 적극 활용되고 있다. 예를 들어 클래스팅의 AI 학습 플랫폼, '하이러닝' 플랫폼, '아이톡톡' 플랫폼 등은 AI 음성 인식 기술을 기반으로 한 학습 앱은 학생들이 자신의 발음을 녹음하고 즉시 피드백을 받을 수 있도록 하여 원어민에 가까운 발음 습득을 돕는다. 또한 실시간 채팅 기능을 활용하면 원어민 또는 AI 튜터와 직접 대화하며 회화 능력을 자연스럽게 향상시킬 수 있다(박지영 2023, https://www.home-learn.co.kr).

이러한 실생활 중심의 외국어 교육을 더 효과적으로 확산시키기 위해서는 몇 가지 조건이 필요하다. 첫째, 원어민 강사와 회화 수업 기회를 늘려 학생 개개인의 회화 역량을 밀도 있게 성장시킬 수 있도록 해야 한다. 둘째, AI 기반 음성 인식 프로그램을 통해 학습자가 자신의 발음을 지속적으로 교정하고 개선할 수 있는 시스템이 필요하다. 셋째, 온라인 실시간 채팅이나 화상회의 도구를 통해 다양한 언어권 사용자들과의 상호작용 기회를 제공하는 것이 중요하다. 이러한 환경이 조성되면 학생들은 외국어를 '시험을 위한 과목'이 아니라 실제로 '의사소통을 위한 도구'로 받아들이게 된다. 그러므로 외국어교육의 방향은 단순한 지식 전달이 아니라 실질적인 사용 능력을 키우는 쪽으로 전환되어야 한다. 실생활 중심의 회화 교육은 학생들에게 외국어 사용의 자신감을 심어줄 뿐 아니라 글로벌 사회에서 경쟁력을 갖추는 데 필요한 핵심 역량을 길러주는 역할을 할 것이다.

1.2.2 온라인 언어교환 프로그램 활성화

HelloTalk

MIT Language Conversation Exchange

인터넷을 기반으로 한 언어교환 프로그램은 외국어 학습자에게 원어민과의 실시간 소통 기회를 제공함으로써 이론 중심의 교육만으로는 얻기 어려운 실질적인 언어 사용 능력을 키울 수 있게 한다. HelloTalk[2]과 Tandem[3] 같은 모바일 애플리케이션은 사용자 간의 언어교환을 지원하며 텍스트 메시지, 음성 메시지, 영상 통화 등 다양한 형식의 상호작용을 통해 실시간 대화를 가능하게 한다. 이러한 기능은 단순한 메시지 교환을 넘어 원어민의 교정을 직접 받을 수 있는 기능과 자동 번역 도구, 발음 녹음 재생 기능 등을 제공하여 학습 효율을 더욱 높이고 있다. 실제로

---

2   HelloTalk은 전 세계 원어민과 연결되어 무료로 언어를 연습할 수 있는 언어 교환 애플리케이션이다. 사용자는 텍스트, 음성 메시지, 스티커, 음성 및 영상 통화를 통해 언어 파트너와 대화하며 번역, 발음, 음역, 문장 수정 등의 학습 도구를 활용할 수 있다. 또한 '모멘트' 기능을 통해 학습 중인 언어의 원어민들과 공개적으로 소통하며 질문이나 업데이트를 공유할 수 있다(https://www.hellotalk.com).

3   Tandem은 두 명의 학습자가 서로의 모국어를 교환하며 학습하는 언어 학습 방법이다. 이 방법은 학습자들이 자율적으로 학습을 주도하며 상호 문화적 이해를 높이는 데 기여하고 모바일 기반의 SNS를 활용한 탄뎀 소통이 외국어 학습에서 자기주도적 학습 시스템 구축에 효과적이다(https://www.tandem.net).

HelloTalk는 2023년 기준으로 3천만 명 이상의 사용자를 보유하고 있으며 150개 이상의 언어를 지원한다는 점에서 그 효과성과 확장성을 입증받고 있다. 또한 미국의 MIT에서는 자체적으로 개발한 온라인 언어교환 플랫폼인 MIT Language Conversation Exchange 프로그램[4]을 운영 중이다. 이 프로그램은 MIT 학생들이 다양한 국가 출신의 외국인 학습자들과 짝을 이루어 서로의 모국어를 교환하며 언어를 연습할 수 있게 하는 시스템이다. 단순한 교환이 아닌 일정 기간에 걸쳐 정기적으로 대화 상대와 만남을 갖고 피드백을 주고받는 구조로 되어 있어 회화 능력뿐만 아니라 장기적인 학습 습관 형성에도 긍정적인 영향을 준다. MIT는 이 프로그램을 통해 학생들에게 "문화 간 이해와 실제 소통 능력의 중요성"을 강조하고 있으며, 이는 교과서 중심의 언어 학습을 보완하는 실용적 접근으로 평가받고 있다.

이러한 온라인 언어교환 프로그램은 언어를 배우는 도구를 넘어 참여자들이 서로의 문화적 배경과 사고방식을 이해하고 존중하게 만드는 경험으로 이어진다. 다양한 국적과 문화를 지닌 사람들과의 직접적인 소통을 통해 학습자는 언어적 능력만이 아니라 글로벌 감각(Global Mindset)과 다문화 수용성(Cultural Competence)을 자연스럽게 키울 수 있다. 실제로 언어교환 경험은 이후 해외 유학 준비, 국제 봉사활동 참여, 다국적 기업 근무 등 다양한 국제적 환경에서의 적응력 향상에 기여한다는 연구 결과도 있다. Journal of International Students에 게재된 한 연구는 언어교환

---

[4] MIT의 Language Conversation Exchange(LCE) 프로그램은 MIT 커뮤니티 구성원들이 언어 학습, 문화 교류, 우정을 나눌 수 있도록 돕는 플랫폼이다. 참여자들은 일대일 대화 파트너를 찾아 언어 연습을 하거나 소규모 그룹에 참여하여 다양한 언어로 대화할 수 있다. 이 프로그램은 학생, 교직원, 방문 학자 등 MIT와 관련된 모든 이들에게 열려 있다.

프로그램에 정기적으로 참여한 학생들이 "문화적 스트레스 감소"와 "사회적 네트워크 확장" 측면에서 긍정적인 경험을 했다고 보고하였다(Yoon, E. & Portman, T. A. A. 2021). 따라서 온라인 언어교환 프로그램은 외국어 실력 향상뿐만 아니라 개인의 세계시민으로서의 역량을 기르는 데도 필수적인 학습 도구로 자리잡고 있으며 디지털 시대에 맞는 효과적인 언어 학습 방법으로 그 중요성이 더욱 커지고 있다.

1.2.3 외국어로 진행되는 강의 및 세미나 참여 기회 확대

Global Communication Center

World Economic Forum

국제화 시대에 발맞추어 외국어로 진행되는 강의와 세미나에 적극적으로 참여하는 것은 글로벌 소통 역량을 키우는 핵심적인 방법 중 하나이다. 대학교와 기업 차원에서 제공하는 외국어 기반 프로그램은 실무 능력을 높이고 국제적 감각을 익히는 데 매우 효과적이다.

서울대학교는 '국제비즈니스 영어(English for International Business Communication)' 강의를 통해 학생들이 실제 비즈니스 환경에서 활용 가능한 실용 영어를 학습할 수 있도록 지원한다. 이 강의는 글로벌 기업과의 협업, 해외 진출, 국제무대에서의 커뮤니케이션 역량을 강화하는 데 중점을 두고 있다. 해당 강의는 영어로 진행되며 실제 사례 분석, 프레젠테이션 실습 등을 포함해 실질적 의사소통 능력을 높이는 데 목적이 있다(https://my.snu.ac.kr).

기업의 경우 삼성전자는 'Global Communication Center(GCC)'를 통해 전 세계 임직원들에게 다양한 외국어교육 프로그램을 제공하고 있다. 영어뿐 아니라 중국어, 스페인어, 일본어 등 다양한 언어 과정을 마련하고 있으며 글로벌 업무 수행에 필요한 상황별 영어 코칭, 프레젠테이션, 이메일 작성, 회의 스킬 교육 등도 함께 운영하고 있다. 이는 직원들이 해외 출장, 글로벌 프로젝트, 국제회의 등에서 원활히 소통할 수 있도록 하기 위한 전략이다(Samsung Electronics 2023). 또한 국제 학술대회나 글로벌 포럼에 참가하여 발표 및 토론에 직접 참여하는 경험은 고차원적인 글로벌 커뮤니케이션 역량을 키우는 데 큰 도움이 된다. 다보스포럼(World Economic Forum)은 세계 각국의 정부, 기업, 학계 인사들이 모여 경제, 기술, 환경, 정치 등의 글로벌 이슈를 논의하는 자리다. 이 포럼은 참가자들이 다양한 시각을 교류하고 글로벌 리더들과의 네트워크를 구축할 수 있는 기회를 제공한다. 매년 약 100여 개국 이상의 인사들이 참여하며 영어를 기본 언어로 다양한 세션이 진행된다(World Economic Forum 2024). 이와 같은 기회들을 적극적으로 활용함으로써 단순한 외국어 능력 향상을 넘어 실질적 국제 커뮤니케이션 능력, 글로벌 감각, 그리고 네트워크 확장의 기회를 얻을 수 있다.

1.3 국제교류 프로그램 참여

한-아세안 청소년 교류 프로그램

AFS Intercultural Programs

　직접적인 국제교류 경험은 글로벌 소통 능력을 키우는 데 매우 효과적이다. 실제 다른 문화권 사람들과 교류하고 협업하는 과정은 세계시민으로서 갖춰야 할 핵심 역량을 길러준다. 한국청소년활동진흥원(National Youth Policy Institute, NYPI)에서 운영하는 다양한 청소년 국제 교류 프로그램은 이러한 경험을 제공하는 대표적인 사례로 참여 청소년들이 국제적 감각을 익히고 다문화에 대한 이해를 심화할 수 있도록 돕는다(https://www.nypi.re.kr). 한-아세안 청소년 교류 프로그램(Korea-ASEAN Youth Exchange)은 한국과 아세안 10개국 청소년 간 상호 방문 및 문화 교류를 통해 서로의 문화를 직접 체험하게 한다. 참가자들은 문화 공연, 전통 예술 워크숍, 언어교환, 지역 탐방 등 다양한 활동을 통해 각국의 역사와 문화를 깊이 있게 이해하게 된다. 이는 체험 기반의 학습으로 청소년들에게 자연스럽게 상호 존중과 문화 상대성의 태도를 기르게 한다. 이 프로그램은 여성가족부와 아세안 사무국의 공동 지원으로 운영되며 2023년에도 성공적으로 개최된 바 있다(여성가족부 보도자료 2023.07.21). 한-독 청소년 교류 캠프(Korea-Germany Youth Exchange Camp)는 한국과 독일의 고등학생 및 대학생들이 참여하여 환경 보호, 지속 가능한 발전, 평화 및 경제 협력 등 주요 글로벌 이슈에 대해 함께 토론하고 해결책을 모색하는 프로그램이다. 공동 워크숍과 프로젝트 발표를 통해 각국 청소년들은 실질적인 협업 경험을 쌓을 수 있으며 국제 사회가 요구하는 문제 해결력과 소통 능력을 직접적으로 체득할 수 있다. 이 프로그램은 독일의 청소년 기관인 IJAB와 협력하여 진행되며 해마다 양국에서 번갈아 개최된다(한국청소년활동진흥원 2022).

세계적인 비영리 문화 교류 기관인 AFS Intercultural Programs는 장기 유학, 홈스테이, 봉사활동 등 다양한 형태의 국제교류 프로그램을 운영하고 있다. 1947년에 설립된 AFS는 현재 전 세계 60여 개국에서 연간 12,000명 이상의 청소년을 대상으로 프로그램을 제공하며 참가자는 다문화 환경에서 실질적인 삶을 경험하고 이를 통해 깊이 있는 세계시민 의식을 기를 수 있다. AFS는 교육 교류를 넘어 국제이해와 평화를 촉진하는 글로벌 인재 양성을 목표로 한다(www.afs.org). 이처럼 다양한 국제교류 프로그램은 단순한 외국 경험을 넘어서 청소년들에게 '세계 속의 나'를 자각하게 하고 책임 있는 글로벌 시민으로 성장할 수 있는 토대를 마련해준다. 국제교류 프로그램 참여를 위한 구체적인 방안은 다음과 같다.

1.3.1 학교나 지역사회에서 제공하는 국제교류 프로그램 정보 활용

KF 글로벌 챌린저 프로그램　　　　서울형 청년인턴 직무·국제캠프 프로그램

　글로벌 시대에 발맞춰 다양한 국제교류 프로그램에 참여하는 것은 개인의 역량 강화와 미래 진로에 큰 도움이 된다. 정부, 지방자치단체, 교육기관이 제공하는 이러한 프로그램에 대한 정보를 꾸준히 탐색하고 참여 기회를 적극적으로 모색하는 것이 중요하다. 대한민국 외교부 산하 한국국제교류재단(KF)은 다양한 국제교류 프로그램을 운영하고 있으며 주요 프로그램으로 KF 글로벌 챌린저 프로그램, KF 글로벌 e-스쿨, 국민공공외교 프로젝트, 문화교류 지원 등이 있다. KF는 글로벌 가치 실현에 기여하는 대한민국 대표 공공외교 플랫폼으로서 세계 각국과의 문화 교류, 학술 교류, 인적 교류 등을 촉진한다. 이를 통해 대학생들은 국제무대에서 실질적인 경험을 쌓을 수 있는 기회를 얻을 수 있다(https://www.kf.or.kr).

　서울특별시는 글로벌 유망기업 및 국제기구(한국사무소) 등에서 실무경험을 쌓을 수 있는 '서울형 청년인턴 직무·국제캠프' 프로그램을 진행하고 있다. 이 프로그램은 글로벌 기업이나 국제기구에서 인턴 경험을 쌓기 어려운 청년들에게 실무경험과 직무 교육의 기회를 제공하며 정규직 채용까지 이어질 수 있도록 사후관리도 지원한다(https://www.seoul.go.kr). 교육기관 차원의 한 예로 고려대학교 국제처 글로벌리더십센터는 학생들이 국제적 감각을 익히고 해외에서 실무 경험을 쌓을 수 있도록 KIST 유럽연구소 해외인턴십, 글로벌 한미재단 인턴십, KU-Global Leadership Program 등 다양한 해외인턴십 프로그램을 운영하고 있다. 학생들은 이를 통해 국제적 감각을 익히고 해외에서 실무경험을 쌓아 사회 활동을 준비할 수 있다. 각 단과대학에서도 해외인턴십 프로그램을 제공하며 이를 통해 학생들은 글로벌 역량을 강화할 수 있다(https://gldc.korea.ac.kr). 이러한 국제교류 프로그램은 단순한 경험을 넘어 대학 입시나 취업 과정에서도 긍정적인 요소로 작용할 수 있다. 참가자들은 각종 프로그램 참여를 통해 글로벌 역량을 체계적으로 키우고 다양한 문화 속에서의 적응력과 협업 능력을 적극적으로 길러야 하며 이를 통해 국제사회에서 요구하는 인재로 성장할 수 있다.

1.3.2 온라인 국제교류 플랫폼을 통한 가상 교류 경험

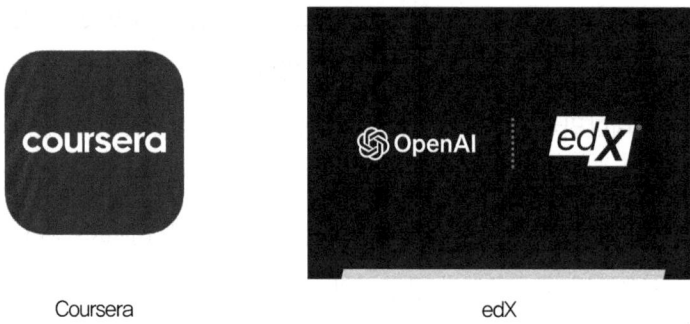

Coursera   edX

팬데믹 이후 온라인 기반의 국제교류 플랫폼이 활발히 활용되고 있다. 이를 통해 직접 해외에 나가지 않고도 다양한 국가의 사람들과 실시간으로 소통하고 협업할 수 있다. eTwinning은 유럽연합(EU)이 운영하는 온라인 프로그램으로 유럽 내 교사와 학생들이 공동 프로젝트를 수행하며 문화적 차이를 이해하고 협력하는 경험을 쌓도록 돕는다(https://school-education.ec.europa.eu). 이 플랫폼은 교사와 학생들에게 안전하고 무료인 공간을 제공하여 다양한 주제의 프로젝트를 함께 진행하고 온라인 그룹에서 토론하며 모범 사례를 공유할 수 있게 한다. eTwinning은 2005년에 시작되어 현재까지 수많은 유럽 학교들이 참여하고 있다. 학생들은 다른 문화와 교육 시스템을 직접 경험하며, 국제적인 협업 능력을 기르고 있다. UNESCO ASPnet(유네스코학교네트워크)은 전 세계 약 10,000개의 학교가 참여하는 글로벌 네트워크로 학생들과 교육자들이 평화와 지속 가능한 발전을 위한 교육을 실천하도록 지원한다. 이 네트워크는 학생들이 국제적인 시각을 키우고 세계시민으로서의 감각을 기를 수 있도록 다양한 활동과 프로젝트를 제공한다. ASPnet은 1953년에 설립되어 현재 181개국에서 운영되고 있으며 교육을 통해 평화와 국제 이해를 증진하는 것을 목표로 한다(https://www.unesco.org). 학생들은 글로벌 이슈에 대한 토론과 협력을 경험하며 국제적인 연대감을 형성한다.

  Global Nomads Group과 같은 비영리 단체는 가상 교실을 통해 세계 각국의 학생들이 화상 회의로 직접 소통하고 국제 이슈에 대해 토론할 수 있는 기회를 제공한다(https://gng.org/programs/). 이러한 프로그램은 학생들이 다른 문화와 관점을 이해하고 글로벌 문제에 대한 인식을 높이는 데 기여한다. Coursera[5]나 edX[6] 같은 MOOC(대규모 공개 온라인 강좌) 플랫폼

---

[5] Coursera는 2012년에 스탠퍼드 대학교의 컴퓨터 과학 교수인 Andrew Ng과 Daphne Koller가 설립한 미국의 대규모 공개 온라인 강좌(MOOC) 제공업체로 전 세계의 대학 및 기관과 협력하여 다양한 주제의 온라인 강의, 인증서, 학위 프로그램을 제공한다(https://about.coursera.org/).

[6] edX는 2012년 하버드 대학교와 매사추세츠 공과대학교(MIT)가 공동 설립한 온라인 교육 플랫폼으로 전 세계 유수의 대학 및 기관과 협력하여 다양한 주제의 온라인 강좌를 제공하

에서는 세계 유수 대학의 강의를 수강하며 글로벌 지식을 쌓을 수 있고 다양한 국적의 수강생들과 토론을 통해 문화적 관점을 나눌 수 있다. 이러한 플랫폼은 지리적 한계를 넘어선 학습 기회를 제공하며, 국제적인 네트워킹과 협업의 장을 마련한다. 이처럼 글로벌 프로젝트 참여, 언어교환, 온라인 토론 등을 통해 가상 공간에서도 국제적 소통 역량을 기르는 것은 팬데믹 이후 더욱 중요한 요소로 자리 잡고 있다. 비대면 환경에서도 이러한 플랫폼을 활용하면 세계 각국의 사람들과 교류하며 국제적인 감각과 협업 능력을 향상시킬 수 있다.

1.3.3 국제 봉사활동 참여로 글로벌 시민의식 함양

국경 없는 의사회
(Médecins Sans Frontières, MSF)

UNESCO World Youth Forum

국제사회는 점점 더 긴밀히 연결되고 있으며 지구촌 공동체의 일원으로서 책임 있는 역할을 수행하기 위한 글로벌 시민의식의 중요성이 점점 커지고 있다. 해외 봉사활동은 이러한 시민의식을 함양하는 효과적인 수단으로 참여자들이 국경을 넘어 타인의 삶에 공감하고 실질적인 국제 협

고 있으며 2021년에는 교육 기술 기업인 2U에 인수되어 현재까지 운영되고 있다(https://www.edx.org/about-us).

력 경험을 통해 세계적 관점을 넓히는 데 중요한 역할을 한다. 국제 NGO인 '국경 없는 의사회(Médecins Sans Frontières, MSF)[7]'는 분쟁, 재난, 빈곤 등으로 의료 접근성이 떨어지는 지역에서 긴급 의료 지원을 제공하고 있다. 이 단체는 의사, 간호사 등 의료 전문가뿐 아니라 물류, 행정, 번역, 커뮤니케이션 등 다양한 직종의 자원봉사자들에게도 참여 기회를 제공한다. 이를 통해 참여자들은 생명의 최전선에서 글로벌 보건 불평등 문제에 직면하고 국제적 연대의 필요성을 체감하게 된다. 'UN 자원봉사 프로그램(United Nations Volunteers, UNV)'은 UN 산하 기구들과 협력하여 지속가능한 개발 목표(SDGs) 달성을 위한 다양한 분야의 활동을 전개하고 있다. 환경 보호, 성평등 증진, 교육 기회 확대, 난민 지원 등 광범위한 영역에서 봉사자들이 전 세계 150여 개국에서 활동하고 있으며 이는 개인이 국제적 의제에 기여할 수 있는 실질적인 통로로 작용한다(https://www.unv.org/about-unv). 한국의 경우 'KOICA 해외봉사단(Korea International Cooperation Agency Volunteers, KOV)'은 한국국제협력단(KOICA)이 운영하는 프로그램으로 개발도상국에 봉사단원을 파견하여 교육, 보건, 농업, 정보통신기술 등 다양한 분야에서 현지 주민들과 협력하며 지역사회 발전에 기여하고 있다(https://www.koica.go.kr/). KOICA 봉사단원들은 언어, 문화, 생활방식이 다른 환경 속에서 실제 문제를 해결하며 국제개발협력에 대한 이해를 깊이 있게 갖게 된다. 이와 같은 국제 봉사활동에 참여하는 과정은 참가자 스스로가 글로벌 이슈를 직면하고 해결책을 모색하는

---

[7] 국경없는 의사회(Médecins Sans Frontières, MSF)는 1971년 프랑스에서 설립된 국제 인도주의 의료 구호단체로 전쟁, 질병, 자연재해 등으로 인해 의료 체계가 붕괴된 지역에서 긴급 의료 지원을 제공한다. 정치적 중립성과 독립성을 핵심 가치로 삼으며, 전 세계 70여 개국에서 활동하고 있다(https://www.msf.org/who-we-are 참조).

주체로 성장하는 계기가 된다. NGO 및 국제기구의 다양한 프로그램을 통해 봉사자들은 '나'와 '타인'을 넘어 '세계'를 바라보는 시각을 갖추게 되며 이는 곧 글로벌 시민으로서의 자질을 기르는 중요한 교육적 경험이 된다.

'UNESCO 세계 청소년 포럼(World Youth Forum)'은 유네스코가 주관하는 국제회의로 전 세계 청소년들이 지속 가능한 발전 목표(SDGs), 인권, 기후 변화 등 글로벌 이슈에 대해 자유롭게 토론하고 정책 제안을 도출하는 장을 제공한다(https://www.unesco.org/en/youth/forum). 이 포럼은 참가자들에게 세계 청년들과의 연대를 경험하게 하고 국제사회에 실질적으로 참여할 수 있는 통로를 열어주는 데 의의가 있다. 그러므로 이와 같은 국제 봉사 및 교류 프로그램들은 청소년 및 일반 참가자들이 글로벌 시민으로서의 정체성을 형성하고 세계 공동체에 책임감 있는 일원으로 성장할 수 있도록 하는 중요한 기반을 제공하며 국제적 문제에 대한 이해, 다문화 수용성, 공동체 연대감 등을 실제 현장에서 체득함으로써 참여자들은 이론을 넘어선 실천적 역량을 갖추게 된다.

2. 한국인의 세계시민 의식 함양

UN

UNESCO

세계시민 의식은 오늘날과 같은 글로벌 시대에 반드시 갖춰야 할 핵심 역량 중 하나로 단순히 국경을 넘어선 교류에 대한 이해를 넘어 인류 공동의 문제를 인식하고 이에 책임감 있게 대응하는 태도를 포함한다. 세계시민 의식은 세 가지 주요 요소를 통해 함양될 수 있다.

첫째는 국가 간 상호 의존성에 대한 인식이다. 현대 사회는 정치, 경제, 환경, 보건 등 다양한 분야에서 밀접하게 얽혀 있으며 한 국가의 문제는 곧 다른 국가의 문제로 확산될 수 있다. 팬데믹이나 기후 변화 같은 전 지구적 위기는 이를 여실히 보여주는 사례다.

둘째는 지속가능발전목표(Sustainable Development Goals, SDGs)의 실천이다. 유엔이 제시한 17가지 지속가능발전목표는 기아 해소, 양질의 교육, 성평등, 기후 행동 등 전 세계가 공동으로 해결해야 할 과제를 담고 있다(www.un.org). 세계시민으로서 이 목표들을 이해하고 실천하는 자세는 국제사회의 공동 발전에 기여하는 데 중요한 의미를 지닌다. 유네스코(UNESCO)는 세계시민교육을 통해 이와 같은 가치와 태도를 교육의 주요 목표로 삼고 있다(UNESCO 2015).

셋째는 다문화에 대한 포용성과 이해다. 세계화로 인해 다양한 인종, 문화, 종교, 언어가 공존하는 사회가 보편화되고 있으며 이에 대한 열린 태도와 문화 간 역량은 세계시민으로서의 기본 요건이다. 다양성에 대한 존중은 갈등을 줄이고 상생의 길을 여는 데 기여하며 국제 사회의 평화 유지에도 직결된다. 이러한 요소들은 개인과 사회가 국제적 문제를 인식하고 협력적 해결 방안을 모색하는 데 필수적인 역할을 한다. 특히 기후 위기, 난민 문제, 불평등 해소 등은 국가 단독으로 해결할 수 없는 문제이며 세계 시민의식에 기반한 국제적 연대와 협력이 절실하다. 개인은 단지 자국의 시민에 머무르지 않고 지구 공동체의 일원으로서 책임 있는 자세를 가져야 한다.

세계시민 의식은 구체적인 실천 행위를 통해 현실화 될 수 있다. 지역 생산품을 구매하거나 친환경 제품을 사용하는 소비 습관은 지속 가능한 생산과 소비를 촉진하며 공정무역 제품을 선택하는 행동은 개발도상국 노동자의 권리를 보호하는 데 기여한다(ILO 2020). 이러한 실천은 개인의 선택에 머무르지 않고 전 세계적 지속 가능성 확보에 직접적으로 기여하는 사회적 책임이기도 하다. 따라서 세계시민 의식을 기른다는 것은 단순히 세계에 대한 지식을 아는 데 그치지 않으며 그것을 바탕으로 구체적이고 지속적인 행동으로 옮길 때 진정한 의미를 갖게 된다. 한국인이 함양해야 할 3가지 세계시민 의식을 제시하면 다음과 같다.

2.1 국가 간 상호 의존성과 연대 의식 배양

세계화가 가속화되면서 국가 간 상호의존성은 더욱 깊어지고 있으며 이에 따라 연대 의식의 중요성도 함께 부각되고 있다. 기후변화, 경제 불평등, 전염병 확산 등은 개별 국가의 노력만으로는 해결하기 어려운 문제로 국제적 협력이 필수적이다(유네스코 아시아태평양 국제이해교육원 2015). 2020년 코로나19 팬데믹은 전 세계가 긴밀히 연결되어 있다는 현실을 드러냈으며 국제 협력 없이는 효과적인 대응이 불가능하다는 점을 명확히 보여주었다. 백신 개발과 배포 과정에서 드러난 선진국과 개발도상국 간의 백신 공급 격차는 국제 연대와 협력이 왜 중요한지를 다시금 상기시켰다. 이는 경제적 불평등이 팬데믹 상황 속에서 더욱 심화되었음을 의미하며 국제 금융기구와 개도국 간의 협력이 절실히 요구되는 상황이었다. 팬데믹 이후 국가 간 공조 체계 구축은 글로벌 안정성을 위한 핵심 요소로 부각되었다(박환보 2017).

이처럼 상호의존성을 인식하는 것은 다양한 문화와 배경을 지닌 사람들 간의 상호 이해와 협력을 촉진하는 데 기여한다. 이는 세계시민으로서 책임 있는 역할을 수행하는 데 필수적인 태도이며 특히 교육을 통해 이러한 의식을 함양할 필요가 있다. 세계시민교육은 국제 문제를 인식하는 데 그치지 않고 해결을 위한 적극적인 참여와 책임감을 길러주는 것을 목표로 한다. 한 연구에 따르면 세계시민 교육에 참여한 청소년들은 그렇지 않은 집단에 비해 세계시민의식 수준이 유의하게 높았으며 공정무역, 인권, 환경, 지속 가능성 등 다양한 주제에 대해 더 깊은 관심과 이해를 보였다(박환보 2017). 대중매체 접촉 경험, 해외 방문 경험, 그리고 가족 간 의사소통 수준이 청소년의 세계시민 의식 형성에 중요한 영향을 미친다는 연구도 있다(박환보 외 2016). 이러한 결과는 학교 교육이 지식 전달을 넘어 학생들의 태도와 행동 변화를 유도하는 방향으로 나아가야 함을 시사한다. 세계시민 교육은 지속 가능한 발전 목표(SDGs)와도 밀접하게 연계되어 있으며 공정무역, 환경 보호, 사회적 기업 등 다양한 주제를 다룸으로써 학생들이 실제 사회 문제 해결에 주체적으로 참여할 수 있도록 유도하고 있다.

한국 사회도 이러한 상호 의존성과 연대 의식의 필요성을 체감하는 사례가 점차 늘어나고 있다. 대표적으로 미세먼지 문제는 중국과 한국, 몽골 등 동북아시아 국가들이 직면한 공통의 환경 과제로 국가 간 협력 없이는 장기적인 해결이 어렵다. 2019년 출범한 '동북아 청정대기 파트너십'(NEACAP)[8]은 국제적 연대를 통해 환경 개선을 도모하는 실질적인 협

---

8 동북아청정대기파트너십(North-East Asia Clean Air Partnership, NEACAP)은 한국, 일본, 중국, 러시아, 몽골, 북한 등 동북아시아 6개국이 역내 대기오염에 공동 대응하기 위

력 사례로 평가된다. 2023년 튀르키예 대지진 당시 한국의 긴급 구조대와 민간단체들이 빠르게 지원에 나섰고 국민들도 적극적으로 성금을 모아 전달한 것은 국제 인도주의적 연대의 실제적 실천 사례로 볼 수 있다(https://news.nate.com/). 이러한 경험은 한국 사회가 국제사회와 상호 의존적이라는 인식 위에서 책임 있는 세계시민 의식을 점차 내면화해 가고 있음을 보여준다.

2.2 지속가능발전목표(SDGs)의 실천

UNESCO SDGs　　　　　　　　　　　K-SDGs

한국은 국제사회의 책임 있는 일원으로서 2015년 유엔 총회에서 채택된 지속가능발전목표(SDGs)의 이행을 위해 노력하고 있으며 2018년 '한국형 지속가능발전목표(K-SDGs)'를 수립하였다(환경부 2019). K-SDGs는 '모두를 포용하는 지속가능국가'라는 비전 아래 17개 목표, 122개 세부목

해 설립한 협력체이다. 2018년 10월 출범에 합의하였으며 2019년 7월 5일 서울에서 제1차 회의를 개최하며 본격적인 활동을 시작하였다. NEACAP은 대기오염 관련 정보 파악, 공동 연구 수행, 정책 제언 및 과학 기반 정책 협의 추진 등을 목표로 한다(https://www.mofa.go.kr/).

표, 214개의 지표를 제시하고 있으며 이는 한국 사회의 지속가능한 발전을 위한 방향성과 기준을 제공한다(https://www.sdkorea.org). 이러한 목표 체계는 정부, 기업, 시민사회, 학계 등 다양한 주체의 협력과 참여 없이는 실현이 어렵다. K-SDGs는 기후변화 대응, 경제적 불평등 해소, 지속가능한 산업 발전 등 폭넓은 분야를 포괄하고 있으며 목표별로 실현 가능한 전략과 구체적인 정책 수립이 필수적이다(국가브리핑 2020). 기후변화 대응을 위한 정책으로 정부는 재생에너지 확대, 탄소중립 로드맵 수립 등을 추진하고 있으며 민간 기업은 탄소배출 저감 기술 및 친환경 산업 전환에 투자하고 있다(국회미래연구원 2023). 빈곤 완화를 위해서는 사회적 기업을 지원하고 공정무역을 확대하는 한편 교육 부문에서는 지속가능한 교육 체계를 마련해 미래세대가 환경 및 사회적 과제에 능동적으로 대응할 수 있도록 하고 있다(UNDP 2020).

K-SDGs는 중앙정부의 정책은 물론 지역사회와 시민 개개인의 참여로 실현되어야 하는 목표이기도 하다. 부산광역시는 지역 특성에 맞춘 SDGs 지표 체계를 개발하고 있으며 시민들은 일상 속에서 윤리적 소비, 에너지 절약, 재활용 등으로 SDGs 달성에 기여하고 있다(http://www.busan21.or.kr). 이처럼 K-SDGs는 국가 차원의 계획이 아닌 사회 전반에 뿌리내려야 할 문화적 과제로 인식될 필요가 있다. 이를 위해 전 국민을 대상으로 하는 교육과 인식 제고, 미디어와 공공기관의 지속적인 홍보가 함께 이뤄져야 하며 이를 위한 주요 전략은 다음과 같다.

2.2.1 모두가 사람답게 살 수 있는 포용 사회 구현

포용사회 구현을 위한 대표적인 사례로는 한국의 기본소득 실험과 포괄적 복지 정책이 있다. 경기도에서 실시한 '청년 기본소득' 정책은 만

24세 청년들에게 일정 금액을 지급함으로써 경제적 불평등을 완화하고 사회적 안전망을 강화하는 데 기여했다(https://www.gg.go.kr/contents/). 이러한 정책은 개인의 삶의 질을 개선하고 경제적 기회를 평등하게 분배하는 효과를 보였다. 노인과 장애인을 위한 사회적 돌봄 서비스 확대도 포용 사회 구현의 중요한 요소이다. 서울시에서는 '돌봄SOS센터'를 운영하여 긴급 돌봄이 필요한 시민들에게 맞춤형 서비스를 제공하고 있다(https://www.welfare.seoul.kr). 이를 통해 사회적 약자들이 안정적인 삶을 영위할 수 있도록 지원하고 있다. 외국 사례로 스웨덴과 덴마크 등 북유럽 국가들의 포용 사회 구축을 위한 정책적 방향을 찾을 수 있다. 스웨덴과 덴마크 등 북유럽 국가들은 포용 사회 구축을 위해 다양한 정책을 시행하고 있다. 스웨덴은 보편적 복지제도를 통해 모든 시민에게 평등한 의료, 교육, 사회 서비스를 제공하며 이를 통해 사회적 평등과 통합을 촉진하고 있다(김선욱 2021). 덴마크는 '플렉시큐리티(flexicurity)' 정책을 통해 노동시장의 유연성과 노동자에 대한 사회적 안전망을 동시에 강화하고 있다. 이로써 노동자들은 직업 이동의 자유를 가지면서도 실업 시 충분한 지원을 받을 수 있어 사회적 포용을 강화하고 있다(장경섭2020). 이러한 국제적 사례를 참고하여 한국에서도 포괄적인 복지정책과 사회적 안전망을 확대해 나갈 필요가 있다.

2.2.2 모든 세대가 누리는 깨끗한 환경 보전

깨끗한 환경을 보전하는 것은 현세대뿐만 아니라 미래세대에게도 지속 가능한 삶을 제공하는 중요한 요소이다. 이를 위한 대표적인 사례로는 서울시의 미세먼지 저감 정책(https://cleanair.seoul.go.kr)과 제주도의 탄소중립 정책(https://www.headlinejeju.co.kr)이 있다. 서울시는 대기오염을 줄이기 위해 '녹색교통지역'을 운영하며 내연기관 차량의 운행을 제한하고 전기차 및 수소차의 보급을 확대하고 있다(https://news.seoul.go.kr/traffic/greentraffic). 또한 친환경 버스 도입과 도심 내 녹지 공간 확대를 통해 공기 질을 개선하고 있다. 이러한 정책들은 도심 내 대기오염을 줄이고 시민 건강 보호에 기여하고 있다. 제주도는 2030년까지 '탄소중립 섬'을 목표로 삼고 있으며 이를 위해 재생에너지를 도입하고 있다. 풍력 발전과 태양광 발전을 확대하여 에너지 자립도를 높이는 것이다. 또한 전기차 보급률을 높이고 관광 산업에서도 친환경 정책을 도입하여 지속가능한 관광 환경을 조성하고 있다(https://news.skecoplant.com).

국제적으로는 네덜란드의 '순환 경제' 정책이 환경 보전의 모범 사례로 꼽힌다. 네덜란드는 재활용과 자원 재사용을 최우선으로 하여 폐기물을 최소화하고 지속 가능한 자원 활용을 촉진하고 있다(https://www.kita.net). 이러한 방식은 한국에서도 도입될 필요가 있으며 순환 경제 모델을 통해 폐기물 문제 해결과 환경 보호를 동시에 달성할 수 있을 것이다. 이러한 국내외 사례들은 깨끗한 환경 보전을 위한 다양한 접근법을 보여주며 모든 세대가 누릴 수 있는 지속 가능한 환경을 만들기 위한 노력을 시사한다.

2.2.3 삶의 질을 향상시키는 경제성장

경제성장은 단순히 국내총생산(GDP)의 증가에 그쳐서는 안 되며 궁극적으로는 시민 개개인의 삶의 질을 실질적으로 향상시키는 방향으로 이루어져야 한다. 경제 지표의 상승이 모든 사회 구성원에게 균등하게 혜택을 주는 것은 아니므로 경제 정책은 분배적 정의와 사회적 포용을 고려해야 한다. 이와 같은 관점에서 한국의 '사회적 경제 활성화 정책'과 핀란드의

'기본소득 실험'은 주목할 만한 사례로 제시될 수 있다.

한국 정부는 지속 가능하고 포용적인 경제를 구현하기 위해 사회적 경제 부문을 적극적으로 육성해왔다. 사회적 기업, 협동조합, 마을기업 등은 단순한 이윤 추구를 넘어서 고용 창출, 사회 서비스 제공, 지역 균형 발전 등에 기여하고 있다. 특히 서울시는 '서울시 사회적 경제지원센터'를 중심으로 창업 지원, 교육 훈련, 금융 자문 등 통합적인 지원 체계를 운영하며 지역 기반의 사회적 경제 생태계를 활성화하고 있다(서울시 사회적경제지원센터 2023). 공공기관 또한 '사회적기업 제품 우선 구매제도'를 통해 사회적 기업의 시장 접근성을 확대하고 있으며 이는 경제적 약자에 대한 고용 확대와 사회적 가치 실현에 실질적으로 이바지하고 있다(한국사회적기업진흥원 2022). 국제 사례로 핀란드는 2017년부터 2018년까지 2,000명의 실직자에게 매월 560유로를 무조건 지급하는 기본소득 실험을 실시했다. 실험 결과에 따르면 기본소득을 받은 이들은 그렇지 않은 이들보다 심리적 스트레스와 불안 수준이 낮았으며 경제활동 참여 의지도 더 높게 나타났다(Kela 2020). 이는 기본소득이 단순한 복지를 넘어 개인의 자율성과 사회 통합을 촉진할 수 있는 정책임을 시사한다. 특히 노동시장의 유연성과 자동화가 강화되는 현재 기본소득은 불안정 노동에 대한 하나의 대안으로 떠오르고 있다.

기술 혁신을 활용한 스마트 도시(Smart City)[9] 프로젝트 역시 삶의 질을 향상시키는 경제성장의 실천적 모델이다. 싱가포르는 스마트 교통 시

---

9 스마트 도시는 정보통신기술(ICT)과 사물인터넷(IoT) 등 혁신적인 기술을 활용하여 도시의 운영 효율성과 시민의 삶의 질을 향상시키는 것을 목표로 하는 도시를 의미한다. 이러한 기술 혁신을 통해 교통, 에너지, 환경, 보안 등 다양한 분야에서 도시 문제를 해결하고 지속 가능한 발전을 도모한다(https://www.ibm.com).

스템, 공기질 모니터링, 에너지 효율화 등 다양한 분야에서 인공지능(AI)과 사물인터넷(IoT)을 접목한 정책을 시행하고 있으며 이는 교통 혼잡 완화와 도시 환경 개선에 긍정적인 효과를 내고 있다(Smart Nation Singapore 2022). 한국에서도 세종시와 부산시를 중심으로 스마트시티 사업이 활발히 추진되고 있다. 세종시는 자율주행 교통 시스템과 실시간 행정서비스를 통합한 디지털 행정 모델을 도입하고 있으며 부산시는 스마트 에너지 관리와 재난 대응 시스템을 통해 도시의 안전성과 지속 가능성을 제고하고 있다(국토교통부 2023). 이처럼 사회적 경제, 기본소득, 스마트시티와 같은 사례들은 단순한 경제 규모 확대를 넘어서 삶의 질 향상을 목표로 하는 경제성장의 패러다임 전환을 보여준다. 앞으로의 경제정책은 경제적 효율성과 함께 사회적 형평성, 지속 가능성, 그리고 시민의 행복 증진이라는 다층적인 목표를 포괄해야 한다. 이는 지속 가능한 발전을 위한 국제사회의 공통된 과제이며 포스트성장(post-growth) 시대를 대비하는 지혜이기도 하다.

2.2.4 인권 보호와 남북 평화 구축

인권 보호와 남북 평화 구축은 지속 가능한 세계 평화를 이루기 위한 핵심적인 요소이다. 인권은 인간의 존엄성과 자유를 보장하는 기본적 권리이며 그 보호는 민주주의와 법치주의의 실현과 직결된다. 대한민국에서는 '국가인권위원회법'에 따라 설립된 국가인권위원회가 인권 신장과 관련된 주요 역할을 수행하고 있다. 이 기관은 인권 침해 사례에 대한 진정을 접수하고 조사를 실시하며 차별금지 및 인권 증진을 위한 정책 제안과 교육 활동을 수행하고 있다(국가인권위원회 2024). 최근에는 혐오 표현 방지와 소수자 인권 보장을 위한 가이드라인을 제정하는 등 사회적 약자 보호에 중점을 두고 있다. 국제적으로는 북한의 인권 상황이 지속적인 관심 대상이며 유엔 인권이사회는 2003년부터 매년 북한인권결의안을 채택하고 있다(United Nations Human Rights Council 2023). 해당 결의안은 북한 내 정치범 수용소, 강제노동, 표현의 자유 억압 등 심각한 인권 침해 사례를 지적하며 국제사회의 공동 대응을 요구하며 이는 국제 인권 기준의 보편성과 공동체적 책무를 반영한 사례로 평가된다.

남북 평화 구축을 위한 주요 사례로는 2018년 4월 27일 남북 정상 간 합의로 채택된 '판문점 선언'과 같은 평화 선언 그리고 과거에 운영되었던 '개성공단'과 '금강산 관광' 등 경제 협력 사업이 있다. 판문점 선언은 군사적 긴장 완화를 위한 실질적 조치를 포함하며 항구적 평화체제 구축을 위한 남북 간 신뢰 회복의 전환점을 제공하였다(청와대 2018). 개성공단은 2004년부터 2016년까지 운영되며 약 120개 남한 기업과 북한 근로자 간의 협력 구조를 통해 경제적 상호 의존도를 높였고 이는 일정 기간 동안 갈등 억제 장치로서 기능했다(통일부 2021). 현재는 정치적 긴장으로 인해 중단된 상태이나 향후 재개 가능성은 남북 관계 개선의 중요한 지표로 여겨지고 있다. 한편 독일의 동서독 통일 사례는 남북 관계 발전의 참고 모델로 자주 언급된다. 독일은 경제 지원과 문화 교류, 가족 상봉 등 인도주의적 접근을 병행하며 동독 주민들의 삶의 질을 개선하고 궁극적으로 자발적 통일 분위기를 조성하였다(Bundeszentrale für politische Bildung 2020). 이러한 점은 일방적인 정치 통합보다는 점진적인 교류 확대와 상호 이해의 축적이 평화 통일의 핵심이라는 교훈을 준다.

따라서 인권 보호와 남북 평화 구축은 서로 긴밀히 연관되어 있으며 이를 위한 법적·제도적 장치의 강화와 국제사회의 지속적인 협력이 병행되어야 한다. 단순한 선언 수준을 넘어서 실질적이고 구조적인 개선을 통해 한반도는 물론 국제사회에서 지속 가능한 평화 질서를 실현할 수 있을 것이다.

2.2.5 지구촌 협력

파리기후협정(Paris Agreement)　　　　COVAX Facility 프로그램

지구촌 협력을 강화하기 위한 대표적인 사례로는 국제기구와 국가 간의 다자 협력이 있다. 이 같은 협력은 국경을 초월한 문제 해결에 있어 매우 중요한 역할을 하며 특히 환경, 보건, 경제 등 다양한 분야에서 그 중요성이 날로 커지고 있다.

첫 번째 사례로 기후변화 대응을 위한 '파리기후협정(Paris Agreement)'은 전 세계 190개국 이상이 참여하여 온실가스 감축 목표를 설정하고 이를 실천하기로 약속한 국제협약이다. 이 협정은 2015년 제21차 유엔기후변화협약 당사국총회(COP21)에서 채택되었으며 산업화 이전 대비 지구 평균기온 상승 폭을 2도 이하로 억제하고 나아가 1.5도 이하로 제한하기 위한 노력을 장려하고 있다. 파리협정은 각국이 자발적으로 설정한 국가별 온실가스 감축 목표(NDCs: Nationally Determined Contributions)를 바탕으로 상호 협력하며 기후변화라는 인류 공동의 문제를 해결하기 위해 국제사회가 연대하는 대표적인 사례로 꼽힌다(United Nations, 2015).

두 번째로 세계보건기구(WHO)는 코로나19 팬데믹 상황에서 백신의 공정한 배분을 위해 'COVAX Facility' 프로그램을 운영하였다. 이는 백신 접근성이 낮은 저소득 및 중저소득 국가들에게도 안전하고 효과적인 백신을 공급하기 위한 국제 공동 노력으로 세계백신면역연합(GAVI), 전염병대비혁신연합(CEPI), WHO가 주도하였다. COVAX는 과학적 근거에 기반한 백신 분배와 함께 국제 보건 형평성을 실현하려는 시도로 글로벌 공중보건 위기 대응에서의 국제 협력 필요성을 보여주는 대표 사례다(World Health Organization 2023). 경제 협력 측면에서는 '아시아태평양경제협력체(APEC)'와 '유럽연합(EU)'이 대표적인 예다. APEC은 1989년에 설립된 아시아·태평양 지역의 경제 협력 기구로 역내 국가 간 무역 장벽을 완화하고 지속가능한 경제성장과 번영을 추구한다. APEC은 회원국 간 경제적 상호의존을 강화하고, 디지털 경제, 포용적 성장, 혁신 기술 등 다양한 주제를 중심으로 협력을 확대하고 있다(APEC 2023). 유럽연합(EU)은 단일시장 체제를 기반으로 회원국 간 자유로운 이동, 통화 통합(유로화 사용), 공동 외교 및 안보 정책 등을 추진하는 고도의 정치·경제 통합체이다. EU는 1951년 유럽석탄철강공동체(ECSC)로 시작해 1993년 마스트리히트 조약[10]을 통해 현재의 형태로 발전하였다. 경제뿐 아니라 인권, 환경, 교육 등 다양한 분야에서의 협력을 통해 유럽 내 평화와 번영을 촉진하고 있다(European Union 2024).

이러한 사례들은 지구촌 협력이 단순한 국가 간 교류에 그치지 않고,

---

10 마스트리히트 조약(Maastricht Treaty)은 유럽 연합(European Union, EU)을 공식적으로 설립하고 단일 통화인 유로(Euro) 도입의 기초를 마련하였으며 공통의 외교 및 안보 정책, 그리고 사법 및 내무 분야에서의 협력을 강화하는 등 유럽 통합의 새로운 단계를 열었다.

환경 보호, 공중보건, 경제 발전 등 다양한 영역에서 실제적이고 지속적인 방식으로 이루어지고 있음을 보여준다. 오늘날처럼 글로벌 이슈가 복잡하게 얽혀 있는 시대에는 국제 협력을 단기적인 국가 이익을 위한 수단이 아닌 인류 공동의 지속 가능한 미래를 위한 필수 조건으로 인식하는 것이 중요하다. 따라서 각국 정부, 시민사회, 기업, 개인이 함께 참여하는 포괄적인 협력 체계를 구축하는 것이 필요하며 이러한 국제 협력 전략은 세계시민 의식을 높이는 데 직접적인 기여를 한다.

2.3 다문화에 대한 포용과 이해

여성가족부 다문화수용성 조사

다문화주의가 반영된 캐나다 지폐

한국 사회에서 다문화를 포용하고 이해하는 태도는 세계시민 의식을 함양하는 데 중요한 요소다. 2018년 여성가족부가 실시한 '국민 다문화수용성 조사'에 따르면 한국인의 다문화 수용성 지수는 100점 만점에 52.82점으로 나타났으며 이전 조사보다 소폭 상승했지만 여전히 개선의 여지가 크다(한국사회통합연구원 2018). 다문화 사회로의 전환은 다양한 문화적 배경을 가진 사람들이 서로를 존중하고 조화롭게 살아가는 사회를 만드는 데 중요한 역할을 한다.

이를 위해 한국 정부는 다문화 수용성을 높이기 위한 다양한 정책을 추진하고 있다. 2008년 9월 22일부터 시행된 '다문화가족지원법'에 따라 전국에 다문화가족지원센터[11]를 운영하고 있으며 이들 센터는 한국어 교육, 취업 지원, 가족 상담 등 실질적인 프로그램을 통해 다문화 가정의 정착과 사회 통합을 지원한다(보건복지부 2008). 특히 한국어 교육 프로그램은 결혼이민자와 그 가족 구성원이 한국 사회에 원활하게 적응하도록 돕는 데 중점을 두고 있다. 또한 교육부는 초·중·고등학생을 대상으로 '다문화 이해 교육'을 시행하여 다양한 문화에 대한 인식을 높이고 있으며 이는 다문화 학생과 한국 학생 간의 사회적 통합을 촉진하는 데 기여하고 있다. 2021년부터 시행된 '세계시민 교육'은 다문화 교육의 연장선상에서 학생들에게 글로벌 시민으로서의 책임감과 포용적 태도를 기르도록 하고 있다(교육부 2021). 이러한 교육은 학생들이 다양한 문화와 가치관을 이해하고 존중하는 능력을 배양하는 데 초점을 맞추고 있다. 국제적으로 캐나다는 1971년 세계 최초로 다문화주의를 국가 정책으로 선언했고 (https://www.canada.ca) 1988년에는 '다문화주의법'을 제정하여 다양한 민족과 문화가 제도적으로 공존할 수 있는 기반을 마련했다(김지현 2017). 이 법은 다양한 인종과 문화가 공존할 수 있도록 법적 및 사회적 기반을 마련하였으며 다문화 배경을 가진 시민들이 동등한 기회를 가질 수 있도록 적극적으로 지원하고 있다. 예를 들어 공공기관과 교육기관에서는 다양한 문화적 배경을 반영한 교육 프로그램을 제공하며 이를 통해 사회적 통합을 촉진하고 있다. 또한 다문화주의를 반영하려는 시도로 2018년에 발

---

11 다문화가족의 국내 정착과 자립을 돕기 위한 다양한 프로그램에 대해 안내하고 있다(https://www.mogef.go.kr).

행된 캐나다 10달러 지폐는 인권 운동가 비올라 데스몬드(Viola Desmond)를 기념하며 캐나다 최초로 비왕실 여성의 초상을 단독으로 담은 지폐로 이 디자인은 캐나다의 다문화주의와 인권 존중의 가치를 상징한다고 한다(https://koreadailytimes.com/). 이러한 정책적 시도는 한국에서도 참고할 만하며 향후 다문화 사회로의 안정적인 전환을 위한 유용한 모델이 될 수 있다. 이상에서 살펴본 내용을 바탕으로 한국사회 다문화 수용 확대를 위한 주요 정책 방향을 제시해보면 다음과 같다.

2.3.1. 다문화 교육 강화

다문화 수용의 첫걸음은 교육에서 시작된다. 이는 다양한 문화적 배경을 이해하고 함께 살아갈 수 있는 시민 역량을 기르는 과정이다. 초중등 교육과정에 다문화 이해를 체계적으로 포함시키는 것은 미래 사회 통합의 기초를 마련하는 핵심적 전략이다. 현재 교육부는 '2022 개정 교육과정'에 따라 학교 교육 전반에 인권, 다양성, 포용 등의 가치를 반영하려는 움직임을 보이고 있으며 이에 따라 교과서와 수업 방식도 점차 변화하고 있다(교육부 2022). 그러나 이러한 변화가 일관되게 적용되기 위해서는 교사 대상의 다문화 연수 프로그램을 보다 강화하고 의무화할 필요가 있다. 교사 스스로의 인식 변화가 선행되어야 하며 이를 위해 정기적인 직무연수와 현장 중심의 사례 학습이 병행되어야 한다. 인종, 언어, 종교, 역사 등 다양한 문화적 배경을 존중하는 태도를 기르기 위한 구체적 사례 중심의 교육이 중요하다. 다문화 가정 아동의 생활 경험을 반영한 실제 문화 갈등 상황 등을 교육자료로 활용할 필요가 있다. 학생들이 이러한 사례를 통해 타인의 문화를 이해하고 공감하는 능력을 기를 수 있도록 돕는 것이 핵심이다. 또한 다문화 가정의 학생들을 위한 맞춤형 지원도 병행되어야 한다. 이주 배경 학생은 언어적 어려움 외에도 정체성 혼란, 사회적 배제 등 복합적인 문제를 겪는 경우가 많다. 한국어가 서툰 학생들을 위한 언어 적응 프로그램(KSL, Korean as a Second Language)은 모든 학교에서 제공되어야 하며 언어교육뿐만 아니라 학업 보조와 문화 적응 교육이 포함되어야 한다. 한국교육개발원(2021)에 따르면 다문화 학생의 학업 성취도는 언어 지원 프로그램 참여 여부에 따라 큰 차이를 보이는 것으로 나타났다. 따라서 이들을 위한 체계적인 언어교육은 학업 적응과 자존감 형성에 있어 핵심적 역할을 한다.

다문화가정 자녀의 건강한 성장은 사회적 통합과 미래세대의 지속 가능한 발전을 위해 필수적이며 이를 위한 국내 사례로는 '다문화가족 자녀 맞춤형 교육지원 사업'이 있다. 교육부와 여성가족부는 다문화가족 자녀들이 언어 및 문화적 차이로 인해 학업에서 어려움을 겪지 않도록 한국어 교육 및 학습 지원 프로그램을 운영하고 있다. 서울시교육청은 '이중언어 가족환경 조성 사업'을 통해 다문화가정 자녀들이 가정 내에서 부모와 모국어와 한국어를 균형 있게 습득할 수 있도록 지원한다(https://www.sen.go.kr). 국제적인 사례로는 독일의 '이중언어 교육 프로그램'이 있다. 독일 정부는 다문화 학생들이 독일어와 부모의 모국어를 동시에 습득할 수 있도록 공립학교에서 이중언어 교육을 시행하고 있다. 이를 통해 언어적 적응력을 높이고 다문화 자녀들이 정체성을 유지하면서도 원활한 사회 통합을 이루도록 돕고 있다(https://en.wikipedia.org). 한국에서도 이러한 성공 사례를 참고하여 다문화가족 자녀의 성장과 적응을 위한 지원을 더욱 확대할 필요가 있다.

이외에 또래 관계 형성을 위한 통합활동, 심리·정서 지원 서비스 등도 필수적이다. 문화적 배경이 다른 학생 간의 교류를 유도하는 프로젝트 학습, 협동 활동은 자연스러운 상호 이해를 돕는다. 따라서 교내 전문 상담 인력을 확대해 다문화 학생의 정서적 어려움을 조기에 파악하고 지원하는 체계를 마련해야 한다. 2021년 여성가족부가 발표한 「다문화가족 실태조사」에 따르면 다문화 자녀 중 21.9%가 학교생활에서 차별을 경험했다고 응답했으며 이로 인해 위축된 정서 상태가 학업과 사회 적응에 부정적인 영향을 미치는 것으로 보고되었다. 그러므로 다문화 교육은 '특수한 누군가'를 위한 교육이 아니라 모든 학생이 미래의 시민으로 성장하기 위한 필수적 기반이다.

2.3.2. 실질적인 다문화 정책 지원

다문화가족지원센터는 다문화가족의 안정적인 정착과 사회통합을 지원하는 핵심 기관이다. 이 센터들은 여성가족부의 지원 아래 전국 각지에 설치되어 있으며 결혼이민자와 중도입국 자녀 등 다양한 배경을 지닌 구성원들에게 종합적인 서비스를 제공한다. 이러한 센터의 기능을 행정 서비스 제공에서 지역사회의 통합 거점으로 확대하는 것은 매우 중요하다. 센터는 상담, 한국어 교육, 통번역, 취업 연계, 자녀 교육 지원, 법률 상담, 심리·정서 상담 등 다문화가족이 실질적으로 필요로 하는 서비스를 원스톱으로 제공해야 하며 지역 내 민간단체 및 지자체와의 협력을 통해 더욱 탄탄한 네트워크를 구축해야 한다. 이를 통해 다문화가족이 지역사회에 원활하게 적응하고 참여할 수 있는 기반을 마련할 수 있다(한국지방행정연구원 2013).

다문화 가정을 위한 정책은 일회성 지원이 아닌 생애주기별 접근이 필요하다. 결혼 준비기, 가족 형성기, 자녀 양육기, 자녀 교육기 등 각 시기별로 필요한 맞춤형 프로그램을 지속적으로 개발하고 예산을 확보해야 한다. 정책 수립 시 가족 구성원의 연령, 체류 기간, 경제적 조건, 언어능력 등 다양한 요인을 고려한 세분화된 서비스 설계가 요구된다. 초기 정착 단계에서는 언어 및 문화 적응 프로그램이 자녀 교육기에는 학습 지원과 심리 상담이 강조되어야 하며 이후에는 직업 훈련이나 지역사회 참여를 위한 프로그램으로 연계되어야 한다. 이를 통해 다문화가족이 일상에서 겪는 복합적인 문제를 보다 실질적으로 해결할 수 있다. 이러한 다층적 접근은 정책의 지속성과 효율성을 높이고 다문화가족의 자립과 사회통합을 실질적으로 도울 수 있는 기반이 된다. 여성가족부는 다문화가족의 다양한 특성과 요구를 고려하여 생애주기별 맞춤형 서비스를 제공하고 있으며 이를 통해 결혼이민자와 그 가족이 한국 사회에 안정적으로 정착하고 자립할 수 있도록 지원하고 있다(여성가족부 2023). 결혼이민자의 초기 적응을 돕기 위한 언어교육과 문화 이해 프로그램, 자녀 교육 지원을 위한 학습 보조 및 멘토링 프로그램 등이 포함될 수 있다. 나아가 지역 단위에서 이뤄지는 가족통합 프로그램, 가족관계 향상 교육, 자조모임(비슷한 상황에 있는 다문화가족끼리 모여 서로의 어려움을 나누고 함께 해결 방법을 찾는 모임) 운영 등도 다문화가족의 심리적 안정과 공동체 참여를 돕는 데 효과적인 수단으로 활용되고 있다. 다문화가족 구성원 간의 상호 문화 이해와 정서적 유대 강화를 위한 프로그램이 병행될 때 정책의 실질적인 효과는 더욱 높아질 수 있다. 이러한 정책적 지원은 다문화가족의 안정적인 생활과 사회통합을 촉진하며 궁극적으로는 지역사회의 발전에도 기여할 것이다. 따라서 다문화가족지원센터의 역할 확대와 생애주기별 맞춤형 지원 정책의 수립은 한국 다문화 사회 환경에 적합하게 체계적으로 추진되어야 할 과제이다.

2.3.3. 다문화 인식을 위한 사회적 캠페인

광주광역시 세계음식문화 축제   영종국제도시 세계전통음식 축제

　다문화에 대한 인식 개선은 단순한 계몽을 넘어 전 사회적 차원의 지속적이고 유기적인 노력을 필요로 한다. 이를 위해 대중매체, SNS, 유튜브 등 다양한 소통 채널을 적극적으로 활용해 다문화가족의 일상과 그 속에 담긴 인간적인 이야기, 긍정적인 변화 사례 등을 지속적으로 소개하고 확산시키는 콘텐츠가 필요하다. 이러한 콘텐츠는 다문화 구성원이 우리 사회에 잘 적응하며 살아가는 모습을 보여줌으로써 막연한 거리감이나 편견을 줄이고 자연스러운 공감대를 형성하는 데 도움이 된다.

　서울특별시교육청은 2022년부터 '다문화 이해 교육'의 일환으로 초·중·고등학생을 대상으로 한 다문화 체험 프로그램과 영상 콘텐츠를 개발해 학교 현장에서 활용하고 있다. 이 프로그램은 다문화 가정 학생뿐 아니라 모든 학생이 서로 다른 문화에 대해 이해하고 존중하는 태도를 갖게 하는 데 목적이 있다. 서울의 한 초등학교에서는 다문화 학생의 가족이 직접 참여해 베트남 전통 의상과 음식을 소개하고 학생들과 전통 놀이를 함께 체험하는 시간을 가졌다. 이는 학생들에게 다문화를 '낯선 존재'가 아니라 '함께하는 친구'로 받아들이는 계기가 되고 있다(서울특별시교육청 2023). 젊은 세대에게 영향력이 큰 유명 인플루언서나 공공성이 있는 인물들이 직접 참여하는 캠페인은 다문화 수용의 메시지를 자연스럽고 효과적으로 전달하는 데 큰 역할을 할 수 있다. 인기 밴드 W24는 교육부 산하 국립국제교육원이 진행한 '2022 다문화 수용성 증진 캠페인'의 인터뷰 영상에 참여했다. 영상에서 멤버들은 다문화 친구들과 서로 다른 문화 간의 오해와 이를 극복한 이야기를 진솔하게 풀어내며 다문화 학생들을 있는 그대로 받아들이는 것이 얼마나 중요한지 강조했다. 리더 윤수가 전한 "우리는 국적과 문화가 달라도 같은 세대를 살아가는 친구다"라는 발언은 시청자들에게 깊은 인상을 주었다. 이 영상은 유튜브와 SNS를 통해 확산되며 많은 청소년에게 공감과 긍정적인 반응을 이끌어냈다(국립국제교육원 2023).

지역사회에서 열리는 축제나 학교 행사, 기업의 사회공헌활동(CSR)과 연계해 다문화 체험 프로그램을 운영하는 것도 매우 중요하다. 광주광역시 광산구는 매년 열리는 '세계음식문화축제'를 통해 지역 내 다양한 국적의 주민들이 자신들의 전통 음식을 선보이고 관람객들과 문화를 공유할 수 있는 자리를 마련하고 있다(광산구청 2019). 2022년 영종 국제도시 행사에서는 베트남, 몽골, 우즈베키스탄 등에서 온 주민들이 자국의 대표 요리와 전통춤 공연을 선보였고 지역 주민들은 이를 직접 체험하며 다양한 문화를 접하는 기회를 가졌다. 이 축제는 단순한 전시 행사에 그치지 않고 지역 내 다문화 가족들이 적극적으로 참여하고 기획에 관여함으로써 진정한 의미의 문화 교류가 이뤄지고 있다는 평가를 받았다. 광산구 청소년문화의집과 연계된 체험 부스에서는 청소년들이 다문화 자원봉사자들과 함께 언어, 의상, 전통 놀이 등을 배우며 자연스럽게 타문화를 이해하는 시간을 가졌고 이는 다문화를 단지 '이해해야 할 대상'이 아니라 함께 어울려 살아갈 수 있는 이웃으로 인식하게 만드는 계기가 되었다(영종뉴스 2022).

2.3.4. 다문화 구성원의 법적 보호 강화

유엔 인종차별철폐위원회 CERD

다문화 사회로의 진입이 가속화됨에 따라 다문화 구성원에 대한 차별과 혐오를 방지하기 위한 법적 기반을 보다 체계적이고 강력하게 구축할 필요가 있다. 현재 「헌법」 제11조(평등권)와 「국가인권위원회법」 제2조, 제10조 등에 일부 차별금지 조항이 포함되어 있으나 이는 적용 범위가 제한적이며 구체적인 차별 상황에 대한 실효성 있는 제재로 이어지기 어렵다. 따라서 현행 제도를 넘어서는 포괄적 차별금지법 제정이 필요하다는 사회적 공감대가 점차 확산되고 있다(국제앰네스티 한국지부 2018). 포괄적 차별금지법은 인종, 피부색, 출신 국가, 언어, 문화, 종교, 성별, 성적 지향, 장애 등 다양한 차별 사유를 명시하고 이에 기반한 차별 행위에 대해 명확한 법적 정의와 함께 실질적 제재 및 구제 절차를 포함해야 한다. 유엔 인종차별철폐위원회(CERD)는 2012년과 2020년 두 차례에 걸쳐 한국 정부에 포괄적 차별금지법 제정을 권고한 바 있다(United Nations Digital Library 2012, 2020; OHCHR 2020). 이러한 법적 보호는 단순한 사후 처벌을 넘어 차별 예방에 방점을 두어야 하는데 이를 위해 전국 단위의 공공기관, 학교, 기업, 언론 등에서 체계적인 인권 교육 프로그램을 확대·실시하고 다문화 구성원을 대상으로 하는 문화 이해 교육을 병행할 필요가 있다. 또한 차별 발생 시 피해자가 신속하고 공정하게 도움을 받을 수 있도록 접근성 높은 신고 창구, 통·번역을 포함한 다국어 상담 서비스, 법률 지원 체계의 확충이 시급하다. 국가인권위원회는 "외국인·이주민 차별에 대한 실질적인 구제 수단이 부족하다"고 지적하며 국가 차원의 종합대책 마련을 지속적으로 요구하고 있다(국가인권위원회 2021). 더불어 다문화 시민의 실질적 권리 보장을 위해서는 제도 전반의 점검과 개혁이 뒤따라야 한다. 체류 자격과 귀화 요건은 명확하고 예측 가능하게 조정되어야 하며 장기 체류 외국인의 노동권, 주거권, 교육권, 복지 접근권 등 기본권에 대한 보장도 제도적으로 강화되어야 한다. 특히 이주 아동과 청소년의 교육권, 이주여성의 고용 차별 문제 등은 사각지대에 놓여 있어 정책적 개입이 시급한 분야다.

생각해볼 과제

과제 1 "문화 간 이해의 오해와 통찰" 사례 분석 보고서를 작성해 봅시다.

- 목표: 문화 간 이해 교육 강화
- 내용:
- 실제 문화 간 오해가 발생한 국내외 사례를 조사하여 간략히 소개하기
- 그 사례에서 발생한 갈등의 원인을 문화적 차이의 관점에서 분석하기
- 갈등 해소를 위해 어떤 커뮤니케이션이나 교육이 필요했는지 제안하기
- 개인적 경험을 포함해 보기

과제 2 "나의 세계시민 실천 계획표" 작성하고 발표해 봅시다.

- 목표: 세계시민 의식과 SDGs 실천 능력 배양
- 내용:
- 본인이 중요하게 생각하는 SDGs 목표 1-2개 선택하기
- 이를 실천하기 위한 구체적인 활동 계획(학교, 지역, 온라인 등)을 1개월 기준으로 작성하기
- 실천 후 간단한 후기나 반성문 형식의 짧은 발표로 마무리하기

과제 3 "다문화 수용도 자가진단 및 인터뷰 프로젝트"를 구성해 봅시다.

- 목표: 한국 사회 내 다문화 수용 확대
- 내용:
- 본인의 다문화 수용 태도를 자가진단(설문지 활용)하기
- 다문화 배경을 지닌 이웃, 친구, 또는 커뮤니티 구성원 1인을 인터뷰하기
- 한국 사회에서 느끼는 소통의 어려움, 수용 경험, 기대 등을 청취하기

- 인터뷰 내용을 요약하고, 한국인의 글로벌 소통 태도 개선을 위한 제언 포함하기

참고문헌

1. 한국인의 글로벌 소통 능력 배양

경기복지재단. (2023). https://ggwf.gg.go.kr
고려대학교 글로벌리더십센터. (n.d.). 해외 인턴십 프로그램. https://gldc.korea.ac.kr
교육부. (2022). 2022년 다문화교육 지원계획. https://www.moe.go.kr
박지영. (2023). 인공지능 기반 외국어 학습 플랫폼의 활용과 전망. 교육정보연구, 41-1, 55-73. https://www.newsquest.co.kr
삼성전자 지속가능경영보고서. (2022). https://www.samsung.com/sec/sustainability/
서울글로벌센터. (2023). https://global.seoul.go.kr
서울대학교. (n.d.). 국제비즈니스 영어 강의 개요. https://my.snu.ac.kr
서울시 외국인다문화센터. (2023). https://www.mcfamily.or.kr
서울특별시. (n.d.). 서울형 청년인턴 직무캠프 및 국제캠프. https://www.seoul.go.kr
서울특별시 청년포털. (n.d.). 청년정책정보. https://youth.seoul.go.kr
서울특별시교육청. (2023). AI 튜터 기반 영어교육 정책. https://www.sen.go.kr
수원시다문화가족지원센터. (2023). https://www.liveinkorea.kr
여성가족부. (2023, July 21). 한-아세안 청소년교류, 상호 이해와 협력의 장으로 성공 개최 [보도자료]. https://www.mogef.go.kr/np/nt/bbs_view.do?bbs_seq_n=7165
여성가족부. (n.d.). 한-아세안 청소년 교류 프로그램. https://www.youth.go.kr
연세대학교 대학원. (n.d.). 교육학과 글로벌사회교육전공. https://gse.yonsei.ac.kr
정병호. (2022). "다문화사회와 세계시민교육의 방향." 글로벌다문화교육연구, 15-2, 25-48. https://www.hankyung.com
중앙다문화교육센터. (2016). 중학교 다문화이해교육 자료집. https://www.cmckorea.or.kr
중앙다문화교육센터. (2021). 초등학교 다문화이해교육 우수 사례집. https://www.cmckorea.or.kr
한국국제교류재단. (n.d.). 공공외교 프로그램. https://www.kf.or.kr
한국청소년활동진흥원. (2022). 2022 국제청소년교류사업 백서. https://www.youth.go.kr
한국청소년활동진흥원. (n.d.). 국제교류사업 개요. https://www.youth.go.kr/ysk/main/contents.do?menuNo=200131
한국청소년 정책 연구원. https://www.nypi.re.kr/
OECD 교육정책. https://www.oecd.org/2020/12/education-policy-outlook-in-finland
AFS Intercultural Programs. (n.d.). About AFS. https://www.afs.org/about-afs/

Coursera. (n.d.). About Coursera. https://about.coursera.org/

Coyle, D., Hood, P., & Marsh, D. (2010). CLIL: Content and Language Integrated Learning. Cambridge: Cambridge University Press.

edX. (n.d.). About us. https://www.edx.org/about-us

European Commission. (2022). Erasmus+ Programme Guide 2022. https://erasmus-plus.ec.europa.eu

European School Education Platform. (n.d.). eTwinning. https://school-education.ec.europa.eu

Eurydice. (2006). Content and Language Integrated Learning (CLIL) at School in Europe. Brussels: European Commission.

Ghosh, R., & Abdi, A. A. (2013). Education and the politics of difference: Canadian perspectives. Canadian Scholars' Press.

Global Nomads Group. (n.d.). Programs. https://gng.org/programs/

HelloTalk. (2023). About HelloTalk. Retrieved from https://www.hellotalk.com

KOICA. (n.d.). KOICA 해외봉사단. https://www.koica.go.kr/sites/kov/act/intro/act_KOV.do

Médecins Sans Frontières (MSF). (n.d.). Who We Are. https://www.msf.org/who-we-are

MIT Language Conversation Exchange. (2023). Language Conversation Exchange. Massachusetts Institute of Technology. Retrieved from https://languageconversationexchange.mit.edu

News Literacy Project. (2023). About NLP. https://newslit.org

Samsung Electronics. (2023). 2023 Sustainability Report. https://www.samsung.com/sec/aboutsamsung/sustainability/sustainability-reports/

Tandem. (2023). Tandem Language Exchange App. Retrieved from https://www.tandem.net

UNESCO. (2013). Intercultural Competences: Conceptual and Operational Framework. Paris: UNESCO. https://unesdoc.unesco.org/ark:/48223/pf0000219768

UNESCO. (2021). Media and Information Literacy: Policy and Strategy Guidelines. https://unesdoc.unesco.org/ark:/48223/pf0000377067

UNESCO. (2023). 13th UNESCO Youth Forum. https://www.unesco.org/en/youth/forum

UNESCO. (n.d.). UNESCO Associated Schools Network (ASPnet). https://www.unesco.org

United Nations Volunteers. (n.d.). About UNV. https://www.unv.org/about-unv

World Economic Forum. (2024). Annual Meeting Overview. https://www.weforum.org/events/world-economic-forum-annual-meeting-2024

Yoon, E., & Portman, T. A. A. (2021). Critical incidents among international students in the United States. Journal of International Students, 11-2, 400-417.

文部科学省(MEXT). (2022). 英語教育改革の推進. https://www.mext.go.jp

2. 한국인의 세계시민 의식 함양

경기도. (n.d.). 청년 기본소득. https://www.gg.go.kr/contents/contents.do?ciIdx=679&menuId=2909

광산구청. (2019). 세계음식문화축제 소개 자료. 광주광역시 광산구청. https://www.gwangsan.go.kr

교육부. (2021). 세계시민교육 종합계획. https://www.moe.go.kr

교육부. (2022). 2022 개정 교육과정 총론 해설. 국가교육과정정보센터. https://ncic.re.kr

국가브리핑. (2020). 한국형 지속가능발전목표 K-SDGs 정책 https://www.korea.kr/news/policyBriefingView.do?newsId=156411070

국가인권위원회. (2024). 국가인권위원회 소개. https://www.humanrights.go.kr

국가인권위원회. (2021). 이주민 차별 실태와 정책 제언 보고서. https://www.humanrights.go.kr

국립국제교육원. (2023). 2022 다문화 수용성 증진 캠페인: W24 인터뷰 영상. 교육부 국립국제교육원. https://www.niied.go.kr

국제앰네스티 한국지부. (2018). 한국 정부에 대한 유엔 인권이사회의 권고 이행 현황 보고서. https://amnesty.or.kr

국토교통부. (2023). 스마트시티 종합포털. https://smartcity.go.kr

국회미래연구원. (2023). 탄소중립 사회를 위한 전략. https://www.nfutures.or.kr

김선욱. (2021). 스웨덴의 복지국가와 시민자치. 서울: 한울아카데미.

김지현. (2017). 다문화사회와 통합정책의 과제. 한국정치학회보, 51-2, 115-138.

네이트뉴스. (2023). 튀르키예 대지진 한국 긴급구호대 파견 및 민간 지원. https://news.nate.com/

박환보. (2017). 세계시민교육의 이론과 실제. 서울: 교육과학사.

박환보 외. (2016). 청소년의 세계시민의식에 영향을 미치는 요인 분석. 교육사회학연구, 26-1, 123-148.

보건복지부. (2008). 결혼이민자 지원사업 운영지침.

부산지속가능발전협의회. (n.d.). 부산형 지속가능발전목표(B-SDGs). http://www.bu-

san21.or.kr
서울시교육청. (2023). 이중언어 가족환경 조성 사업. https://www.sen.go.kr
서울특별시교육청. (2023). 다문화 감수성 향상을 위한 초등학교 체험 사례집. 서울특별시 교육청 민주시 민생활교육과. https://www.sen.go.kr
서울시 사회적경제지원센터. (2023). 사회적경제 통합지원 정보. https://sehub.net
서울특별시 대기환경정보. (n.d.). https://cleanair.seoul.go.kr
서울특별시 교통정보. (2023). 녹색교통지역 운영. https://news.seoul.go.kr/traffic/green-traffic
서울특별시복지포털. (n.d.). 돌봄SOS센터. https://www.welfare.seoul.kr
여성가족부. (2023). 다문화가족지원포털. https://www.mogef.go.kr
여성가족부. (2021). 다문화가족 실태조사. https://www.mogef.go.kr
여성가족부. (2023). 다문화가족 정책자료. https://www.mogef.go.kr
영종뉴스. (2022, 10월 5일). 영종도에서 열린 다문화 축제 현장 소개. https://www.yeongjongnews.com
유네스코 아시아태평양 국제이해교육원. (2015). 세계시민교육: 동향과 접근. http://www.unescoapceiu.org
외교부. (2019). 동북아 청정대기 파트너십(NEACAP). https://www.mofa.go.kr/
장경섭. (2020). 덴마크 플렉시큐리티 제도의 사회적 함의. 사회정책연구, 27-1, 45-70.
제주특별자치도. (2023). 탄소 없는 섬 2030 정책 소개. (간접출처: SK에코플랜트 뉴스룸). https://news.skecoplant.com
지속가능발전포털. (n.d.). 한국형 지속가능발전목표(K-SDGs). https://www.sdkorea.org
청와대. (2018). 판문점 선언 전문. https://www.korea.kr/special/policyFocusView.do?newsId=148848426
통일부. (2021). 개성공단 현황. https://www.unikorea.go.kr
한국교육개발원(KEDI). (2021). 다문화학생 학업 성취도 관련 보고서.
한국무역협회(KITA). (2021). 네덜란드 순환경제 정책 보고서. https://www.kita.net
한국사회적기업진흥원. (2022). 사회적기업 제품 우선구매 제도. https://www.socialenterprise.or.kr
한국사회통합연구원. (2018). 국민 다문화수용성 조사. https://www.prism.go.kr
한국지방행정연구원. (2013). 지역사회 통합을 위한 다문화가족지원센터 운영방안 연구. https://www.krila.re.kr
환경부. (2019). 제1차 지속가능발전 기본계획(2016~2035). https://www.me.go.kr
APEC. (2023). About APEC. https://www.apec.org

Britannica. (n.d.). Viola Desmond. https://www.britannica.com/biography/Viola-Desmond

Bundesregierung. (2023). Bilingualer Unterricht in Deutschland. (독일 이중언어 교육 개요) https://en.wikipedia.org/wiki/Bilingual_education

Bundeszentrale für politische Bildung. (2020). Die deutsche Wiedervereinigung. https://www.bpb.de

European Union. (2024). The EU in brief. https://european-union.europa.eu

Government of Canada. (1988). Canadian Multiculturalism Act. https://www.canada.ca

International Labour Organization. (2020). Fair trade and decent work. https://www.ilo.org

Kela. (2020). Results of Finland's basic income experiment. https://www.kela.fi/web/en/basic-income-experiment

Korea Daily Times. (n.d.). 캐나다 10달러 지폐 속 인물. https://koreadailytimes.com

OHCHR. (2020). Committee on the Elimination of Racial Discrimination -Republic of Korea: Concluding observations. https://www.ohchr.org

Smart Nation Singapore. (2022). Smart city initiatives. https://www.smartnation.gov.sg

UN Human Rights Council. (2023). Resolutions adopted on the situation of human rights in the DPRK. https://www.ohchr.org/en/hr-bodies/hrc

UNDP. (2020). Human development report 2020: The next frontier. https://hdr.undp.org

UNESCO. (2015). Global citizenship education: Topics and learning objectives. https://unesdoc.unesco.org/ark:/48223/pf0000232993

United Nations Digital Library. (2012, 2020). CERD Concluding Observations on Republic of Korea. https://digitallibrary.un.org

United Nations. (2015). The Paris Agreement. https://unfccc.int/process-and-meetings/the-paris-agreement/the-paris-agreement

United Nations. (n.d.). The 17 goals. https://sdgs.un.org/goals

World Health Organization. (2023). COVAX: Ensuring global equitable access to COVID-19 vaccines. https://www.who.int/initiatives/act-accelerator/covax

사진자료 출처

서울 이태원글로벌빌리지센터 - https://www.womennews.co.kr/news/articleView.html?idxno=244704

서울시 외국인다문화센터 - https://www.kns.tv/news/articleView.html?idxno=425930

미국 News Literacy Project - https://www.linkedin.com/posts/medialiteracyed_news-literacy-in-america-a-survey-of-teen-activity-7254544634364739586-cOix

(EU)의 'Erasmus+' 프로그램 - https://m.blog.naver.com/dshs_suedkorea/221350131962

HelloTalk - https://chatgpt.com/c/682d604b-6e38-8009-a695-63e69ae02211

MIT Language Conversation Exchange - https://chatgpt.com/c/682dde32-5410-8009-93ac-e1fa7d8cd615

Global Communication Center - https://globalcommunicationcenter.org/

World Economic Forum - https://chatgpt.com/c/682d6190-f0dc-8009-8e96-2af-9b1a049ed

한-아세안 청소년 교류 프로그램 - https://www.youtube.com/watch?v=Y7BWF9XsdlA

AFS Intercultural Programs - https://www.union-bulletin.com/local_columnists/etcetera/afs-seeks-host-families-volunteers/article_6f80db9c-003b-11e7-ae5f-57779b43e-8be.html

KF 글로벌 챌린저 프로그램 - https://www.kf.or.kr/archives/event/event_post.do?p_cidx=4120

서울형 청년인턴 직무캠프 - https://mediahub.seoul.go.kr/archives/2010992

Coursera - https://chatgpt.com/c/682de875-0798-8009-afa7-8acd5fec098b

edX - https://chatgpt.com/c/682de875-0798-8009-afa7-8acd5fec098b

국경없는 의사회(Médecins Sans Frontières, MSF) - https://campaigns.msf.or.kr/50th/

UNESCO World Youth Forum - https://chatgpt.com/c/682deb16-2608-8009-9f1e-4237ab758f18

UNESCO SDGs - https://gcedclearinghouse.org/ar/node/44706?language=ar

K-SDGs - https://chatgpt.com/c/682d8de9-68f4-8009-8031-a4a792f299c9

파리기후협정(Paris Agreement) - https://www.complilaw.com/news/387

COVAX Facility 프로그램 - https://chatgpt.com/c/682d8de9-68f4-8009-8031-a4a792f299c9

여성가족부 다문화수용성 조사 - https://blog.naver.com/mogefkorea/221516566700

다문화주의가 반영된 캐나다 지폐 - https://victoday.ca/?p=15746

광주광역시 세계음식문화 축제 - https://www.gjdaily.net/news/articleView.html?idxno=39948

영종국제도시 세계전통음식 축제 - https://www.discoverynews.kr/news/articleView.html?idxno=894423

유엔 인종차별철폐위원회 CERD - https://chatgpt.com/c/68309beb-91c4-8009-846d-abccec345a44

다문화 공간 한국, 세계시민과 글로벌 소통

1판 1쇄 발행 2025년 8월 15일

지 은 이 | 김정은
펴 낸 이 | 김진수
펴 낸 곳 | 한국문화사
등   록 | 제1994-9호
주   소 | 서울시 성동구 아차산로49, 404호(성수동1가, 서울숲코오롱디지털타워3차)
전   화 | 02-464-7708
팩   스 | 02-499-0846
이 메 일 | hkm7708@daum.net
홈페이지 | http://hph.co.kr

ISBN 979-11-6919-330-6 93300

· 이 책의 내용은 저작권법에 따라 보호받고 있습니다.
· 잘못된 책은 구매처에서 바꾸어 드립니다.
· 책값은 뒤표지에 있습니다.

오류를 발견하셨다면 이메일이나 홈페이지를 통해 제보해주세요.
소중한 의견을 모아 더 좋은 책을 만들겠습니다.